Die Vereinigungsfreiheit des Grundgesetzes als Maßstab der Steuergesetzgebung

Europäische Hochschulschriften
Publications Universitaires Européennes
European University Studies

Reihe II
Rechtswissenschaft

Série II Series II
Droit
Law

Bd./Vol. 4482

PETER LANG
Frankfurt am Main · Berlin · Bern · Bruxelles · New York · Oxford · Wien

Jan Merzrath

Die Vereinigungsfreiheit des Grundgesetzes als Maßstab der Steuergesetzgebung

PETER LANG
Europäischer Verlag der Wissenschaften

Bibliografische Information der Deutschen Nationalbibliothek
Die Deutsche Nationalbibliothek verzeichnet diese Publikation in der Deutschen Nationalbibliografie; detaillierte bibliografische Daten sind im Internet über <http://www.d-nb.de> abrufbar.

Zugl.: Heidelberg, Univ., Diss., 2006

D 16
ISSN 0531-7312
ISBN 3-631-55957-7

www.peterlang.de

Meinen Eltern

Vorwort

Die vorliegende Arbeit wurde im Sommersemester 2006 von der Juristischen Fakultät der Ruprecht-Karls-Universität Heidelberg als Dissertation angenommen.

Meinem Doktorvater, Herrn Prof. Dr. Dr. h. c. *Paul Kirchhof*, danke ich herzlich. Er hat die Bearbeitung des Themas angeregt und das Entstehen dieser Arbeit mit wertvollen Anregungen gefördert und begleitet. Hierzu wäre es nicht gekommen, wenn er nicht auch schon zuvor in seinen Vorlesungen Montag morgens zum Staatsrecht mein Interesse insbesondere für das Steuerverfassungsrecht geweckt hätte. Herrn Prof. Dr. *Ekkehart Reimer* danke ich für die Übernahme der Zweitbegutachtung.

Berlin, im Juli 2006 *Jan Merzrath*

Inhaltsübersicht

Inhaltsverzeichnis

Hinsichtlich der verwendeten Abkürzungen wird verwiesen auf *Kirchner/Butz*, Abkürzungsverzeichnis der Rechtssprache, 5. Aufl., Berlin 2003.

A. Einleitung

„Der derzeitige Ausbau der Einkommen- und Körperschaftsteuer bringt es mit sich, dass die Beteiligten zu bestimmten Rechtsformen lediglich aus steuerlichen Gründen gedrängt werden und dass sie auch wegen der Steuer von einer zur anderen Rechtsform übergehen, ohne im inneren betriebswirtschaftlichen Aufbau ihres Unternehmens etwas zu ändern und auch nur ändern zu wollen."[1] Die letzte Steuerreform größeren Ausmaßes lag rund fünf Jahre zurück, als das oberste Gericht in Finanzsachen im Jahr 1924 dem Steuerrecht diese Diagnose stellte, die bis heute nichts von ihrer Aktualität eingebüßt hat. Ihr vorausgegangen war die Entscheidung des Steuergesetzgebers, eine selbständige Körperschaftsteuer neben der Einkommensteuer einzuführen, nachdem die Steuerhoheit für die Besteuerung des Einkommens von den Bundesstaaten auf das Reich übergegangen war. Begründet wurde das besondere Körperschaftsteuergesetz von 1920 damit, dass die Eingliederung der Körperschaften in die Einkommensteuer der natürlichen Personen einen Fremdkörper darstelle.[2] Dieser Schritt markiert den Beginn der nicht nur formalen Trennung in der Einkommensbesteuerung natürlicher Personen einer- und Körperschaften andererseits. Denn während die Einkommensteuer damals einen progressiven Spitzensteuersatz von 60% vorsah, brachte das Körperschaftsteuergesetz eine proportionale Belastung nur in Höhe eines Bruchteils dieser Größe.[3] Eine weitere Steuerreform im Jahr 1925 ermäßigte zwar die Einkommensteuer selbst im Spitzensteuersatz auf 39%, doch der steuerliche Vorteil der Kapitalgesellschaften im Falle einer Thesaurierung war schon damals nicht zu übersehen.[4] Die Vorträge auf dem 33. Deutschen Juristentag 1924 in Heidelberg von *Becker*[5] und *Lion*[6] weckten dann auch

---

[1] RFH v. 3.12.1924 – VI e A 188/24, RFHE 16, 15 (19).

[2] Körperschaftsteuergesetz v. 30.3.1920, RGBl 1920, 393; vgl. *Barth*, Die Steuern als gestaltende Faktoren im deutschen Gesellschaftsrecht, in: FS Duden, S. 37 (44) m. w. Nachw.; dazu auch *Knobbe-Keuk*, Bilanz- und Unternehmenssteuerrecht, S. 559; bis zur Steuerreform von 1920 unterlagen alle Gesellschaften den einzelnen bundesstaatlichen Einkommersteuergesetzen; seit Einbeziehung der AG (1891) und der GmbH (1906) waren auch deren Gewinne der Einkommensteuer in einer Höhe von bis zu 5% unterworfen, wobei die tatsächliche Belastung allerdings durch eine Art gemeindlicher Hebesätze höher lag.

[3] Zunächst betrug der Steuersatz 10% des körperschaftsteuerlichen Einkommens, den das Gesetz zur Änderung des Körperschaftsteuergesetzes v. 8.4.1922, RGBl I 1922, 351 auf 20% verdoppelte und zugleich die Zuschlagsteuer für die ausgeschütteten Dividenden von bisher 2-10% auf allgemein 15% erhöhte.

[4] Vgl. *Barth*, Die Steuern als gestaltende Faktoren im deutschen Gesellschaftsrecht, in: FS Duden, S. 37 (45) m. w. Nachw.

[5] *Becker*, Vortrag, Verhandlungen des 33. Deutschen Juristentages Heidelberg 1924, Zweite Sitzung der III. Abteilung, S. 433 (451).

das Bewusstsein für die verzerrende Wirkung dieser Belastungsunterschiede auf die Wahl der Rechtform und es wurde beschlossen, dass die Einkommen- und Körperschaftsteuer so zu gestalten sei, dass „die Gewerbetreibenden nicht genötigt werden, der Einkommen- oder Körperschaftsteuer wegen bestimmte Rechtsformen zu wählen oder von einer Rechtsform zur anderen überzugehen".[7]

Mehr als achtzig Jahre später ist das Steuerrecht von diesem Ziel nach wie vor weit entfernt. Nachdem nach dem Zweiten Weltkrieg und der Währungsreform von 1948 der Steuersatz der Körperschaftsteuer zunächst auf 50% und in 1951 auf 60% angehoben worden war, wurde 1953 ein gespaltener Körperschaftsteuertarif eingeführt, um die sich daraufhin deutlich auswirkende wirtschaftliche Doppelbelastung der ausgeschütteten Gewinne zumindest zu mildern.[8] Die danach gleichwohl fortbestehenden und die Rechtsformwahl weiterhin beeinflussenden Belastungsunterschiede wurden zwar 1977 durch die Einführung des Anrechnungsverfahrens weiter abgebaut, doch wurde nur teilweise das ausdrücklich erklärte Ziel erreicht, mittels der Körperschaftsteuerreform den Einfluss des Steuerrechts auf die Rechtsformwahl zurückzudrängen. Auf dem 53. Deutschen Juristentag 1980 in Berlin wurde dann auch beraten, ob sich eine rechtsformunabhängige Besteuerung der Unternehmen empfiehlt. Im Ergebnis konnte man sich allerdings nicht auf mehr als auf weitere Detailänderungen verständigen, obwohl vor allem *Knobbe-Keuk* in ihrem Referat darauf hingewiesen hatte, dass der Zustand der Unternehmensbesteuerung weiterhin unbefriedigend und in Teilbereichen auch verfassungsrechtlich bedenklich sei, weil Unternehmen vergleichbarer Struktur je nachdem, ob sie in der Form des Personenunternehmens, der Kapitalgesellschaft oder einer Mischform geführt werden, durch die Besteuerung ganz unterschiedlich getroffen seien.[9] Die Praxis hatte danach weiterhin mit rechtsformspezifischen Unterschieden zu arbeiten, die an der Jahrtausendwende durch das Steuerentlastungsgesetz 1999/2000/2002[10], vor allem aber zuletzt durch die Unternehmenssteuer-

---

[6] *Lion*, Vortrag, Verhandlungen des 33. Deutschen Juristentages Heidelberg 1924, Zweite Sitzung der III. Abteilung, S. 465 (471f.).

[7] Vgl. die angenommenen gemeinschaftlichen Leitsätze der Berichterstatter *Becker* und *Lion*, Verhandlungen des 33. Deutschen Juristentages Heidelberg 1924, Zweite Sitzung der III. Abteilung, S. 429, 492.

[8] Bis zum 31.12.1976 belief sich der allgemeine Körperschaftsteuersatz auf 51%, für berücksichtigungsfähige Ausschüttungen ermäßigte sich die Körperschaftsteuer auf 15%; aufgrund der sogenannten Schattenwirkung durch die Vorbelastung von 51% belief sich jedoch die tatsächliche Körperschaftsteuerbelastung des ausgeschütteten Gewinns auf rund 23,44%; vgl. dazu *Knobbe-Keuk*, Bilanz- und Unternehmenssteuerrecht, S. 561 m. w. Nachw.

[9] *Knobbe-Keuk*, Referat, Verhandlungen des 53. Deutschen Juristentages Berlin 1980, Bd. II Sitzungsberichte, Teil O S. 9 (9); vgl. auch das dazugehörige Gutachten von *Walz*, Gutachten, Verhandlungen des 53. Deutschen Juristentages Berlin 1980, Bd. I Gutachten, Teil F S. 11ff.

[10] Steuerentlastungsgesetz 1999/2000/2002 v. 24.3.1999, BGBl I 1999, 402.

reform des Steuersenkungsgesetzes[11] wieder deutlich verschärft worden sind. Insbesondere der seit dem Jahr 2001 grundsätzlich für die Körperschaftsteuer geltende Steuersatz von 25% im Gegensatz zu dem nur sukzessive von 48,5% auf immer noch 42% erst in 2005 abgesenkten progressiven Einkommensteuertarif und die Einführung des sogenannten Halbeinkünfteverfahrens haben bewirkt, dass das Steuerrecht für gesellschaftsrechtliche Gestaltungsfragen wie die Wahl der Rechtsform nach wie vor eine, wenn nicht die entscheidende Rolle spielt.

Dass diese Ausgangslage weiterhin die Phantasie der steuerrechtlichen Berater anregt, ist nicht weiter verwunderlich. Solange die Besteuerung vergleichbarer Unternehmen derart unterschiedlich ist, je nachdem ob das Unternehmen entweder in der Rechtsform des Personenunternehmens oder der Kapitalgesellschaft geführt wird, werden die Unternehmer und ihre Berater um die jeweils günstigste Gestaltung bemüht sein. Der Steuergesetzgeber jedenfalls hat es bislang nicht geschafft, zu einer von der Rechtsform unabhängigen Besteuerung der Unternehmen zu finden. Auf keinem anderen Feld der Politik als auf dem zerfurchten Acker deutscher Steuergesetzgebung herrscht eine vergleichbar große Diskrepanz zwischen dem, was seit Jahren für richtig und notwendig erkannt worden ist, und dem, was tatsächlich auch geschieht. Die Herstellung von Rechtsformneutralität war lange Zeit das Hauptanliegen der zahlreichen, in ihrer Vielfalt inzwischen kaum noch zu überblickenden Steuerreformvorschläge. Die Diskussion über die Verbesserung des als unvollkommen empfundenen Systems der Besteuerung von Einzelunternehmen und Personengesellschaften auf der einen und von Kapitalgesellschaften auf der anderen Seite war geprägt von rechtssystematischen Überlegungen einer leistungsfähigkeitsgerechten und entscheidungsneutralen Besteuerung. Eine absolute oder annähernd absolute Neutralität der Besteuerung[12] wurde dabei gleichwohl nicht für erstrebenswert gehalten, gilt doch die vor über 150 Jahren in der sogenannten Edinburgher Regel formulierte Zurückhaltung des Staates mittlerweile als überholt.[13] Seit Mitte der 90er Jahre steht demgegenüber zunehmend die sogenannte internationale Wettbewerbsfähigkeit des Steuerrechts im Vordergrund. Der im Bereich der Körperschaftsteuer weltweit zu beobachtende Trend zur Steuersenkung und die weiter zunehmende wirtschaftliche Verflechtung und Globalisierung der Märkte stellen die nationale Besteuerung der Unternehmen vor neue Herausforderun-

---

[11] Gesetz zur Senkung der Steuersätze und zur Reform der Unternehmensbesteuerung (Steuersenkungsgesetz – StSenkG) v. 23.10.2000, BGBl I 2000, 1433.

[12] Absolute Neutralität lässt sich in der Besteuerungsrealität (von einer verhaltensunabhängigen Kopfsteuer einmal abgesehen) nicht erzielen, da alle Steuern allokative Verzerrungen verursachen; vgl. *Hey*, in: Herrmann/Heuer/Raupach, Einf. KSt Anm. 37 m. w. Nachw.

[13] Diese sogenannte „leave-them-as-you-find-them-rule-of-taxation“ geht auf einen in der Edinburgh Review von 1833 formulierten Satz zurück, vgl. dazu *Mann*, Steuerpolitische Ideale, S. 159, 246f. m. w. Nachw.

gen. Das gilt umso mehr, als nur hierzulande mehr als 80% der Unternehmen als Personenunternehmen organisiert sind, die Unternehmensbesteuerung also weitgehend mit dem progressiven Einkommensteuertarif verknüpft ist. Doch die mit diesen neuen Herausforderungen aufgeworfenen konzeptionellen Fragen decken sich durchaus mit der Forderung nach Rechtsformneutralität. Im Zuge eines erstarkten Pragmatismus wird diese jedoch inzwischen weniger grundsätzlich angegangen. Dabei gerät leicht aus dem Blick, dass auch im Steuerrecht die Verfassungsprinzipien des Grundgesetzes nicht nur zur Wirkung gebracht werden können, sondern auch zur Wirkung gebracht werden müssen.

I. Der Verfassungsstaat als Steuerstaat

Der freiheitliche Rechtsstaat des Grundgesetzes ist darauf verwiesen, sich durch Teilhabe am Erfolg der privaten Wirtschaftssubjekte zu finanzieren. Indem er Berufs- und Eigentümerfreiheit gewährleistet, gibt er die Produktionsfaktoren Arbeit und Kapital in private Hand. Er verzichtet auf ein Staatsunternehmertum, ist also weder auf eine eigene Verfügungs- und Nutzungsmacht über die Produktionsmittel, noch auf die öffentlich-rechtliche Dienstverpflichtung seiner Bürger oder auf eine umfassende eigenwirtschaftliche Betätigung angewiesen.[14] Zur Deckung seines Finanzbedarfs erhebt er von den privaten Wirtschaftssubjekten Steuern als Geldleistungen, für die diese keine andere Gegenleistung erhalten als die, dass der Ertrag zur Erfüllung staatlicher Aufgaben verwendet wird. Die Besteuerungsgewalt ist notwendige Bedingung der Gewährleistung wirtschaftlich relevanter Freiheitsrechte.[15] Auch die Finanzverfassung setzt in Art. 105ff. GG eine Steuerstaatlichkeit voraus, die ihre Legitimation darin findet, dass der Staat über die Steuern von dem Erfolg der privaten Wirtschaftssubjekte einen Teil dessen zurückerhält, was er als verfasste Gemeinschaft seinerseits dazu beigetragen hat.[16] Insofern weist zwar die Steuerrechtfertigung durchaus Elemente von Gegenseitigkeit auf. Gleichwohl auferlegt der Staat nach dem insoweit mit § 3 Abs. 1 S. 1 AO[17] übereinstimmenden verfassungsrechtlichen Steuerbegriff seinen Bürgern die Steuern, ohne dass damit eine konkrete staatliche Gegenleistung abgegolten würde.

Während jede Steuer begriffsnotwendig auf eine Mehrung des für die öffentliche Hand verfügbaren Geldvolumens zielt, stellt sie aus Sicht des zahlungspflichtigen Bürgers dagegen eine Last dar, die sein Vermögen mindert und ihm ökonomische Handlungsfähigkeit entzieht.[18] Doch Steuern sind kein Belastungsinstrument, das nach Belieben ausgedehnt werden dürfte und dem der Bürger schutzlos ausgeliefert wäre. Die Frage nach den Grenzen der Besteuerungsgewalt muss vielmehr von der Erkenntnis ausgehen, dass das Steuerrecht noch weit mehr als das Polizeirecht den empirischen Normalfall der Eingriffsver-

---

[14] Vgl. *Kirchhof*, Staatliche Einnahmen, in: HbStR IV, § 88 Rdnr. 47; *Vogel*, Der Finanz- und Steuerstaat, in: HbStR II, § 30 Rdnr. 52f., 59.

[15] Vgl. *Papier*, Steuerreform und Verfassungsrecht, in: FS Vogel, S. 117 (118).

[16] Zu der auf von *Lorenz von Stein* zurückgehenden Steuerrechtfertigungslehre vgl. *Vogel*, Rechtfertigung der Steuern: Eine vergessene Vorfrage, Der Staat 25 (1986), 481 (516f.); *ders.*, Der Finanz- und Steuerstaat, in: HbStR II, § 30 Rdnr. 64ff. m. w. Nachw.; dazu auch *Rodi*, Die Rechtfertigung von Steuern als Verfassungsproblem, S. 137ff. m. w. Nachw.

[17] Abgabenordnung (AO) v. 16.3.1976, BGBl I 1976, 613 i. d. Neufassung v. 1.10.2002, BGBl I 2002, 3866.

[18] Zur sog. „Aufkommenswirkung" und zur sog. „Belastungswirkung" vgl. etwa *Kirchhof*, Staatliche Einnahmen, in: HbStR IV, § 88 Rdnr. 31ff., 34ff.

waltung schlechthin verkörpert.[19] In dieser Eigenschaft unterliegt das Steuerrecht als die Gesamtheit aller Steuern betreffenden Rechtsnormen[20] prinzipiell allen formellen und materiellen Schranken, welche die Verfassung staatlichen Eingriffsakten zieht. Doch während die formellen Grenzen in aller Regel als Kompetenzfragen keine großen Schwierigkeiten aufwerfen, zeigen sich die materiellen Schranken des Verfassungsrechts von derart allgemeiner, nicht spezifisch steuerbezogener Natur, dass der jeweilige Grenzverlauf gegenüber dem Steuerrecht vielfach nicht gleich ersichtlich und nur schwer zu bestimmen ist.

Da jede Steuer das Vermögen des steuerpflichtigen Bürgers belastet und schon deswegen den Bereich grundrechtlich geschützter Rechtspositionen berührt, verlangt der Vorbehalt des Gesetzes nach einer hinreichenden gesetzlichen Grundlage. In Grundrechte darf nur durch oder aufgrund eines Gesetzes eingegriffen werden. Wo das förmliche Gesetz nicht selbst den Eingriff abschließend regelt, darf dies allenfalls eine den Anforderungen des Art. 80 Abs. 1 GG genügende Rechtsverordnung. Diesem Erfordernis entspricht für das Steuerrecht der schon vor längerer Zeit in Parallele zur Tatbestandsmäßigkeit der Strafgewalt entwickelte Grundsatz der „Gesetzmäßigkeit der Besteuerung".[21] Zudem lässt sich dieser Rechtsgebundenheit die Forderung nach Voraussehbarkeit, Berechenbarkeit und Messbarkeit des staatlichen Eingriffs entnehmen.[22] Nicht zuletzt kommt hiernach auch dem Vertrauensschutz besonderes Gewicht zu, schafft doch nur die Einhaltung dieser Grundsätze eine sichere Grundlage für jegliches planendes, also vorausschauendes wirtschaftliches Verhalten. In der steuerrechtlichen Realität drohen diese in dem Rechtsstaatsprinzip wurzelnden Grenzen gleichwohl immer öfter unter die Räder moderner Steuergesetzgebung zu geraten. Doch selbst eine vollumfängliche Beachtung des Grundsatzes der Gesetzmäßigkeit der Besteuerung bietet keine Gewähr dafür, dass die staatliche Steuergewalt auch im Rahmen der Schranken der Grundrechte verbleibt. Die Zeiten jedenfalls sind vorbei, in denen allein das parlamentarische Gesetzgebungsverfahren durch hinreichende Beteiligung der späteren Steuerschuldner eine maßvolle und gleichmäßige Steuerlast zu sichern schien.[23] Nach der Einführung des allgemeinen und gleichen Wahlrechts hat der Gesetzgeber nicht mehr die Funktion, gegen Übergriffe einer monarchischen Exekutive zu schützen, sondern er ist selbst zum Herrscher und damit zum „natürlichen Anta-

[19] Vgl. *Oechsle*, Die steuerlichen Grundrechte in der jüngeren deutschen Verfassungsgeschichte, S. 20.

[20] Vgl. zur Ab- und Eingrenzung des Steuerrechts etwa *Tipke*, Die Steuerrechtsordnung, Bd. I, S. 31ff.

[21] Vgl. BVerfGE 19, 253 (267); 21, 209 (214f.); 34, 348 (366); Rückwirkungsverbot, steuerbegründendes oder -verschärfendes Analogieverbot sowie das grundsätzliche Verbot von Steuervereinbarungen haben hierin ihren Ursprung.

[22] Vgl. BVerfGE 19, 253 (267).

[23] Vgl. dazu *Kirchhof*, Besteuerung im Verfassungsstaat, S. 9.

gonisten der individuellen Rechte"[24] geworden. Die Grundrechte müssen sich deshalb insbesondere durch Bindung dieses Gesetzgebers bewähren.

[24] *Friauf*, Steuergesetzgebung und Eigentumsgarantie, JurA 1970, 299 (312).

II. Die Grundrechte als Grenze der Steuergesetzgebung

Die Grundrechte sind für das gesamte Staatsverständnis des Grundgesetzes konstitutiv, bilden seine oberste Leitidee und eine Schranke für jedes staatliche Handeln. Sie beherrschen zunehmend das Bewusstsein der Bürger und werden immer bereitwilliger insbesondere im gerichtlichen Klageweg allen ungenehmen staatlichen Entscheidungen und Maßnahmen entgegengehalten. Das Leben in der modernen Gesellschaft hat den Menschen auf der einen Seite zahlreiche neue Entfaltungsmöglichkeiten eröffnet und ihnen dadurch neue Freiheiten erschlossen. Jede dieser Freiheitserweiterungen vervielfacht zugleich die staatlichen Einwirkungsmöglichkeiten und damit die Gefahren für diese so erweiterte Freiheit. Auf der anderen Seite aber ist der einzelne auch immer weniger gewillt, erlittene oder drohende Nachteile und Interesseneinbußen als Unglück oder Schicksal hinzunehmen. Er betrachtet diese immer häufiger als Unrecht, für das jemand – und das heißt zunehmend der Staat – einzustehen habe.[25] Dem einfachen Gesetzgeber ist es zwar unbenommen, dem einzelnen auf einfachgesetzlicher Ebene die rechtliche Möglichkeit und Macht zur Durchsetzung seiner Interessen zu verleihen. Bei Abwesenheit derart einfachgesetzlich eingeräumter subjektiver Rechte aber stellen die Grundrechte den einzigen Ansatzpunkt dar, dieses Ziel zu verfolgen und den Staat in Verantwortung zu nehmen.

1. Grundrechtsbindung des Steuergesetzgebers

Die Grundrechte binden die gesetzgebende, die vollziehende und die rechtsprechende Gewalt. Diese Qualität sowie den Rang unmittelbar geltenden Verfassungsrechts erhielten sie mit rechtlicher Konsequenz und Eindeutigkeit zwar erst durch Art. 1 Abs. 3 GG. Während beispielsweise in dem Verfassungsrecht der Vereinigten Staaten von Amerika die Grundrechte von Anfang an als Schranke für den Gesetzgeber verstanden wurden,[26] musste sich das Verfassungsrecht in Deutschland die den konstituierenden Gewalten des Staates stets übergeordnete Position erst erkämpfen. Noch in der Weimarer Reichsverfassung banden die Grundrechte nur die Verwaltung und nicht die Gesetzgebung, wenn die Grundrechte nicht überhaupt nur als unverbindliche Programmsätze angesehen wurden, deren Verletzung ohne jede rechtliche und

---

[25] Vgl. mit statistischen Nachweisen *Stern*, Die Bindung der Gesetzgebung, in: Das Staatsrecht der Bundesrepublik Deutschland, Bd. III/1, § 73, S. 1265.

[26] Das Amendment I der die Grundrechte in die amerikanische Unionsverfassung einführenden „Bill of Rights" von 1789/1791 lautet : „Congress shall make no law respecting an establishment of religion, or prohibiting the free exercise thereof; or abridging the freedom of speech, or the press; or the right of the people peaceably to assemble, and to petition the government for a redress of grievances."

gerichtliche Sanktion blieb.[27] In bewusster Abkehr davon richtet sich die Verbotswirkung des Art. 1 Abs. 3 GG (nunmehr) vor allem gegen den Gesetzgeber, der kein Gesetz erlassen darf, das den Grundrechten widerspricht.[28] Die Bindungsklausel des Art. 1 Abs. 3 GG untersagt das grundrechtswidrige Gesetz. Verstößt der Gesetzgeber dennoch dagegen, handelt er verfassungswidrig (Art. 20 Abs. 3 GG). Für die Grundrechtsberechtigten kommt in diesen Fällen der in den Grundrechten liegende Abwehranspruch zum Tragen. Sie können die Nichtbeachtung der Verbotswirkung der Bindungsklausel durch den Gesetzgeber im Wege der Verfassungsbeschwerde nach Art. 93 Abs. 1 Nr. 4a GG geltend machen und abwehren. Die Grundrechte erweisen sich insoweit als Schranken der Gesetzgebung, formen Grenzen für die Ausübung der Kompetenzen des Gesetzgebers.[29]

Dass auch der Steuergesetzgeber als ein solcher Gesetzgeber nicht weniger umfassend an die Grundrechte gebunden ist, versteht sich inzwischen von selbst. Vereinzelt geäußerte Zweifel an seiner Bindung aufgrund einer historischen Sonderstellung der Besteuerungsgewalt, ihrer gesonderten Regelung in den Art. 105ff. GG oder ihrer Bedeutung für die Verwirklichung des sozialen Rechtsstaats vermögen nicht durchzudringen.[30] Weder historische Gründe noch die Regelung der Steuerhoheit in einem eigenen Abschnitt als auch die Funktion der Besteuerungsgewalt selbst können eine auch nur teilweise Freistellung des Steuergesetzgebers von den verfassungsrechtlichen Bindungen begründen. In diesem Zusammenhang ist zudem die Beobachtung wichtig, dass der Staat in zunehmenden Maße nicht mehr mittels Ge- und Verbot oder sonstiger normativer Regelungen das Verhalten seiner Bürger zu lenken sucht, sondern sich immer subtilerer Methoden bedient, um im Ergebnis den gleichen Effekt zu erzielen.[31] Das ist etwa im Wirtschaftsbereich offenkundig, wo verhaltenslenkende Steuern und gezielt eingesetzte Subventionen ebenso wirksam sein

---

[27] Vgl. etwa *Stern*, Geltungs- und Bindungskraft der Grundrechte, in: Das Staatsrecht der Bundesrepublik Deutschland, Bd. III/1, § 72 S. 1187 m. w. Nachw.

[28] Gleichwohl verpflichtet Art. 1 Abs. 3 GG nicht nur alle Gewalten des Staates, sondern gewährleistet ihre effektive Bindung an die Grundrechte auch unabhängig von den Modalitäten der Machtausübung; vgl. mit Blick auf den durch Art. 14 GG gewährten Schutz *Schenke*, Besteuerung und Eigentumsgarantie, in: FS für Armbruster, S. 177 (191); auch *Stern*, Geltungs- und Bindungskraft der Grundrechte, in: Das Staatsrecht der Bundesrepublik Deutschland, Bd. III/1, § 72 S. 1205ff.

[29] Vgl. zu Begriff und Reichweite der Bindung *Stern*, Die Bindung der Gesetzgebung, in: Das Staatsrecht der Bundesrepublik Deutschland, Bd. III/1, § 73, S. 1267ff.

[30] Vgl. dazu *Rodi*, Die Rechtfertigung von Steuern als Verfassungsproblem, S. 74ff. m. w. Nachw.; zur strikten Bindung *Sachs*, Die Grundrechte als objektives Recht und als subjektive Rechte, in: Das Staatsrecht der Bundesrepublik Deutschland, Bd. III/1, § 65 S. 502f.

[31] Zu den rechtstatsächlichen Bedingungen solchen staatlichen Handelns eingehend *Kirchhof*, Verwalten durch „mittelbares“ Einwirken, S. 105ff.

können wie das Verhalten der Wirtschaftssubjekte direkt regelnde Normen.[32] Eine sinnvolle, an einem effektiven Schutz der Grundrechtsgüter orientierte Interpretation der Grundrechte darf an diesem Befund nicht vorbeigehen. Die Vermutung der Vollziehbarkeit der Grundrechtsnormen unmittelbar von Verfassungs wegen und das Gebot der Gewährung effektiven Grundrechtsschutzes verlangen eine Auslegung und Dogmatik der Grundrechte, die ihre juristische Wirkkraft auch gegenüber dem Steuergesetzgeber entfaltet.

2. Grundrechte als Maßstäbe der Steuergesetzgebung

Der Steuerzugriff ist ein Grundrechtseingriff, der deshalb verfassungsrechtlicher Rechtfertigung bedarf. Während der Gleichheitssatz den Steuergesetzgeber auf das gerechte Maß der Belastung verpflichtet, dienen die Freiheitsrechte der Abwehr steuerlicher Eingriffe in grundrechtlich geschützte Freiheitspositionen. Historisch hat der Schutz vor freiheitsbeeinträchtigender Besteuerung alte Wurzeln.[33] Doch insbesondere die Freiheitsgrundrechte spielten für die Beurteilung und Ausgestaltung des Steuerrechts bis Ende des letzten Jahrhunderts kaum eine Rolle. Auch wenn in der Literatur immer wieder auf die Schutzwirkung der Freiheitsgrundrechte gegenüber dem Steuereingriff hingewiesen worden war, blieben die freiheitsrechtlichen Besteuerungsgrenzen weitgehend Theorie. Erst zu Beginn der 90er Jahre sprach das Bundesverfassungsgericht von dem Grundsatz freiheitsschonender Besteuerung und maß den Freiheitsgrundrechten allgemein die Funktion einer äußersten Grenze bei, aufgrund derer dem Steuerpflichtigen der Kernbestand des Erfolges eigener Betätigung zu belassen sei.[34] Steuergesetze können aufgrund ihres instrumentalen Charakters prinzipiell jedes Grundrecht betreffen. Einen generellen Leitsatz für die Besteuerung wie noch Art. 134 der Weimarer Reichsverfassung von 1919[35] oder auch Art. 123 Abs. 1 der Verfassung des Freistaates Bayern[36],

---

[32] Vgl. etwa BVerfGE 46, 120 (137f.); BVerwGE 71, 183 (191ff.) zur Veröffentlichung von Arzneimittel-Transparenzlisten; auch *Eckhoff*, Der Grundrechtseingriff, S. 224f.; *Grabitz*, Freiheit und Verfassungsrecht, S. 33f.; insbesondere zum Lenkungsimpuls durch das Einräumen steuerlicher Vor- und Nachteile schon *Friauf*, Verfassungsrechtliche Grenzen der Wirtschaftslenkung und Sozialgestaltung durch Steuergesetze, S. 19ff.

[33] Etwa die „Freiheit von aller Nachsteuer (jus detractus, gabella emigrationis)", Art. 18 lit. c Deutsche Bundesakte 1815 für die Freizügigkeit im Bundesgebiet, vgl. m. w. Nachw. *Sachs*, Grundrechtseingriff und Grundrechtsbetroffenheit, in: Das Staatsrecht der Bundesrepublik Deutschland, Bd. III/2, § 78 S. 134 FN 264.

[34] Vgl. BVerfGE 87, 153 (169).

[35] Art. 134 der Weimarer Reichsverfassung regelte eine spezielle steuerrechtliche Gleichheit, die alle Staatsbürger ohne Unterschied verpflichtete, im Verhältnis ihrer Mittel zu allen öffentlichen Lasten nach Maßgabe des Gesetzes beizutragen; für w. Nachw. vgl. *Kirchhof*, Staatliche Einnahmen, in: HbStR IV, § 88 Rdnr. 105 FN 160.

wonach alle Staatsbürger im Rahmen ihrer Leistungsfähigkeit unterschiedslos zu den öffentlichen Lasten beizutragen haben, kennt das Grundgesetz nicht. Vielmehr haben sich inzwischen andere Grundrechte zu wichtigen Schranken der Steuergewalt entwickelt. Der Rechtsprechung des Bundesverfassungsgerichts entnehmen lassen sich neben dem allgemeinen Gleichheitssatz des Art. 3 Abs. 1 GG der Art. 14 GG als „Magna Charta des Steuerpflichtigen"[37], Art. 12 Abs. 1 GG als Ausdruck beruflicher und wirtschaftlicher Entfaltungsfreiheit, Art. 6 Abs. 1 GG in Richtung einer ehe- und familiengerechten Besteuerung sowie Art. 2 Abs. 1 GG als Auffanggrundrecht. Darüber hinaus führen beide Senate des Bundesverfassungsgerichts mittlerweile übereinstimmend die Menschenwürdegarantie des Art. 1 Abs. 1 GG in Verbindung mit dem Sozialstaatsprinzip des Art. 20 Abs. 1 GG zur Begründung des steuerfrei zu belassenen eigenen Existenzminimums an.[38]

a) Der allgemeine Gleichheitssatz des Art. 3 Abs. 1 GG

Von Anfang an hat das Bundesverfassungsgericht dem allgemeinen Gleichheitssatz des Art. 3 Abs. 1 GG den Grundsatz der Steuergerechtigkeit und aus diesem den Grundsatz der Besteuerung nach der Leistungsfähigkeit entnommen.[39] Als Fundamentalnorm staatlicher Verteilungsgerechtigkeit, deren Wurzeln in Art. 1 Abs. 1 GG liegen,[40] ist der allgemeine Gleichheitssatz verletzt, „wenn der Staat eine Gruppe von Normadressaten im Vergleich zu anderen Normadressaten anders behandelt, obwohl zwischen beiden Gruppen keine Unterschiede von solcher Art und solchem Gewicht bestehen, dass sie die ungleiche Behandlung rechtfertigen könnten"[41]. Indessen ist eine formal verstandene Gleichbehandlung im Bereich des Steuerrechts nicht angebracht. Die Gleichheit aller Menschen vor dem Gesetz verlangt vielmehr in ihrer bereichsspezifischen Anwendung auf das Steuerrecht, dass jeder nach seiner finanziellen Leistungsfähigkeit gleichmäßig zur Finanzierung der allgemeinen

---

[36] Nach Art. 123 Abs. 1 der Verfassung des Freistaates Bayern v. 2.12.1946 i. d. F. der Bekanntmachung v. 15.12.1998 sind alle im Verhältnis ihres Einkommens und Vermögens und unter Berücksichtigung ihrer Unterhaltspflicht zu den öffentlichen Lasten heranzuziehen.

[37] So *Kirchhof*, Besteuerungsgewalt und Grundgesetz, S. 20ff.

[38] BVerfGE 82, 60 (85); 99, 216 (233); 99, 246 (259); der Zweite Senat des BVerfG hatte zunächst die Grundrechte aus Art. 2 Abs. 1, Art. 12 Abs. 1 und Art. 14 Abs. 1 GG bemüht, BVerfGE 87, 153 (169).

[39] Vgl. BVerfGE 13, 331 (338); 26, 302 (310); 43, 108 (118f.).

[40] Vgl. *Dürig*, in: Maunz/Dürig, Art. 3 Rdnr. 6.

[41] BVerfGE 55, 72 (88); nach der bis 1980 ausschließlich verwendeten sog. Willkürformel ist der Gleichheitssatz dann verletzt, „wenn sich ein vernünftiger, sich aus der Natur der Sache ergebender oder sonstwie sachlich einleuchtender Grund für die gesetzliche Differenzierung oder Gleichbehandlung nicht finden lässt", vgl. BVerfGE 1, 14 (52) als auch etwa BVerfGE 89, 132 (141).

Staatsaufgaben herangezogen wird.[42] Dem Steuergesetzgeber kommt bei der Ausgestaltung der Steuergesetze ein weiter Entscheidungsspielraum zu. Er ist nicht gehindert, pauschale Maßstäbe zu wählen und sich mit einer Typengerechtigkeit zu begnügen.[43] Eine einmal getroffene Entscheidung hat er jedoch folgerichtig im Sinne der Belastungsgleichheit umzusetzen.[44] Art. 3 Abs. 1 GG zeigt sich umso strikter, je mehr eine Regelung den Einzelnen als Person betrifft, und umso offener für gesetzgeberische Gestaltungen, je mehr allgemeine, für rechtliche Einwirkungen zugängliche Lebensverhältnisse geregelt werden.[45] Er zielt nicht auf die Begrenzung der Steuergewalt hinsichtlich der Höhe der Abgaben, sondern auf die Verwirklichung der nach einer Unterscheidung von *Birk* vertikalen und horizontalen Steuergerechtigkeit.[46] Art. 3 Abs. 1 GG hat das Bundesverfassungsgericht wiederholt veranlasst, die Unvereinbarkeit eines Steuergesetzes mit den Anforderungen des allgemeinen Gleichheitssatzes festzustellen.[47]

b) Die Eigentumsgarantie des Art. 14 GG

Im Unterschied dazu gingen Rechtsprechung und Literatur hinsichtlich einer Begrenzung der Steuergewalt durch die Eigentumsgarantie lange Zeit von einer grundsätzlichen Bedeutungslosigkeit des Art. 14 Abs. 1 GG aus. Das Bundesverfassungsgericht stellte frühzeitig fest, dass Art. 14 GG „nicht das Vermögen gegen Eingriffe durch Auferlegung von Geldleistungspflichten schützt", da diese nicht ein bestimmtes Eigentumsobjekt belasten, sondern als reine Geldschuld zu begleichen seien.[48] Schon bald darauf formulierte es vorsichtiger und schränkte ein, dass Geldleistungspflichten die Eigentumsgarantie nur grundsätz-

---

[42] Vgl. BVerfGE 84, 239 (268f.); 93, 121 (135).

[43] Vgl. BVerfGE 14, 76 (101f.); 31, 119 (131).

[44] Vgl. BVerfGE 84, 239 (271); 93, 121 (136).

[45] Vgl. BVerfGE 82, 60 (89f.); 87, 153 (170); auch BVerfGE 96, 1 (6); *Kirchhof*, Besteuerung im Verfassungsstaat, S. 35.

[46] Gleichheit ist einmal im Verhältnis zwischen Steuerpflichtigen unterschiedlicher Leistungsfähigkeit herzustellen (vertikale Steuergerechtigkeit), zum anderen sind die Steuerpflichtigen gleicher Leistungsfähigkeit gleich zu behandeln (horizontale Steuergerechtigkeit), vgl. *Birk*, Das Leistungsfähigkeitsprinzip als Maßstab der Steuernormen, S. 165ff., 170; übernommen von BVerfGE 82, 60 (89f.); 87, 153 (170).

[47] Vgl. etwa BVerfGE 21, 160 (167ff.); 23, 1 (5ff.); 25, 101 (105ff.); 26, 321 (324ff.); 28, 227 (236ff.); 33, 90 (100ff.); 33, 106 (112ff.); 40, 296 (310ff.); 43, 58 (70ff.); 45, 104 (125ff.); 47, 1 (29ff.); 61, 319 (342ff.); 66, 214 (222ff.); 67, 290 (297ff.); in jüngerer Zeit etwa BVerfGE 101, 151 (156f.).

[48] BVerfGE 4, 7 (17); vgl. aus jüngerer Zeit etwa BVerfGE 81, 108 (122); 95, 267 (300); 96, 375 (397); w. Nachw. zur steuerrechtlichen Judikatur in BFH v. 14.5.1974 – VIII R 95/72, BStBl II 1974, 572 = BFHE 112, 546 (563f.) und bei *Tipke*, Die Steuerrechtsordnung, Bd. I, S. 438f.

lich unberührt ließen.[49] Nach den bisher nicht praktisch gewordenen Ausnahmeerwägungen kommt ein Verstoß gegen Art. 14 GG danach in Betracht, wenn „die Geldleistungspflichten den Betroffenen übermäßig belasten und seine Vermögensverhältnisse grundlegend beeinträchtigt“ werden.[50] Gleichwohl sah sich das Bundesverfassungsgericht mit dieser Auffassung von Anfang an dem Einwand ausgesetzt, dass damit ausgerechnet Art. 14 Abs. 1 GG als das Hauptgrundrecht des Vermögensbereichs für die verfassungsrechtliche Überprüfung des bei weitem nachhaltigsten Eingriffs in die private Vermögenssphäre nicht zur Verfügung steht.[51] Die dogmatischen Gegenentwürfe in der Literatur[52] reichen daher auch von einer Interpretation der Funktion des Art. 14 GG als Eigentumswertschutz, der Hervorhebung des Charakters des Art. 14 GG als Institutsgarantie und wertentscheidende Grundsatznorm, die im Falle übermäßiger Steuerbelastung nicht wirksam genug geschützt werde, über die Auffassung, Art. 14 GG schütze nur mittelbar gegen den steuerlichen Zugriff auf das Vermögen, bis hin zu dem Ansatz von *Kirchhof*[53], nach dem Eigentum nicht einen gegen die Steuerbelastung abzuschirmenden Vermögensbestand definiert, sondern den durch das Vermögen vermittelten ökonomischen Handlungsraum des Eigentümers umgrenzt. Diesen Handlungsraum sieht *Kirchhof* nur gewahrt, wenn der Staat seine Nutzungsteilhabe so bemisst, dass die Privatnützigkeit des Eigentumsgebrauchs erhalten bleibt, woraus sich eine Untergrenze des steuerlich zu verschonenden existenznotwendigen Bedarfs ergibt. Eine Obergrenze der Gesamtsteuerbelastung ist entsprechend der in Art. 14 Abs. 2 GG angelegten Gewichtung zwischen Privatnützigkeit und Sozialpflichtigkeit des Eigentums in der Nähe einer hälftigen Teilung zu entnehmen. Während der Zweite Senat des Bundesverfassungsgerichts dieser Konzeption in seinen Beschlüssen zum

---

[49] Vgl. etwa BVerfGE 10, 89 (116); 14, 221 (241); 19, 119 (128f.); 19, 253 (267f.); 23, 288 (314f.); 29, 402 (413); 30, 250 (271f.); 36, 383 (400); 63, 312 (327); 68, 287 (310f.); 81, 108 (122).

[50] BVerfGE 14, 221 (241); üblicherweise zu der Wendung von der „erdrosselnden Wirkung“ gebündelt, vgl. etwa BVerfGE 30, 250 (272); sodann ständige Rechtsprechung, etwa BVerfGE 78, 232 (243); 82, 159 (190); 95, 267 (300).

[51] Zudem besteht ein Grundwiderspruch: Wenn die Erhebung von Steuern und hoheitlichen Abgaben von vornherein schon nicht den Schutzbereich des Art. 14 Abs. 1 GG berührt, dann kann die Eigentumsgarantie auch nicht bei Überschreitung einer Extremschwelle als Grundrechtsschranke relevant werden; vgl. dazu und zu weiteren Einwänden *Butzer*, Freiheitsrechtliche Grenzen der Steuer- und Sozialabgabenlast, S. 34. m. w. Nachw.

[52] Vgl. zum Überblick *Kimminich*, in: BK-GG, Art. 14 Rdnr. 55ff.; *Rodi*, Die Rechtfertigung von Steuern als Verfassungsproblem, S. 97; *Butzer*, Freiheitsrechtliche Grenzen der Steuer- und Sozialabgabenlast, S. 34ff.; *Tipke*, Die Steuerrechtsordnung, Bd. I, S. 441ff., jeweils m. w. Nachw.

[53] Zur Entwicklung diese Ansatzes seit den 70er Jahren vgl. u.a. *Kirchhof*, Besteuerungsgewalt und Grundgesetz, S. 20ff.; *ders.*, Rechtsmaßstäbe finanzstaatlichen Handelns, JZ 1979, 153 (156f.); *ders.*, Besteuerung und Eigentum, VVDStRL 39 (1981), 213 (269ff.); *ders.*, Gutachten, Verhandlungen des 57. Deutschen Juristentages Mainz 1988, Bd. I Gutachten, Teil F S. 14ff.; *ders.*, Staatliche Einnahmen, in: HbStR IV, § 88 Rdnr. 86ff.

Existenzminimum sowie zur Vermögen- und Erbschaftsteuer gefolgt ist,[54] beruft sich der Erste Senat weiterhin auf die überkommene Rechtsprechung, nach der Art. 14 Abs. 1 GG nur vor dem konfiskatorischen Steuerzugriff schützen soll.[55] Übereinstimmung besteht gleichwohl darin, dass auch die Eigentumsgarantie des Art. 14 Abs. 1 GG die Steuergewalt begrenzt.

c) Die Berufsfreiheit des Art. 12 Abs. 1 GG

Während Art. 14 GG das Erworbene schützt, sichert Art. 12 Abs. 1 GG die Freiheit des Erwerbens.[56] Das Bundesverfassungsgericht hat entgegen der in dieser systematisch durchaus zutreffenden Formel ausgedrückten Exklusivität beider Gewährleistungen anerkannt, dass die Reglementierung der Nutzung vermögenswerter Rechte zugleich die Erwerbstätigkeit selbst beschränken kann.[57] Steuergesetze können und müssen auch an Art. 12 Abs. 1 GG gemessen werden, wenn sie infolge ihrer Gestaltung in engem Zusammenhang mit der Ausübung eines Berufs stehen und objektiv eine berufsregelnde Tendenz deutlich erkennen lassen.[58] Eine Steuernorm kann wegen ihrer mittelbaren Wirkung auf die freie Berufswahl dann einer Zulassungsvoraussetzung gleichzusetzen sein, wenn die Grundrechtsberechtigten infolge der Gestaltung und Höhe der Steuer „in aller Regel und nicht nur in Ausnahmefällen nicht mehr in der Lage sind, den gewählten Beruf ganz oder teilweise zur Grundlage ihrer Lebensführung zu machen“[59]. Nach der bisherigen Rechtsprechung des Bundesverfassungsgerichts wäre das allerdings nur in Fällen der von Art. 14 GG her bekannten „erdrosselnden Wirkung“ einer Steuer der Fall.[60] Solange aber Steuerbelastungen lediglich als Beeinträchtigung der Berufsausübungsfreiheit zu qualifizieren sind, genügt für ihre Rechtfertigung völlig, dass sie Gemeinwohlinteressen dienen und verhältnismäßig sind.[61] Dementsprechend hat bisher auch

---

[54] Vgl. BVerfGE 87, 153 (169f.) und BVerfGE 93, 121 (136ff.).

[55] Vgl. BVerfGE 95, 267 (300); 96, 375 (397), dort als std. Rspr. bezeichnet; auch der BFH folgt der Rechtsprechung des Zweiten Senats des BVerfG für die Einkommensteuer insoweit nicht, BFH v. 11.8.1999 – XI R 77/97, BStBl II 1999, 771 (773f.) = BFHE 189, 413 (417ff.).

[56] Vgl. BVerfGE 30, 292 (335), dort auch das Zitat; ähnlich BVerfGE 65, 237 (248), 85, 360 (383); 88, 366 (377).

[57] Vgl. im Sinne einer Idealkonkurrenz von Art. 12 GG und Art. 14 GG etwa BVerfGE 8, 71 (79ff.); 21, 150 (154ff.); 50, 290 (361f.).

[58] Vgl. BVerfGE 37, 1 (17) unter Hinweis auf BVerfGE 13, 181 (185f.); 16, 147 (162), 29, 327 (333); auch BVerfGE 42, 374 (384f.); 47, 1 (21); 70, 191 (214); 81, 108 (121f.); 98, 83 (97); 98, 106 (117).

[59] BVerfGE 30, 292 (314); auch BVerfGE 31, 8 (29).

[60] Vgl. auch BVerfGE 31, 8 (29); 87, 153 (169).

[61] Vgl. grundlegend zu der später eng mit dem Verhältnismäßigkeitsgrundsatz verschränkten sogenannten Stufentheorie BVerfGE 7, 377 (405ff.).

das Bundesverfassungsgericht den Verstoß eines Steuergesetzes gegen Art. 12 Abs. 1 GG noch in keinem Fall bejaht.[62]

d) Der Schutz von Ehe und Familie des Art. 6 Abs. 1 GG

Ehe und Familie stehen nach Art. 6 Abs. 1 GG unter dem besonderen Schutz der staatlichen Ordnung. Art. 6 Abs. 1 schützt als Grundrecht die freie Entfaltung in einem besonderen privaten, gegen den Staat abgeschirmten und die Vielfalt rechtsstaatlicher Freiheiten stützenden Autonomie- und Lebensbereich,[63] gewährleistet als Institutsgarantie den Bestand der privatrechtlichen Rechtseinrichtungen Ehe und Familie[64] und verpflichtet als wertentscheidende Grundsatznorm die staatlichen Gewalten über die Pflicht zur Unterlassung störender Eingriffe hinaus zum Schutz und zur Förderung von Ehe und Familie.[65] Für das Steuerrecht erlangt insbesondere der Gehalt als wertentscheidende Grundsatznorm Bedeutung. Das Steuerrecht bedarf im Interesse des wirtschaftlichen Zusammenhalts von Ehe und Familie entsprechender Ausgestaltung. Die Ehe ist als Erwerbsgemeinschaft, die Familie als Unterhaltsgemeinschaft zu besteuern.[66] Das Bundesverfassungsgericht entnimmt Art. 6 Abs. 1 GG die Steuerfreistellung des Existenzminimums sämtlicher Familienmitglieder.[67] Zudem dürfen an die Existenz einer Ehe oder Familie aus steuerrechtlicher Sicht keine benachteiligenden Ungleichbehandlungen im Verhältnis zu anderen, unverheirateten Personen geknüpft werden.[68] Wurde dies vom Bundesverfassungsgericht bislang aus einer Zusammenschau von Art. 6 Abs. 1 GG und Art. 3 Abs. 1 GG hergeleitet,[69] qualifiziert der Zweite Senat nunmehr allein Art. 6

---

[62] Vgl. den Überblick bei *Tipke*, Die Steuerrechtsordnung, Bd. I, S. 433 FN 66 m. w. Nachw.

[63] Vgl. BVerfGE 6, 55 (76); etwa auch *Schmitt-Kammler*, in: Sachs, Art. 6 Rdnr. 20ff.

[64] Vgl. BVerfGE 80, 81 (92); *Schmitt-Kammler*, in: Sachs, Art. 6 Rdnr. 27ff.

[65] Seit BVerfGE 6, 55 (72f.); vgl. *Schmitt-Kammler*, in: Sachs, Art. 6 Rdnr. 30ff.; hinsichtlich der Familie auch *Tünnemann*, Der verfassungsrechtliche Schutz der Familie und die Förderung der Kindererziehung im Rahmen des staatlichen Kinderleistungsausgleichs, S. 124ff. m. w. Nachw.

[66] Vgl. *Kirchhof*, Ehe- und familiengerechte Gestaltung der Einkommensteuer, NJW 2000, 2792 (2792f.)

[67] Danach muss auch der Unterhaltsaufwand für Kinder des Steuerpflichtigen in derjenigen Höhe bei der Besteuerung außer Betracht bleiben, in der dieses zur Gewährleistung des Existenzminimums der Kinder erforderlich ist, vgl. BVerfGE 82, 60 (85f.); 87, 153 (169); 99, 216 (233); 99, 246 (259f.); die verfassungsrechtlichen Vorgaben für die Berechnungsmethoden des Existenzminimums hat der Zweite Senat des BVerfG in der Entscheidung BVerfGE 99, 246 (246ff.) erheblich präzisiert.

[68] So schon BVerfGE 13, 290 (299); vgl. auch BVerfGE 99, 216 (232).

[69] Vgl. etwa BVerfGE 82, 60 (86ff.); 87, 1 (36ff.)

Abs. 1 GG als besonderen Gleichheitssatz.[70] Ebenso beurteilt das Bundesverfassungsgericht das Ehegattensplitting nicht als beliebig veränderbare Steuervergünstigung, sondern als „eine an dem Schutzgebot des Art. 6 Abs. 1 GG und der wirtschaftlichen Leistungsfähigkeit der Ehepaare (Art. 3 Abs. 1 GG) orientierte sachgerechte Besteuerung".[71]

e) Die allgemeine Handlungsfreiheit des Art. 2 Abs. 1 GG

Soweit nicht bereits der Schutzbereich der speziellen Freiheitsgrundrechte eröffnet ist, kommt schließlich nach der inneren Systematik der Grundrechte als Maßstab die allgemeine Handlungsfreiheit des Art. 2 Abs. 1 GG in Betracht. Seit der sogenannten Elfes-Entscheidung des Bundesverfassungsgerichts[72] wird Art. 2 Abs. 1 GG in seiner Auffangfunktion als umfassende Gewährleistung der allgemeinen Handlungsfreiheit, so auch als Grundrecht der Wirtschafts- und Unternehmensfreiheit verstanden.[73] Insofern ist der Eingriff von Steuergesetzen in die wirtschaftliche Betätigungsfreiheit des Art. 2 Abs. 1 GG unzweifelhaft. Doch konnte das Bundesverfassungsgericht das Vorliegen einer Grundrechtsverletzung mit Blick insbesondere auf die Schranke der verfassungsmäßigen Ordnung stets verneinen.[74] Eine Steuernorm verletzt den Schutzbereich des Art. 2 Abs. 1 GG nicht, „wenn den Betroffenen ein angemessener Spielraum verbleibt, sich als verantwortlicher Unternehmer wirtschaftlich frei zu entfalten"[75]. Der angemessene Spielraum aber soll immer schon dann gegeben sein, wenn die steuerrechtliche Belastung dem Grundsatz der Verhältnismäßigkeit entspricht.[76] Am Maßstab der allgemeinen Handlungsfreiheit wird deutlich, dass der steuerliche Zugriff hierbei grundsätzlich auf die ökonomischen Grundlagen freiheitlichen Handelns erfolgt und somit eher die Rahmenbedingungen der Freiheitsausübung betrifft.[77] Daraus folgt, dass auch die weiteren, in der Rechtsprechung des Bundesverfassungsgerichts bisher steuerrechtlich nicht berücksichtigten speziellen Freiheitsgrundrechte prinzipiell durch Steuergesetze tatbestandlich betroffen sein können. Eine an die Religionszugehörigkeit anknüpfende Besteuerung lässt an Art. 4 GG denken, eine spezifische Besteuerung

---

[70] Vgl. BVerfGE 99, 216 (232ff.); auch *Kirchhof*, Der Grundrechtsschutz des Steuerpflichtigen, AöR 128 (2003), 1 (32).

[71] BVerfGE 61, 319 (347).

[72] BVerfGE 6, 32 (36ff.); seither std. Rspr.

[73] Vgl. BVerfGE 73, 261 (270); 78, 232 (244); zur Wirtschafts- und Unternehmensfreiheit auch *Epping*, Die Außenwirtschaftsfreiheit, S. 11ff, 45ff.

[74] Vgl. etwa BVerfGE 18, 315 (327ff.); 75, 108 (154f.); 78, 232 (244).

[75] BVerfGE 4, 7 (16); 12, 341 (347f.); 78, 232 (244f.).

[76] Vgl. BVerfGE 75, 108 (154f.); 78, 232 (244f.); auch schon BVerfGE 48, 102 (115f.).

[77] Vgl. *Kirchhof*, Die verfassungsrechtliche Rechtfertigung der Steuern, in: Steuern im Verfassungsstaat, S. 27 (52).

von Presseunternehmen an Art. 5 Abs. 1 GG, eine entsprechende Besteuerung von Kunst und Wissenschaft ist unter anderem an Art. 5 Abs. 3 GG zu messen,[78] eine Wohnungsbesteuerung auch an Art. 13 Abs. 1 GG, und nicht zuletzt die Besteuerung von Vereinen und Gesellschaften fragt nach dem Maßstab des Art. 9 Abs. 1 GG.[79]

3. Die Vereinigungsfreiheit des Art. 9 Abs. 1 GG

Diese Frage aber, ob und welche Grenzen dem Steuergesetzgeber aus der Vereinigungsfreiheit des Art. 9 Abs. 1 GG erwachsen, kann für den eingangs skizzierten Befund bedeutsam werden, wonach die rechtsformspezifischen Unterschiede in der Besteuerung eine für gesellschaftsrechtliche Gestaltungsfragen wie die Wahl der Rechtsform nicht unerhebliche Rolle spielen.[80] Ein Steuerrecht, das Unternehmen vergleichbarer Größenordnung und Struktur sowie die rechtlichen Träger dieser Unternehmen steuerlich unterschiedlich belastet, das die gleichen Erfolge von zwei solcher in gleicher Weise erfolgreich geführten Unternehmen zu unterschiedlichen Erfolgen macht, nimmt Einfluss auf die Entscheidung über die Rechtsform. Es betrifft damit möglicherweise in grundrechtsrelevanter Weise die Vereinigungsfreiheit des Unternehmers, sich nach eigenem Willen mit anderen zu einer Erwerbsgemeinschaft zusammenzuschließen oder aber als Einzelkaufmann oder Freiberufler jeder Vergemeinschaftung fernzubleiben. Insbesondere das Zusammenwirken in Personen- und Kapitalgesellschaften ist unter den Bedingungen des heutigen Wirtschaftslebens in vielen Bereichen zur unerlässlichen Voraussetzung für eine erfolgversprechende unternehmerische Betätigung geworden. Ein Steuerrecht, das den Unternehmer zu bestimmten Rechtsformen lediglich aus steuerlichen Gründen drängt, weil es durch Anknüpfen an die Organisationsform eine steuerliche Entlastung von der jeweils gewählten Rechtsform abhängig macht, berührt insoweit die verfassungsrechtliche Gewährleistung der Vereinigungsfreiheit des Grundgesetzes.

Vor diesem Hintergrund könnte zudem die Forderung nach einer rechtsformneutralen Besteuerung in dem Freiheitsrecht des Art. 9 Abs. 1 GG einen verfassungsrechtlichen Maßstab gewinnen. Wenn die Vereinigungsfreiheit dem einzelnen das Recht gibt, sich in freier Auswahl unter den Gesellschaftsformen zu organisieren oder aber auch jedem Zusammenschluss fernzubleiben, dann wehrt sie grundsätzlich auch den steuerlichen Eingriff in diese Gestaltungs-

---

[78] Einen Grundrechtsschutz gegenüber mittelbaren Eingriffen des Steuerrechts unter dem Aspekt des Art. 5 Abs. 3 GG hält BVerwG v. 28.1.1966 – VII C 128/64, BVerwGE 23, 194 (198ff.) für möglich.

[79] Vgl. auch *Schenke*, Besteuerung und Eigentumsgarantie, in: FS für Armbruster, S. 180 FN 19; *Kirchhof*, Staatliche Einnahmen, in: HbStR IV, § 88 Rdnr. 97.

[80] Siehe oben S. 17.

freiheit ab. Eine von der Rechtsform eines Unternehmens abhängige Besteuerung sieht sich danach jedoch nicht nur mit der Notwendigkeit ihrer verfassungsrechtlichen Rechtfertigung vor dem allgemeinen Gleichheitssatz des Art. 3 Abs. 1 GG konfrontiert, der Steuergesetzgeber darf vielmehr auch die grundrechtliche Freiheitsgarantie der Vereinigungsfreiheit nicht verfremden. Die Gleichheit kann dabei in der Freiheit des Art. 9 Abs. 1 GG einen konkreten Vergleichsmaßstab und damit auch die zu vergleichenden Gruppen finden, der die Anwendung des Gleichheitssatzes durch den Steuergesetzgeber erleichtert. Denn wie jede Freiheitsgarantie enthält auch die Vereinigungsfreiheit einen solchen besonderen Gleichheitssatz, wenn der Inhalt der Freiheit allgemein als das Recht verstanden wird, sich von anderen unterscheiden zu dürfen.[81] Zeigt sich aber die Gleichheit im Lichte der Freiheit konturenschärfer, hat die verfassungsrechtliche Maßstabsbildung die Freiheitsgewährleistung selbst und nicht den allgemeinen Gleichheitssatz zum Ausgangpunkt zu nehmen.

Die Frage, ob und welchen Maßstab Art. 9 Abs.1 GG für das Steuerrecht bereithält, bedarf hiernach grundlegender Klärung. Sie wurde, soweit ersichtlich, als erstes im Jahr 1971 von *Weber* aufgeworfen.[82] Nach seiner Auffassung enthält Art. 9 Abs. 1 GG eine Institutsgarantie, die aus dem Blickwinkel der Unternehmen eine absolute Obergrenze der verfassungsrechtlich zulässigen Steuerbelastung einer Handelsgesellschaft bildet. Diese Grenze werde allerdings durch die Auferlegung von Steuern erst dann berührt, wenn die Belastung extreme Höhen erreicht.[83] Darüber hinaus entnimmt er der positiven und negativen Vereinigungsfreiheit aus dem Blickwinkel der Eigentümer der Unternehmen das Gebot, die außerhalb einer Personengesellschaft in einem Einzelunternehmen erzielten Gewinne und die innerhalb einer Personengesellschaft als persönlich haftender Gesellschafter erzielten Gewinne seien möglichst gleich hoch zu besteuern. Die Rechtsstellung des Gesellschafters bei der Beteiligung an einer Kapitalgesellschaft sei mit der eines Einzelunternehmers hingegen nicht vergleichbar.[84] Doch wie so viele der seinerzeit von der Literatur gegebenen Hinweise auf die Schutzwirkung der Freiheitsgrundrechte gegenüber dem Steuereingriff, verhallte auch dieser Hinweis ungehört. Erst im Jahr 1990 weist

---

[81] Zu Freiheitsrechten als besondere Gleichheitsrechte vgl. etwa *Kirchhof*, Der Grundrechtsschutz des Steuerpflichtigen, AöR 128 (2003), 1 (34ff.); *ders.*, Besteuerung im Verfassungsstaat, S. 36f.

[82] *Weber*, Grundgesetz, Gesellschaftsrecht und die Besteuerung der selbständigen Unternehmen, Bd. 1, S. 55f., 80ff.; *ders.*, Zu einigen rechtspolitischen Grundfragen der Besteuerung selbständiger Unternehmen, JZ 1980, 545 (547).

[83] Vgl. *Weber*, Grundgesetz, Gesellschaftsrecht und die Besteuerung der selbständigen Unternehmen, Bd. 1, S. 56; die gedankliche Nähe zu der Rechtsprechung des Bundesverfassungsgerichts hinsichtlich der „erdrosselnden Wirkung“ bei Art. 14 Abs. 1 GG ist insoweit nicht zu leugnen.

[84] Vgl. *Weber*, Grundgesetz, Gesellschaftsrecht und die Besteuerung der selbständigen Unternehmen, Bd. 1, S. 83, 87f.

Kirchhof unter anderem wieder darauf hin, dass bei der Vereins- und Genossenschaftsbesteuerung der Schutzbereich des Art. 9 Abs. 1 GG betroffen sein könne.[85]

Kirchhof ist es dann auch, der im Jahre 2000 angesichts der Unternehmenssteuerreform des Steuersenkungsgesetzes[86] in aller Deutlichkeit die Frage nach der Vereinbarkeit mit Art. 9 Abs. 1 GG stellt.[87] Die Vereinigungsfreiheit des Art. 9 Abs. 1 GG verlange, dass der steuerliche Eingriff nicht die positive oder negative Vereinigungsfreiheit des Pflichtigen einschränkt, er insbesondere die freie Wahl behält, als Freiberufler oder Einzelkaufmann mit seinem Namen und seinem Vermögen für die Qualität seiner Leistungen zu stehen, in der Personengesellschaft die Gemeinschaft von wirtschaftlicher Initiative, Verantwortlichkeit und Risiko zu suchen, oder aber in der juristischen Person den wirtschaftlichen Organismus zu verselbständigen und in Ertrag, Verantwortlichkeit und Haftung von den beteiligten Menschen zu lösen. Das Steuerrecht sei deshalb so zu gestalten, dass die Regelbesteuerung den wirtschaftlichen Erfolg von Erwerbstätigkeit und Marktteilhabe unabhängig von der Rechtsform des Unternehmens trifft. Art. 9 Abs. 1 GG müsse das Postulat einer rechtsformneutralen Besteuerung zur Wirkung bringen, insofern werde die Gleichheit in der Vereinigungsfreiheit prägnanter verfassungsrechtlich angeleitet.[88] Dem wird verschiedentlich entgegengehalten, dass gerade die externe Betätigung, an deren wirtschaftlichen Erfolg die Besteuerung anknüpfe, nicht von Art. 9 Abs. 1 GG geschützt sei. Die Vereinigungsfreiheit enthalte keine Institutsgarantie der privatrechtlichen Vereinigungen und gewähre demnach auch nicht den Schutz bestimmter Vereinigungen, sondern nur den Zusammenschluss zu einer Vereinigung als solcher. Einen Schutz vor Wettbewerbsverzerrungen und gegen die Folgewirkungen einer rechtsformabhängigen Besteuerung biete sie nicht. Als Grundrechte einschlägig seien daher allenfalls Art. 3 Abs. 1 GG sowie Art. 12 Abs. 1 GG und Art. 14 GG. Wenn überhaupt, dann sei Art. 9 Abs. 1 GG erst tangiert, wenn die Besteuerung es den Bürgern erschweren würde, sich überhaupt mit anderen gemeinsam wirtschaftlich zu betätigen, was letztlich aber kaum denkbar sei.[89]

---

[85] *Kirchhof*, Staatliche Einnahmen, in: HbStR IV, § 88 Rdnr. 97.

[86] Gesetz zur Senkung der Steuersätze und zur Reform der Unternehmensbesteuerung (Steuersenkungsgesetz – StSenkG) v. 23.10.2000, BGBl I 2000, 1433.

[87] Vgl. u.a. *Kirchhof*, Rückwirkung von Steuergesetzen, StuW 2000, 221 (230f.); *ders.*, Verfassungsrechtliche Maßstäbe der Unternehmenssteuerreform, Stbg 2000, 552 (556); *ders.*, Besteuerung im Verfassungsstaat, S. 62f.; *ders.*, Die Unternehmenssteuerreform im Lichte des Verfassungsrechts, Kommentar 3/2001, DStR 2001, III (VI).

[88] Vgl. etwa *Kirchhof*, Der Grundrechtsschutz des Steuerpflichtigen, AöR 128 (2003), 1 (28).

[89] Vgl. *Pelka*, Rechtsformneutralität im Steuerrecht, StuW 2000, 389 (392f.); *Hey*, Besteuerung von Unternehmensgewinnen und Rechtsformneutralität, DStJG 24 (2001), 155 (172f.); *Sieker*, Möglichkeiten rechtsformneutraler Besteuerung von Einkommen, DStJG 25 (2002), 145 (155f.); *Thiel*, Einheitliche Unternehmensteuer, StbJb 2002/2003, 27 (32f.);

Zur Klärung und Bestimmung der dem Steuergesetzgeber aus der Vereinigungsfreiheit erwachsenden Grenzen ist vom Schutzbereich[90] des Art. 9 Abs. 1 GG auszugehen, beschreibt er doch den Ausschnitt der Lebenswirklichkeit, innerhalb dessen sich ein Verhalten des Grundrechtsberechtigten als Teil der Freiheit darstellt. Daran anschließend kann dann nach der relevanten Beeinträchtigung dieser besonders geschützten Freiheit gefragt, kann die Vereinigungsfreiheit des Grundgesetzes als Maßstab der Steuergesetzgebung entwickelt werden.

ähnlich auch *Stolterfoht*, Die „Privatsphäre" der Körperschaftsteuersubjekte – unternehmensbezogene oder unternehmensträgerbezogene Sicht?, in: FS Kruse, S. 485 (491).

[90] Häufig auch als Garantie-, Gewährleistungs-, Norm- oder Geltungsbereich bezeichnet; wenig glücklich ist es dagegen, wenn der Schutzbereich selbst als Tatbestand bezeichnet wird, denn Rechtsfolgen lassen sich sinnvoll nicht an den Schutzbereich, sondern nur an eine Beeinträchtigung der qua Schutzbereich definierten und geschützten Freiheit eines Grundrechtsberechtigten knüpfen.

B. Schutzbereich der Vereinigungsfreiheit

Wenn sich heute die Frage stellt, ob und welche Maßstäbe der Steuergesetzgeber aus der Vereinigungsfreiheit des Grundgesetzes zu beachten hat, dann ist daran zu erinnern, dass die Freiheit, Vereine und Gesellschaften zu bilden, noch zu Beginn des vergangenen Jahrhunderts keinesfalls zum gesicherten Bestand grundrechtlichen Schutzes zählte.[1] Die rechtshistorischen Wurzeln des Vereinswesens reichen zwar weit zurück, doch erst die Weimarer Reichsverfassung von 1919 nimmt die Vereinigungsfreiheit in ihren Katalog der Grundrechte auf.[2] Als ein vergleichsweise spätes Kind der politischen Bewegung des Liberalismus und des Frühsozialismus stand ihre Wiege zunächst in der Ecke einer weniger wirtschaftlichen als vor allem politischen Zielrichtung. Noch der absolutistische Staat fürchtete hinter jeder privaten Fassade politische Opposition und begegnete daher allen Vereinigungen mit unverhohlenem Misstrauen. Die Gründung bürgerrechtlicher Gesellschaften und Vereine als Ausdruck freier Assoziation war erst dann nicht mehr weit, als die liberale Lehre ihren Niederschlag in den Grundrechten der Eigentums-, Gewerbe- und Vertragsfreiheit gefunden hatte.[3] Die Sicht des Menschen als Individuum, der die freie Entfaltung seiner Persönlichkeit auch durch und im Zusammenschluss sucht, bildete den Nährboden der Vereinigungsfreiheit. Nach den geschichtlichen Erfahrungen ist der Zusammenschluss von Einzelpersonen zu Vereinigungen dem Zugriff öffentlicher Gewalt in besonderer Weise ausgesetzt. Das Grundgesetz hat daher neben der durch Art. 2 Abs. 1 GG gewährleisteten Handlungsfreiheit die Freiheit menschlicher Betätigung im Lebensbereich der Vereinigungsfreiheit durch die Grundrechtsbestimmung des Art. 9 Abs. 1 GG besonders geschützt.[4] Art. 9 Abs. 1 GG schützt dabei einen Teilbereich aus dem Lebensbereich des Assoziationswesens, der in seiner weitgehend einfachgesetzlichen Normierung nicht so sehr den Inhalt einzelner, bestimmter, als vielmehr die Form beliebiger Lebensäußerungen zu betreffen scheint.

---

[1] Zum historischen Hintergrund der Vereinigungsfreiheit siehe *Bauer*, in: Dreier, Art. 9 Rdnr. 1ff. m. w. Nachw.; *Rinken*, in: AK-GG, Art. 9 Rdnr. 1ff.; ausführlich die Darstellung von *Müller*, Korporation und Assoziation, S. 42ff.

[2] Art. 124 der Weimarer Verfassung v. 14.8.1919 bestimmte: „Alle Deutschen haben das Recht, zu Zwecken, die den Strafgesetzen nicht zuwiderlaufen, Vereine oder Gesellschaften zu bilden. Dieses Recht kann nicht durch Vorbeugungsmaßregeln beschränkt werden. Für religiöse Vereine und Gesellschaften gelten dieselben Bestimmungen. (...)“; die Vereinigungsfreiheit war allerdings weder bei der Abfassung der Weimarer Verfassung noch des Grundgesetzes Gegenstand politischer Beratungen.

[3] Vgl. dazu *Müller*, Korporation und Assoziation, S. 220ff.

[4] Vgl. allgemein BVerfGE 6, 32 (37); vgl. auch BVerfGE 50, 290 (337).

I. Der Schutzbereich des Art. 9 Abs. 1 GG

Der Staat ist um des Menschen willen da, nicht umgekehrt. Diesem in Art. 1 Abs. 1 GG verbürgten Menschenbild des Grundgesetzes entsprechen die Grundrechte, wenn sie die menschliche Freiheit zuallererst als individuelle Rechte schützen.[5] Dabei begreifen sie den Menschen nicht als isoliertes, selbstherrliches Individuum, sondern als eine in der Gemeinschaft gebundene Person, die zu ihrer Entfaltung auf vielfältige zwischenmenschliche Bezüge angewiesen ist.[6] Gerade diese Entfaltung erfasst der Schutzbereich des Art. 9 Abs. 1 GG zu einem wesentlichen Teil, wenn er das freie Entfalten der Persönlichkeit in und durch Vereinigungen als ein „wesentliches Prinzip freiheitlicher Staatsgestaltung“[7] schützt. Denn das Recht, sich mit anderen in Vereinigungen beliebiger Art und Zweckrichtung zusammenschließen zu dürfen, das Prinzip freier sozialer Gruppenbildung, gehört zu den elementaren Äußerungsformen menschlicher Handlungsfreiheit.[8] Diese Bezugspunkte des Schutzbereichs sind Ausdruck der von Art. 9 Abs. 1 GG geschützten Rechtsposition.

Weniger klar ist ihre thematische Einordnung in das Gesamtgefüge der Grundrechte. Ob private Lebensgestaltung in geselligen Zusammenschlüssen, politische Einflussnahme in sach- oder allgemeinpolitisch orientierten Verbänden oder eben wirtschaftliche Tätigkeit in Handelsgesellschaften und Genossenschaften, der Schutz der Vereinigungsfreiheit wird in mehreren Dimensionen bedeutsam. Aus einer in der historischen Entwicklung ursprünglich stärkeren Bedeutung der politischen Dimension folgt keineswegs eine Beschränkung der Vereinigungsfreiheit auf nichtwirtschaftliche oder nur politische Vereinigungen.[9] Systematisch haben lediglich die Koalitionen in Art. 9 Abs. 3 GG, die politischen Parteien in Art. 21 GG sowie die Religionsgesellschaften in Art. 140 GG i. V. m. Art. 137 Abs. 2 WRV eine Sonderregelung erfahren, alle anderen Vereine und Gesellschaften erfasst Art. 9 Abs. 1 GG. Die Vereinigungsfreiheit wirkt in ihrer Mehrdimensionalität insoweit regelungsbereichsneutral. Der Versuch ihrer starren Zuordnung – beispielsweise zu der Gruppe der die politische Meinungsbildung sichernden Kommunikationsgrundrechte – führt zu keinem wesentlichen Zugewinn an Erkenntnis.[10] Dass die Vereinigungsfreiheit auch

---

[5] Vgl. BVerfGE 50, 290 (337); *Herzog*, Allgemeine Staatslehre, S. 141ff.

[6] Vgl. BVerfGE 50, 290 (353) unter Hinweis auf BVerfGE 4, 7 (15f.) und BVerfGE 45, 187 (227).

[7] BVerfGE 38, 281 (303).

[8] Vgl. BVerfGE 38, 281 (303); 50, 290 (353); 80, 244 (252).

[9] Zur Entwicklung der politischen Dimension *Merten*, Vereinsfreiheit, in: HbStR VI, § 144 Rdnr. 8f.

[10] Schon die Weimarer Reichsverfassung ordnete die Vereinigungsfreiheit dem Abschnitt über das „Gemeinschaftsleben“ zu; ähnlich *Bauer*, in: Dreier, Art. 9 Rdnr. 20; auch

eine ausgeprägte wirtschaftliche Dimension aufweist, war zwar zur Zeit der Schaffung des Art. VIII § 162 der Paulskirchenverfassung[11] noch nicht in dieser Weise deutlich, weil insbesondere für Aktiengesellschaften zunächst noch ein gesetzlich eingeführtes Konzessionssystem galt.[12] Heute jedoch herrscht in Rechtsprechung und Literatur nahezu Einigkeit darüber, dass auch die Personen- und Kapitalgesellschaften auf der Grundlage von Art. 9 Abs. 1 agieren.[13] Unter den Bedingungen des heutigen Wirtschaftslebens sind sie in vielen Bereichen zu einer unerlässlichen Voraussetzung für erfolgversprechende unternehmerische Betätigung geworden. Die praktische Bedeutung des Schutzes der Vereinigungsfreiheit in ihren verschiedenen Dimensionen kann daher kaum überschätzt werden.

Mit einem Umfang von nur zehn Worten und einem Aussehen wie am ersten Tag stellt Art. 9 Abs. 1 GG geradezu ein Musterbeispiel nachhaltiger Gesetzgebung dar. Entsprechend mager nimmt sich auch die Anzahl der Fälle aus, in denen sich das Bundesverfassungsgericht bisher veranlasst sah, sich zu Fragen der Vereinigungsfreiheit zu äußern.[14] Mit Ausnahme des das Mitbestimmungsgesetz von 1976 ausführlich an Art. 9 Abs. 1 GG messenden Urteils[15] steht die Vereinigungsfreiheit bisher deutlich im Schatten des koalitionsfreiheitlichen Art. 9 Abs. 3 GG. Die Ursache dafür liegt jedoch mehr in einer die Vereinigungsfreiheit in Zeiten des Grundgesetzes bisher kaum bedroht habenden öffentlichen Gewalt als in einem unstreitigem Verständnis des Schutzbereichs des Grundrechts selbst. Denn die Kommentierungen des Grundgesetzes bieten demgegenüber bei weitem kein derart dogmatisch einheitliches Bild der Vereinigungsfreiheit, wie es der vergleichsweise schlichte Tatbestand des Art. 9 Abs. 1 GG vermuten lässt. Daher hat die exakte Bestimmung des Schutzbereichs

---

Kemper, in: v.Mangoldt/Klein/Starck, Art. 9 Rdnr. 15; zur Einordnung als Kommunikationsgrundrecht insbesondere *Scholz*, in: Maunz/Dürig, Art. 9 Rdnr. 8f.; vgl. auch die Zuordnung der „Vereinsfreiheit" zum Regelungsbereich „Kommunikation" in HbStR VI, § 144.

[11] Bereits Art. VIII § 162 der Verfassung der Nationalversammlung in Frankfurt v. 28.3.1849 sah auf dem Papier eine unumschränkte Anerkennung der Vereinigungsfreiheit vor: „Die Deutschen haben das Recht, Vereine zu bilden. Dieses Recht soll durch keine vorbeugende Maßregel beschränkt werden."

[12] Das änderte sich mit dem zuerst für den Norddeutschen Bund und dann für das Reich geltenden Aktiengesetz von 1870 in seinem System der Normativbestimmungen; vgl. zur Entwicklung *Rübenach*, „Wirtschaftliche Vereinigungsfreiheit" und Vereinigungsfreiheit, S. 16ff.

[13] Siehe statt vieler *R. Schmidt*, Öffentliches Wirtschaftsrecht, Allgemeiner Teil, S. 147ff. m. w. Nachw.

[14] In der amtlichen Entscheidungssammlung finden sich bisher nicht mehr als 11 Urteile mit Ausführungen zu Art. 9 Abs. 1 GG: BVerfGE 10, 89 (102) – Erftverband; 10, 354 (361f.); 13, 174 (175); 30, 227 (241ff.) – Vereinsname; 38, 281 (297f., 302f.) – Arbeitnehmerkammern; 50, 290 (353ff.) – Mitbestimmung; 62, 354 (373); 70, 1 (25); 80, 244 (252f.) – Vereinsverbot; 83, 238 (339); 84, 372 (378) – Lohnsteuerhilfeverein.

[15] BVerfGE 50, 290 (353ff.).

von Art. 9 Abs. 1 GG als Kondensationskern weiterer Überlegungen zunächst vom Grundrechtstatbestand auszugehen.

1. Grundrechtstatbestand

a) Der Begriff der „Vereine und Gesellschaften“

Art. 9 Abs. 1 GG schützt das Recht aller Deutschen, „Vereine und Gesellschaften“ zu bilden. Beide Assoziationsformen fasst Abs. 2 unter dem Oberbegriff „Vereinigungen“ zusammen.[16]

Der Unterscheidung des Abs. 1 zwischen „Vereinen“ und „Gesellschaften“ misst die Literatur durchweg eine lediglich klarstellende Funktion zu. Die „Gesellschaften“ seien als eine Unterart der „Vereine“ zu verstehen, wodurch deutlich werde, dass der Schutz der Vereinigungsfreiheit nicht nur die im BGB geregelten „Vereine“ umfasst.[17] Anhand der Materialien lässt sich nicht feststellen, warum in Art. 9 Abs. 1 GG von „Vereinen und Gesellschaften“ und früher bereits in Art. 124 Weimarer Verfassung von „Vereinen oder Gesellschaften“ gesprochen wurde. Sachlich aber war die Einbeziehung auch der Handelsgesellschaften in den Schutzbereich der Vereinigungsfreiheit nie bestritten, da sich staatliche Genehmigungs- und Überwachungsvorbehalte in erster Linie an korporative Verbände richteten. Der klare Wortlaut legt nach *Wiedemann* es daher vielmehr nahe, unter „Verein“ und „Gesellschaft“ die beiden Grundformen der Verbände zu verstehen, also die personalistisch strukturierten Gesellschaften einerseits und die körperschaftlichen Vereinigungen andererseits.[18] Da sich alle privatrechtlichen Zweckverbände auf diese zwei Grundformen zurückführen lassen, gewährleistet diese Auslegung von Art. 9 Abs. 1 GG einen lückenlosen Schutz aller privaten Vereinigungen. Im Ergebnis ist es an dieser Stelle jedoch gleich, ob man von einem eigenständigen Verfassungsbegriff des Vereins oder von den üblichen Begriffen der „Vereine“ und „Gesellschaften“ ausgeht. Beide Auffassungen gewährleisten einen umfassenden Freiheitsschutz, der grundsätzlich das gesamte Spektrum „von der lose gefügten Bürgerinitiative bis zum hochaggregierten Spitzenverband“ [19] abdeckt.

Bestimmen lässt sich der Begriff der „Vereine und Gesellschaften“, indem der umfassendere Begriff des „Zusammenschlusses“ durch aus der Verfassung

---

[16] Statt vieler: *Scholz*, in: Maunz/Dürig, Art. 9 Rdnr. 57.

[17] Vgl. *Scholz*, in: Maunz/Dürig, Art. 9 Rdnr. 57; *Löwer*, in: v.Münch/Kunig, Art. 9 Rdnr. 27; *Kemper*, in: v.Mangoldt/Klein/Starck, Art. 9 Rdnr. 55; *Füßlein*, Vereins- und Versammlungsfreiheit, in: Neumann/Nipperdey/Scheuner, Die Grundrechte, Bd. II, S. 425 (430f.).

[18] Vgl. *Wiedemann*, Gesellschaftsrecht, Bd. 1, S. 673.

[19] *Rinken*, in: AK-GG, Art. 9 Rdnr. 46.

entwickelte Voraussetzungen als Art. 9 Abs. 1 GG unterfallend qualifiziert wird. Nach allgemeiner Auffassung muß der Zusammenschluss dabei im einzelnen fünf[20] Voraussetzungen genügen: Zunächst muß es ein Zusammenschluss mehrerer Personen sein. Auch zwei Personen sind begriffsnotwendig mehrere, die Verfassung verlangt keine Mindestzahl.[21] Seine Mitglieder müssen sich einer über die jeweils eigenen Interessen hinausgehenden organisierten gemeinsamen Willensbildung unterwerfen, eine bestimmte Organisationsform wird von der Verfassung dabei jedoch nicht vorausgesetzt.[22] So bedarf der Zusammenschluss eines gewissen organisatorischen Gehalts, einer gegenseitigen rechtlichen Bindung, um die Vereinigung des Art. 9 GG von der Versammlung des Art. 8 GG abzugrenzen. Die Dauer als Kriterium taugt hierbei nicht zur Differenzierung.[23] Darüber hinaus müssen die Mitglieder einen gemeinsamen Zweck erreichen und sich dafür zusammenschließen wollen. Welchen Inhalts dieser Zweck ist, ist für die Kategorisierung des Zusammenschlusses als „Vereinigung“ nach Art. 9 Abs. 1 GG ohne Belang, wenn es sich nur um einen gemeinsamen handelt.[24] Der Umstand schließlich, dass der Zusammenschluss freiwillig und privatrechtlich erfolgt, ist hingegen lediglich Konsequenz der Tatsache, dass das Freiheitsrecht des Art. 9 Abs. 1 GG nicht hoheitliches Handeln, sondern nur die regelmäßig privatrechtlichen Handlungsformen der Grundrechtsträger schützt.[25]

Den verfassungsmäßigen, vergleichsweise offenen Begriff der „Vereine und Gesellschaften“ gibt nach ganz herrschender Ansicht § 2 Abs. 1 VereinsG[26] zutreffend wieder: „Verein im Sinne dieses Gesetzes ist ohne Rücksicht auf die Rechtsform jede Vereinigung, zu der sich eine Mehrheit natürlicher oder ju-

---

[20] Die Zahl der Merkmale variiert in der Literatur je nach Differenzierung zwischen drei bis sieben; ausführend *Kemper*, in: v.Mangoldt/Klein/Starck, Art. 9 Rdnr. 56.

[21] Der Verweis auf § 73 BGB oder den römisch-rechtlichen Lehrsatz „tres faciunt collegium“ entbehrt jeder grundrechtlichen Relevanz; vgl. *Löwer*, in: v.Münch/Kunig, Art. 9 Rdnr. 28; auch: *Bauer*, in: Dreier, Art. 9 Rdnr. 39; *Kemper*, in: v.Mangoldt/Klein/Starck, Art. 9 Rdnr. 57f.; *Scholz*, in: Maunz/Dürig, Art. 9 Rdnr. 59.

[22] Dieses Merkmal ist weit zu verstehen, da der Aufbau einer Organisation Folge, nicht Voraussetzung der Vereinigung ist; vgl. *Wiedemann*, Gesellschaftsrecht, Bd. 1, S. 674; vgl. auch: *Scholz*, in: Maunz/Dürig, Art. 9 Rdnr. 67; *Kemper*, in: v.Mangoldt/Klein/Starck, Art. 9 Rdnr. 60f.; *Löwer*, in: v.Münch/Kunig, Art. 9 Rdnr. 32; *Bauer*, in: Dreier, Art. 9 Rdnr. 41.

[23] Die Mitglieder müssen sich feststellen lassen; vgl. *Scholz*, in: Maunz/Dürig, Art. 9 Rdnr. 65; *Kemper*, in: v.Mangoldt/Klein/Starck, Art. 9 Rdnr. 76f.; *Löwer*, in: v.Münch/Kunig, Art. 9 Rdnr. 29.

[24] Relevant wird der Zweck allerdings nur im Rahmen von Art. 9 Abs. 2 GG; vgl. *Scholz*, in: Maunz/Dürig, Art. 9 Rdnr. 72; *Kemper*, in: v.Mangoldt/Klein/Starck, Art. 9 Rdnr. 72f.; *Löwer*, in: v.Münch/Kunig, Art. 9 Rdnr. 31; *Bauer*, in: Dreier, Art. 9 Rdnr. 42.

[25] Vgl. *Scholz*, in: Maunz/Dürig, Art. 9 Rdnr. 66 und 73; *Kemper*, in: v.Mangoldt/Klein/Starck, Art. 9 Rdnr. 78f. und 85f.; *Löwer*, in: v.Münch/Kunig, Art. 9 Rdnr. 30; *Bauer*, in: Dreier, Art. 9 Rdnr. 40.

[26] Gesetz zur Regelung des öffentlichen Vereinsrechts (VereinsG) v. 5.8.1964, BGBl I 1964, 593.

ristischer Personen für längere Zeit zu einem gemeinsamen Zweck freiwillig zusammengeschlossen und einer organisierten Willensbildung unterworfen hat." Vorsicht ist insoweit geboten, als dass das erst 1964 erlassene Vereinsgesetz nicht die verfassungsrechtliche Gewährleistung verengen kann.[27] Das einfache Recht und die ihm zugrunde liegenden rechtlichen Vorstellungen sind nicht maßgeblich für den Inhalt der übergeordneten Verfassung. Solange der Blick aber von der Verfassung hin zum einfachen Gesetz gerichtet ist, kann § 2 Abs. 1 VereinsG durchaus als einfachgesetzliche Normierung des aus der Verfassung gewonnenen Vereinigungsbegriffes verstanden werden. Diese gibt genügend Raum auch für eine Auslegung, welche die erst in neuerer Zeit deutlicher gewordenen Funktionen der Vereinigungsfreiheit berücksichtigt.[28]

b) Das „Bilden" von Vereinigungen

Die Verfassung spricht von dem Recht, Vereine und Gesellschaften zu „bilden". Damit erhebt sie das Bilden von Vereinigungen als Organisationsform beliebiger Lebensäußerungen unmittelbar zum Gegenstand einer Freiheitsgewährleistung.

Art. 9 Abs. 1 GG schützt ein spezifisch organisatorisches Verhalten, das als solches von seinem Ergebnis her definiert ist, nämlich der Selbstorganisation der Grundrechtsträger. Durch welches konkrete Verhalten dieses Ergebnis erzielt wird, bleibt offen.[29] Das geschützte Verhalten beschränkt sich dabei nicht auf den Gründungsakt der Vereinigung als das im engeren Wortsinn eigentliche „Bilden". Nach dem Sinn der Vereinigungsfreiheit untrennbar mit der Gründung verbunden ist vielmehr auch die Entscheidung über das „Ob" und das konstituierende „Wie". Zudem zählt zum „Bilden" einer Vereinigung ebenso das Verhalten, das auf Entstehen und Bestehen der Vereinigung gerichtet ist.[30] Das Recht zur Selbstorganisation ist kein lediglich auf die Errichtung der Vereinigung beschränktes Gründerrecht. So werden neben der Gründung und der ihr vorausgehenden notwendigen Entscheidungen über deren Zeitpunkt, Zweck und Organisationsform unter anderem das Verfahren der internen Willensbildung und Geschäftsführung, die Mitgliedschaft und das Recht der Auflösung ge-

---

[27] *Merten*, Vereinsfreiheit, in: HbStR VI, § 144 Rdnr. 35 spricht in diesem Zusammenhang von der Gefahr einer „Gesetzmäßigkeit der Verfassung".

[28] So auch *Scholz*, in: Maunz/Dürig, Art. 9 Rdnr. 57.

[29] Vgl. *Kemper*, in: v.Mangoldt/Klein/Starck, Art. 9 Rdnr. 103.

[30] BVerfGE 13, 174 (175); 80, 244 (253).

nannt.[31] In der Gestaltung aller dieser mit dem „Bilden" zusammenhängenden Maßnahmen sind die Grundrechtsträger frei.

Davon abzugrenzen sind die Betätigungen, die darüber hinausgehen, die also gerade nicht in einem derart teleologisch verstandenen „Bilden" einer Vereinigung bestehen. Ob und inwieweit diese auf die externe Verfolgung des Vereinszwecks gerichteten Betätigungen grundrechtlich geschützt sind, ist Gegenstand eingehender Erörterungen.[32] Alleiniger Maßstab zur Beantwortung dieser Frage kann aber wiederum nur die Verfassung sein. Diese weist insoweit gemeinschaftlichem wie individualem Verhalten dieselben Grundrechte und Grundrechtsschranken zu.[33] Eine Privilegierung vereinsmäßiger gegenüber individualer Zweckverfolgung ist daher abzulehnen. Derartige, nicht „bildende" Betätigungen erfahren ihren Schutz vielmehr aus sonstigen Grundrechten, nicht aus Art. 9 Abs. 1 GG. Die Freiheit formaler Organisation beinhaltet eben keine materielle Zweckverfolgungsfreiheit. Diesem Befund steht auch die Rechtsprechung des Bundesverfassungsgerichts nicht entgegen, die es bisher ausdrücklich offen gelassen hat, wie weit der Verhaltensschutz der Vereinigungsfreiheit reicht.[34] Alle bisher vom Gericht als durch Art. 9 Abs. 1 GG geschützt benannten vereinsmäßigen Betätigungen erscheinen jedoch ausnahmslos als solche, die dem Bereich des „Bildens" einer Vereinigung zuzuordnen sind.

Die Freiheit, eine Vereinigung zu „bilden", wird üblicherweise unterschieden von der Freiheit, eine Vereinigung nicht zu „bilden". Diese negative Freiheit, Vereinigungen nicht zu gründen, ihnen fernzubleiben, aus ihnen auszuscheiden oder sie aufzulösen, wird dabei ebenso wie die positive Freiheit nach der in Rechtsprechung und Literatur überwiegenden Ansicht aus Art. 9 Abs. 1 GG geschützt.[35] Denn Handlungsfreiheit besteht nur dann, wenn sowohl das aktive

---

[31] Vgl. *Bauer*, in: Dreier, Art. 9 Rdnr. 44; *Scholz*, in: Maunz/Dürig, Art. 9 Rdnr. 78f.; *Kemper*, in: v.Mangoldt/Klein/Starck, Art. 9 Rdnr. 96f.; *Rinken*, in: AK-GG, Art. 9 Rdnr. 53 jeweils m. Nachw. aus Rspr. und Lit.

[32] Die Abgrenzung wird z.T. nach dem verfolgten Zweck, nach der entfalteten Außenwirkung, danach, ob die Vereinigung wie jedermann im Rechtsverkehr auftritt, nach einer Kernbereichsformel oder gar nach Effektivitätskriterien vorgenommen; vgl. dazu m. w. Nachw. *Kemper*, in: v.Mangoldt/Klein/Starck, Art. 9 Rdnr. 25ff.

[33] Vgl. *Merten*, Vereinsfreiheit, in: HbStR VI, § 144 Rdnr. 50.

[34] Vgl. BVerfGE 30, 227 (241); auch BVerfGE 62, 354 (373), 83, 238 (339).

[35] Die negative Vereinigungsfreiheit privatrechtlicher Vereinigungen wird danach nicht als Bestandteil des allgemeinen Persönlichkeitsrechts durch Art. 2 Abs. 1 GG geschützt; vgl. BVerfGE 10, 89 (102), BVerfGE 38, 281 (298), ebenso BVerfGE 50, 290 (354); *Etzrodt*, Der Grundrechtsschutz der negativen Vereinigungsfreiheit, S. 90ff.; *Bauer*, in: Dreier, Art. 9 Rdnr. 46; *Scholz*, in: Maunz/Dürig, Art. 9 Rdnr. 88, 42; *Kemper*, in: v.Mangoldt/Klein/Starck, Art. 9 Rdnr. 130f.; *Rinken*, in: AK-GG, Art. 9 Rdnr. 57 jeweils m. Nachw.; zusammenfassend: *Merten*, Vereinsfreiheit, in: HbStR VI, § 144 Rdnr. 53f.; a. A. *Friauf*, Die negative Vereinigungsfreiheit als Grundrecht, in: FS für Reinhardt, S. 389 (391ff.).

Tun als auch sein Unterlassen gleichzeitig und gleichermaßen frei sind.[36] Das „Bilden“ einer Vereinigung wäre nicht frei, wenn es nicht zugleich auch unterlassen werden dürfte. Daher sind das „Bilden“ und das Nicht-„Bilden“ Ausprägungen ein- und derselben Seite derselben freiheitsrechtlichen Medaille. Ihr Umfang, auf den sich der Schutz der Vereinigungsfreiheit erstreckt, lässt sich nur einheitlich bestimmen. Historisch lässt sich zwar belegen, dass die Vereinigungsfreiheit schon frühzeitig als Freiheit auch von Zwangskollektivierung verstanden wurde.[37] Der Schutz der negativen Vereinigungsfreiheit ergibt sich jedoch bereits aus dem Wortlaut des Art. 9 Abs. 1 GG.

2. Grundrechtsberechtigte

a) Individuelle Freiheit

Art. 9 Abs. 1 GG erklärt „alle Deutschen“ im Sinne des Art. 116 Abs. 1 GG für grundrechtsberechtigt. Alle nicht deutschen Staatsangehörigen verweist diese auf der politischen Dimension der Vereinigungsfreiheit beruhende Beschränkung damit auf den einem jeden zustehenden Schutz aus Art. 2 Abs. 1 GG.[38] Das bedeutet jedoch weder, dass eine weitgehende gesetzliche Gleichstellung von In- und Ausländern verfassungsrechtlich unzulässig, noch eine das Freiheitsgefälle nachvollziehende, aber mögliche Ungleichstellung gefordert wäre. Von der für Ausländer im Rahmen der „verfassungsmäßigen Ordnung“ des Art. 2 Abs. 1 GG möglichen Beschränkung der Freiheit, Vereine und Gesellschaften zu bilden, hat der Gesetzgeber im geltenden Vereinsgesetz mit §§ 14, 15 VereinsG jedenfalls nur bedingt Gebrauch gemacht. Ausländer genießen daher vorbehaltlich einer anderen gesetzlichen Regelung einen vergleichbaren, wenn auch abgeschwächten Schutz der Vereinigungsfreiheit aus Art. 2 Abs. 1 GG.[39] Will der Gesetzgeber diese Freiheit auch mit Wirkung gegenüber EU-Ausländern beschränken, so hat er im Rahmen der Schrankenvorbehalte zusätz-

---

[36] So auch *Kemper*, in: v.Mangoldt/Klein/Starck, Art. 9 Rdnr. 130.

[37] Die Stein-Hardenbergschen Reformen von 1810 und 1811 brachten mit dem Abbau der Zunftverfassung eine grundsätzliche Anerkennung der negativen Vereinigungsfreiheit, vgl. dazu *Müller*, Korporation und Assoziation, S. 234.

[38] Die Auffangfunktion des Art. 2 Abs. 1 GG auch in personaler Hinsicht bestätigt BVerfGE 35, 382 (399); vgl. auch *Rüfner*, Grundrechtsträger, in: HbStR V, § 116 Rdnr. 9f.; *Merten*, Vereinsfreiheit, in: HbStR VI, § 144 Rdnr. 24 m. w. Nachw.

[39] Der Konstruktion eines auch für Ausländer geltenden menschenrechtlichen Kerngehaltes des Art. 9 Abs. 1 GG, wie es offenbar BVerfGE 50, 290 (352) vornimmt, bedarf es nicht; dazu *Merten*, Vereinsfreiheit, in: HbStR VI, § 144 Rdnr. 24; vgl. *Kemper*, in: v.Mangoldt/Klein/Starck, Art. 9 Rdnr. 142; einen Schutz aus Art. 2 Abs. 1 GG grundsätzlich ablehnend: *Scholz*, in: Maunz/Dürig, Art. 9 Rdnr. 47; differenzierend *Löwer*, in: v.Münch/Kunig, Art. 9 Rdnr. 4f.

lich die vorrangigen Regelungen des EG-Vertrages[40] als unmittelbar geltendes Recht zu beachten. Das Diskriminierungsverbot aus Art. 12 S. 1 EGV und der „die Gründung und Leitung von Unternehmen" betreffende Teil der Niederlassungsfreiheit nach Art. 43 Abs. 2 EGV sprechen dabei die wirtschaftliche Dimension der Vereinigungsfreiheit an. Damit werden EU-Ausländer zwar immer noch nicht aus Art. 9 Abs. 1 GG geschützt, ihnen kommt aber im Rahmen des Art. 2 Abs. 1 GG insoweit ein qualifizierter Schutz zu.[41]

b) Kollektive Freiheit

Umstritten ist, ob auch „Vereine und Gesellschaften" „Deutsche" und damit unmittelbar selbst aus Art. 9 Abs. 1 GG grundrechtsberechtigt sein können. Ein solches auch dem Kollektiv zustehendes Freiheitsrecht hat das Bundesverfassungsgericht zunächst im Rahmen der Koalitionsfreiheit des Art. 9 Abs. 3 GG anerkannt und später, so scheint es jedenfalls, auf die Vereinigungsfreiheit überspielt.[42] Zur Begründung einer derartigen doppelten Natur der Vereinigungsfreiheit werden insbesondere das Gebot eines effektiven Grundrechtsschutzes, der enge Zusammenhang individueller und kollektiver Vereinigungsfreiheit sowie die Schrankenregelung des Art. 9 Abs. 2 GG angeführt.[43] Der Verfassungstext aber spricht eine andere Sprache. Während sich der für alle Deutschen-Grundrechte geltende Art. 116 Abs. 1 GG ersichtlich nur auf natürliche Personen bezieht, stellt Art. 19 Abs. 3 GG die Regelung zur Erweiterung des Grundrechtsschutzes auch auf nicht natürliche Personen zur Verfügung. Nur in diesem und damit von der Verfassung definierten Umfang steht die Vereinigungsfreiheit auch den „Vereinen und Gesellschaften" selbst zu. Derart wird nicht nur ein möglicher Konflikt zwischen individualem und kollektivem Schutz ausgeschlossen, es wird auch verhindert, dass über Art. 19 Abs. 3 GG hinaus solchen Zusammenschlüssen Grundrechtsschutz zukommt, die im übrigen nicht Träger eigener Rechte sein können. Die Lehre vom „Doppelgrundrecht" ist nicht nur dogmatisch fragwürdig, sondern angesichts eines vergleichbaren Schutzes durch Art. 19 Abs. 3 GG auch entbehrlich. Die „Vereine und Gesellschaften" sind daher – etwa bei der Bildung einer Dach-

---

[40] Vertrag zur Gründung der Europäischen Gemeinschaft (EGV) i. d. F. des Gesetzes v. 8.4.1998 zum Vertrag von Amsterdam v. 2.10.1997, BGBl II 1998, 386.

[41] Ausführlich *Bauer*, in: Dreier, Art. 9 Rdnr. 17, 31 m. w. Nachw.

[42] Erstmals erwähnt in BVerfGE 4, 96 (101) zu Art. 9 Abs. 3 GG; zu Art. 9 Abs. 1 vgl. BVerfGE 13, 174 (175); zuletzt BVerfGE 84, 372 (378); vgl. ausführlich *W. Schmidt*, Die Vereinigungsfreiheit von Vereinigungen als allgemeine Eingriffsfreiheit, in: FS für Mallmann, S. 233ff.

[43] Vgl. BVerfGE 13, 174 (175); 30, 227 (241); 80, 244, 253; auch BVerfGE 50, 290 (354); *Merten*, Vereinsfreiheit, in: HbStR VI, § 144 Rdnr. 27f.; *Löwer*, in: v.Münch/Kunig, Art. 9 Rdnr. 15.

organisation durch mehrere Vereinigungen – nur im Rahmen des Art. 19 Abs. 3 GG, nicht unmittelbar aus Art. 9 Abs. 1 GG geschützt.[44]

3. Grundrechtsgarantie

Der Schutzbereich des Art. 9 Abs. 1 GG wirkt dem Berechtigten gegenüber somit als Garantie der Freiheit zur Selbstorganisation, bei der weder der verfolgte Zweck der Vereinigung noch die über das „Bilden" hinausgehende Betätigung materiell umfasst wird. Dieses Recht zur Organisation stellt vielmehr eine Form für beliebiges Handeln bereit, das die anderen Freiheitsrechte berührt, ist Mittel zur Grundrechtsverwirklichung durch Organisation. Daher ist der Schutzbereich der Vereinigungsfreiheit nicht betroffen, wenn ein bestimmtes Verhalten allgemein, ohne Bezug auf seine gegebenenfalls vereinsmäßige Organisiertheit, verboten oder geboten wird.[45] In allen anderen Fällen, in denen der Schutz durch Art. 9 Abs. 1 GG in Frage steht, bedarf es dagegen der Subsumtion unter die den Schutzbereich der Vereinigungsfreiheit bestimmenden Tatbestandsmerkmale. Die Vereinigungsfreiheit kommt dem Grundrechtsberechtigten zwar unmittelbar zu und bedarf nach ihrer normativen Intention auch keiner weiteren Ausgestaltung. Weil die Grundrechte aber nur mit Hilfe des konkreten einfachen Rechts ihren von der Verfassung angestrebten Sitz im Leben von Staat und Gesellschaft erlangen und behaupten können,[46] hilft die kurze Analyse der eigenen normativen Substanz der Vereinigungsfreiheit, die Grenze zwischen verfassungsrechtlicher Gewährleistung und einfachrechtlicher Grundrechtsvoraussetzung zu bestimmen.

---

[44] Vgl. *Isensee*, Anwendung der Grundrechte auf juristische Personen, in: HbStR V, § 118 Rdnr. 62ff.; *Scholz*, in: Maunz/Dürig, Art. 9 Rdnr. 23ff.; *Kemper*, in: v.Mangoldt/Klein/Starck, Art. 9 Rdnr. 137ff.; *Füßlein*, Vereins- und Versammlungsfreiheit, in: Neumann/Nipperdey/Scheuner, Die Grundrechte, Bd. II, S. 425 (429); *Rinken*, in: AK-GG, Art. 9 Rdnr. 55f.; *W. Schmidt*, Die Vereinigungsfreiheit von Vereinigungen als allgemeine Eingriffsfreiheit, in: FS für Mallmann, S. 233ff.; auch *Stern*, Die Grundrechtsberechtigung der juristischen Personen, in: Das Staatsrecht der Bundesrepublik Deutschland, Bd. III/1, § 71, S. 1086f.; *Rüfner*, Grundrechtsträger, in: HbStR V, § 116 Rdnr. 30ff.

[45] Vgl. *Kemper*, in: v.Mangoldt/Klein/Starck, Art. 9 Rdnr. 101.

[46] *Isensee*, Grundrechtsvoraussetzungen und Verfassungserwartungen an die Grundrechtsausübung, in: HbStR V, § 115 Rdnr. 137.

II. Die Vereinigungstypen des Vereins- und Gesellschaftsrechts

Die Betonung einer zunächst rein verfassungsbezogenen Schutzbereichsbestimmung gewahrt, dass der Schutzbereich der Vereinigungsfreiheit und die einfachrechtlichen Regelungen der Selbstorganisation in vielfältiger Weise aufeinander bezogen und verschiedenen Einflüssen ausgesetzt sind. Gestalt und Gehalt dieses einfachgesetzlich geprägten, vom Schutzbereich abzugrenzenden Hofes wird offenbar in gewissem Maße durch Art. 9 Abs. 1 GG bestimmt. Umgekehrt scheinen die einfachgesetzlichen Regelungen der „Vereine und Gesellschaften" zumindest als tatsächlich vorgefundene, wenn nicht gar als verfassungsrechtlich geforderte Rahmenbedingungen in die Freiheitsausübung hineinzuwirken. Mit Blick auf die Vereinigungstypen des Vereins- und Gesellschaftsrecht verlangt der Grundsatz des Maßgeblichkeitsverbots des einfachen Rechts dabei nach Einordnung und Abgrenzung.

1. Normgeprägter Lebensbereich

Viele Zusammenschlüsse im Sinne der „Vereine und Gesellschaften" des Art. 9 Abs. 1 GG bedürfen um der Verbindlichkeit ihrer Struktur sowie ihrer inneren wie äußeren Maßnahmen willen mehr oder weniger umfassender überindividualer Regelungen durch die Rechtsordnung. Deutlich wird diese Abhängigkeit insbesondere an der vom Gesetzgeber geschaffenen Kunstform der „juristischen Person".[47] Damit aber sind die „Vereine und Gesellschaften" zu ihrem Funktionieren weitgehend auf vom Staat gesetzte Normen angewiesen, gegen die Art. 9 Abs. 1 GG gerade auch in seiner abwehrrechtlichen Funktion schützt. Die Beeinflussung des der „Bildung" von Vereinigungen dienenden Verhaltens durch die allgemeine Rechtsordnung ist daher strukturell bedingt und unvermeidbar, birgt aber die Gefahr grundrechtlichen Leerlaufs. Die Abgrenzung zwischen erlaubter staatlicher Gestaltung des betroffenen Lebensbereichs und – vorbehaltlich einer einschlägigen Schranke – verbotenen Eingriffen in den Schutzbereich des Grundrechts verdient deshalb bei Art. 9 Abs. 1 GG besondere Beachtung.[48]

Der Schutzbereich des Art. 9 Abs. 1 GG selbst jedenfalls entzieht sich einer legislativen Ausgestaltung durch den Gesetzgeber. Grundrechtliche Schutzbereiche sind insoweit allein nach den Vorgaben der Verfassung durch Aus-

---

[47] Die originäre Abhängigkeit der juristischen Personen in Gestalt der Kapitalgesellschaften vom legislativen Gesetzesrecht betont BVerfGE 50, 290 (354f.).

[48] Vgl. *Kemper*, in: v.Mangoldt/Klein/Starck, Art. 9 Rdnr. 35 a.E.; allgemein *Isensee*, Grundrechtsvoraussetzungen und Verfassungserwartungen an die Grundrechtsausübung, in: HbStR V, § 115 Rdnr. 142.

legung zu ermitteln, Lebensbereiche hingegen kann der Gesetzgeber rechtlich gestalten.[49] Daher sind Regelungen nicht ausgeschlossen, die dem Grundrechtsträger kraft einfachen Gesetzesrechts zusätzliche, aus sich selbst heraus nicht mögliche Verhaltensoptionen verschaffen und auf diese Weise seinen Handlungsspielraum erweitern. Dem Gesetzgeber steht in diesem Sinne die Möglichkeit zu solchen Regelungen offen, „die erst die Voraussetzungen für die Wahrnehmung des Freiheitsrechts bilden“[50]. In der legislativen Bereitstellung und Ausgestaltung der Vereinigungstypen des Vereins- und Gesellschaftsrechts als solcher innerhalb des Lebensbereiches liegt also keine Beschränkung, sondern eine Erweiterung der Handlungsmöglichkeiten. So selbstverständlich wie eine grundrechtliche Freiheitsgarantie gegen beschränkende Normen schützt, so selbstverständlich kann sich der Grundrechtsträger in Ausübung seiner Freiheiten der Rechtsordnung bedienen. Die Möglichkeit, durch einen Organisationsakt eine juristische Kunstfigur wie die der juristischen Person entstehen zu lassen, wird durch das einfache Gesetzesrecht erst geschaffen.

2. Rechtsformen als Vereinigungen

Die gegenwärtig einfachgesetzlich in Rechtsformen normierten Typen des Vereins- und Gesellschaftsrechts lassen dabei in Blickrichtung zum Schutzbereich erkennen, dass sie fast alle dem Begriff der „Vereine und Gesellschaften“ des Art. 9 Abs. 1 GG unterfallen. Denn nicht erst die im Einzelfall zu beachtende rechtstatsächliche Ausprägung der Vereinigung als vielmehr schon ihre jeweilige Rechtsform selbst indiziert das Vorhandensein der von der Verfassung geforderten Merkmale.[51] Das Merkmal der organisierten Willensbildung lässt sich dabei auch der Gesellschaft bürgerlichen Rechts, der offenen Handelsgesellschaft und der Kommanditgesellschaft entnehmen.[52] An den Rändern des Rechtsformenspektrums bestehen jedoch Zweifel, ob zivilrechtliche Gestaltungen der Ein-Mann-Gesellschaft auf der einen und sehr große Kapitalgesellschaften auf der anderen Seite noch zum Kreis der von Art. 9 Abs. 1 GG bezeichneten „Vereine und Gesellschaften“ gehören.

---

[49] Grundrechte als „negative Kompetenznormen“; vgl. dazu insbesondere *Grabitz*, Freiheit und Verfassungsrecht, S. 15ff.

[50] BVerfGE 92, 26 (41) zu Art. 9 Abs. 3; auch BVerfGE 50, 290 (354).

[51] Zu den Voraussetzungen siehe oben S. 38.

[52] So *Scholz*, in: Maunz/Dürig, Art. 9 Rdnr. 67; a. A. *Schnorr*, Vereinsrecht, § 2 Rdnr. 21.

a) Ein-Mann-Gesellschaft

Die Aktivität des Einzelkaufmanns in gesellschaftsrechtlicher Form genießt unabhängig von ihrer zivilrechtlichen Anerkennung nicht den besonderen positiven Schutz[53] des Art. 9 Abs. 1 GG. Der zivilrechtlich möglichen Ein-Mann-Gesellschaft fehlt es insoweit am Zusammenschluss „mehrerer". Gleiches gilt für Konstellationen, in denen sich eine Gesellschaft, deren Anteile sich sämtlich in der Hand eines Gesellschafters befinden, mit dieser Person oder einer anderen – von diesem allein gebildeten – Gesellschaft zu einer neuen Gesellschaft zusammenschließt. Verbindet sich beispielsweise eine Ein-Mann-GmbH[54] mit ihrem einzigen Gesellschafter als natürlicher Person zu einer GmbH & Co. KG, so handeln im zivilrechtlichen Sinne zwei Personen. Für Art. 9 Abs. 1 GG ausschlaggebend ist jedoch die natürliche Betrachtungsweise, wonach immer nur ein- und dieselbe Person handelt. Der Einzelne kann nicht durch rechtliche Gestaltungsakte mit sich selbst seinen persönlichen Grundrechtsschutz erweitern. Schutzgut der Vereinigungsfreiheit ist das Sich-Vereinigen als elementare Äußerungsform menschlicher Handlungsfreiheit, nicht die Gewährleistung zivilistischer Rechtsfiguren.[55]

b) Kapitalgesellschaften

Die Frage, ob und in welchem Umfang Kapitalgesellschaften dem Begriff der „Vereine und Gesellschaften" des Art. 9 Abs. 1 GG unterfallen, ist Gegenstand eingehender Erörterungen.[56] Zweifel nährt die Struktur insbesondere größerer, verflochtener Aktiengesellschaften. Denn offenbar drängt die Anonymität des bloßen Vermögensrechts das personale, zur internen Willensbildung beitragende Mitgliedschaftsrecht in den Hintergrund. Dies gilt um so mehr dort, wo die Anteilseigner ihrerseits wiederum juristische Personen sind, und erst recht angesichts des hochgradig volatilen Kapitals moderner Finanzmärkte. Insofern besteht zunächst mehr Ähnlichkeit mit privatrechtlichen[57] Stiftungen, die nach verbreiteter Ansicht[58] mangels jeglicher mitgliedschaftlicher Organisation nicht dem verfassungsrechtlichen Begriff der „Vereine und Gesellschaften" genügen.

---

[53] Zum negativen Schutz siehe oben S. 41.

[54] Vgl. § 1 GmbHG.

[55] Vgl. *Kemper*, in: v.Mangoldt/Klein/Starck, Art. 9 Rdnr. 59.

[56] Im einzelnen *Wollburg*, Die Anwendbarkeit von Art. 9 Abs. 1 GG auf Kapitalgesellschaften, S. 13ff.; vgl. statt vieler *Rinken*, in: AK-GG, Art. 9 Rdnr. 48; *Kemper*, in: v.Mangoldt/Klein/Starck, Art. 9 Rdnr. 66f. jeweils m. w. Nachw.

[57] Durch Gesetz oder Verwaltungsakt entstehende öffentlich-rechtliche Stiftungen scheiden schon aufgrund ihres hoheitlichen Entstehungsgrundes aus.

[58] *Scholz*, in: Maunz/Dürig, Art. 9 Rdnr. 62; *Löwer*, in: v.Münch/Kunig, Art. 9 Rdnr. 34; *Bauer*, in: Dreier, Art. 9 Rdnr. 39; *Kemper*, in: v.Mangoldt/Klein/Starck, Art. 9 Rdnr. 64.

Im Unterschied zur privatrechtlichen Stiftung allerdings lassen sich für Kapitalgesellschaften – trotzt ihrer vielleicht rechtsförmlich primären Zusammenfassung von Kapital – der personale Zusammenschluss der Aktionäre und die daraus erwachsenen Mitgliedschaftsrechte nicht gänzlich leugnen.[59] Die Verfassung hat zu beantworten, ob sie mehr als die Existenz einer internen Willensbildung fordert.

Das Bundesverfassungsgericht hat seinerzeit im Ergebnis offengelassen, ob die weitgehende Unabhängigkeit entsprechender Kapitalgesellschaften von der Willensbildung ihrer Mitglieder noch „dem in der Vereinigungsfreiheit enthaltenen Gedanken sich in freier Assoziation selbstbestimmender Mitglieder“ [60] entspricht. Größere Kapitalgesellschaften könnten vielmehr „nur *bedingt* als Träger des Prozesses freier sozialer Gruppenbildung angesehen werden“[61]. Die Bedingung aber, an die hier die Einbeziehung der Kapitalgesellschaften unter den Begriff der „Vereine und Gesellschaften“ geknüpft wird, besteht in dem verfassungsrechtlichen Erfordernis andauernder Bindung der Vereinigung an Person und Willen ihrer Mitglieder.[62] Solange dieses personale Element vorhanden und nicht gänzlich durch Fremdbestimmung verdrängt ist, weist auch eine Kapitalgesellschaft mitgliedschaftliche Elemente auf. Mehr verlangt die Verfassung hier nicht. Der verfassungsrechtliche Schutz der Vereinigungsfreiheit steht nicht zur Disposition einer in Art. 9 Abs. 1 GG so nicht angelegten Differenzierung, deren Maßstab der kaum messbare Grad des personalen Elements sein soll.[63]

Größere Kapitalgesellschaften, in denen das personale Element derart zugunsten einer weitgehenden Fremdbestimmung zurücktritt, sind nach überwiegender[64] Auffassung daher grundsätzlich auch als Zusammenschlüsse von Personen und damit als „Vereine und Gesellschaften“ nach Art. 9 Abs. 1 GG

---

59 Siehe § 118 AktG zur Hauptversammlung der Aktionäre, § 48 GmbHG zur Gesellschafterversammlung der GmbH-Gesellschafter.

60 BVerfGE 50, 290 (355f.).

61 BVerfGE 50, 290 (358f.) [Hervorhebung durch den Verfasser].

62 In diesem Sinn auch *Kemper*, in: v.Mangoldt/Klein/Starck, Art. 9 Rdnr. 68; *Löwer*, in: v.Münch/Kunig, Art. 9 Rdnr. 31.

63 A. A. *Rinken*, in: AK-GG, Art. 9 Rdnr. 48; vgl. auch *W. Schmidt*, Die Vereinigungsfreiheit von Vereinigungen als allgemeine Eingriffsfreiheit, in: FS für Mallmann, S. 233 (242), der in der Form der Kapitalgesellschaften auf die gesellschaftsrechtliche Assoziation von Kapitalien und Interessen abstellt.

64 Deutlich *Merten*, Vereinsfreiheit, in: HbStR VI, § 144 Rdnr. 41; ausführend *Ottmann*, Die Vereinigungsfreiheit als Richtmaß und Schranke der unternehmensverfassungsrechtlichen Gesetzgebung, S. 84ff. und auch *Wollburg*, Die Anwendbarkeit von Art. 9 Abs. 1 GG auf Kapitalgesellschaften, S. 54; statt vieler *Scholz*, in: Maunz/Dürig, Art. 9 Rdnr. 60; *Bauer*, in: Dreier, Art. 9 Rdnr. 39; *Löwer*, in: v.Münch/Kunig, Art. 9 Rdnr. 31; *Kemper*, in: v.Mangoldt/Klein/Starck, Art. 9 Rdnr. 66.

anzusehen. Eine Aktie verbrieft nicht nur als bloßes Vermögensrecht[65] einen dem Schutz des Art. 14 GG unterstellten Kapitalanteil, die von ihr umfassten mitgliedschaftlichen Rechte sind als solche vielmehr durch Art. 9 Abs. 1 GG geschützt.[66]

3. Vereinigungen als Rechtsformen

Die einfachgesetzlich vorgefundenen, in Rechtsformen normierten Vereinigungstypen indizieren qua Form, dass sie Teil der Menge „Vereine und Gesellschaften" im Sinne des Art. 9 Abs. 1 GG sind; ihr „Bilden" ist insoweit grundrechtlich verbürgt. In umgekehrter, dem Vorrang der Verfassung folgender Blickrichtung jedoch ist es freilich fraglich, ob und inwieweit damit grundsätzlich sowohl ein Schutz gegen als auch insbesondere ein Anspruch auf einfachgesetzliche Regelungen zur gesellschaftlichen Form des Zusammenschlusses verbunden ist.

Nun gehört Art. 9 Abs. 1 GG, wie bereits gesehen, zu den Grundrechtsbestimmungen, die um der Wirksamkeit im Rechtsleben willen einer gewissen gesetzlichen Ausgestaltung bedürfen. Denn soweit eine Vereinigung im Rechtsverkehr handlungsfähig sein soll, soweit ihre Mitglieder wollen, dass ihre Korporation Zurechnungsobjekt von Rechten und Pflichten sein soll, kann dies nur kraft rechtlicher Ordnung eintreten.[67] Es genügt für die Vereinigungsfreiheit offenbar nicht, wenn der einfache Gesetzgeber nur die verfassungsrechtlichen Wertgehalte „zu Ende denkt" [68]. Ob allein daraus jedoch reflexartig ein Anspruch der Grundrechtsberechtigten auf und eine Pflicht des grundrechtsverpflichteten Staates zur Schaffung einer entsprechenden Rechtsordnung erwächst, erscheint fraglich.

a) Institutsgarantie

Mehrere Stimmen in der Literatur wollen eine solche den Staat verpflichtende Institutsgarantie[69] Art. 9 Abs. 1 GG entnehmen. Nach diesem aus

---

[65] BVerfGE 50, 290 (356) unter Hinweis auf BVerfGE 4, 7 (26) und BVerfGE 14, 263 (273ff.).

[66] Vgl. dazu auch *Scholz*, in: Maunz/Dürig, Art. 9 Rdnr. 111.

[67] *Löwer*, in: v.Münch/Kunig, Art. 9 Rdnr. 23; zustimmend *Kemper*, in: v.Mangoldt/Klein/Starck, Art. 9 Rdnr. 49; vgl. auch *Scholz*, in: Maunz/Dürig, Art. 9 Rdnr. 31.

[68] Vgl. *Stern*, Die Bindung der Gesetzgebung, in: Das Staatsrecht der Bundesrepublik Deutschland, Bd. III/1, § 73, S. 1301 m. w. Nachw.

[69] Nach der dem „Nebel des Institutionellen" vorbeugenden Differenzierung von *Stern*, Die Einrichtungsgarantien, in: Das Staatsrecht der Bundesrepublik Deutschland, Bd. III/1,

den Zeiten der Weimarer Verfassung stammenden Verständnis sind die das Institut bildenden Normenkomplexe Teil der grundrechtlichen Garantie.[70] Ein Kernbestand von Einrichtungen des Assoziationsrechts, zu dem vor allem der Rechtsschutz des Bestands und der Entfaltungsmöglichkeit der Gesellschaft sowie der Schutz ihrer autonomen Willensbildung gezählt werden, entzieht sich danach der Disposition des einfachen Gesetzgebers; in dem Anspruch, der Gesetzgeber habe entsprechende Regelungen zur Verfügung zu stellen und zu gewährleisten, bewirkt Art. 9 Abs. 1 GG eine Garantie der gesellschaftlichen Sachverhalte und Rechtseinrichtungen „Vereine" und „Gesellschaften".[71] Die Institutsgarantie erweitert als Ausnahme von dem Grundsatz des einfachgesetzlichen Ausgestaltungsverbots daher den Schutzbereich der Vereinigungsfreiheit.

Dem wird entgegen gehalten, dass zum „Bilden" einer Vereinigung die natürlichen Handlungsmöglichkeiten der Grundrechtsberechtigten ausreichen. Rechtliche Verfasstheit der Vereinigung ist hierbei ebenso wenig erforderlich, wie sie auch keiner der im Gesetz geregelten Typen entsprechen muss.[72] Diesen Spielraum, nicht jedoch den Schutzbereich, erweitert der einfache Gesetzgeber, wenn er die Rechtsform der Assoziation zur Verfügung stellt, durch Verleihung der Rechtsfähigkeit der Vereinigung Rechtssubjektivität verschafft und sie damit rechtlich handlungsfähig macht. Die Regelungen des Vereins- und Gesellschaftsrechts „umhegen" die Vereinigungsfreiheit, konstituieren sie aber nicht.[73] Die Freiheit, Vereine und Gesellschaften zu bilden, ist gerade keine kompetentielle Freiheit eines „rechtlichen Könnens", die zu ihrer Existenz einfachgesetzlicher Regelungen bedarf.[74] Die Wesen, Struktur und rechtliche Gestalt der Vereine und Gesellschaften regelnden Vorschriften des einfachen Rechts sind insoweit nicht verfassungsfest. Eine Institutsgarantie und daraus folgende Regelungspflicht speziell des Vereins- und Gesellschaftsrechts gibt es nicht.[75]

---

§ 68, S. 791, ist unter dem Oberbegriff der Einrichtungsgarantien nach der Garantiefunktion zwischen Institutsgarantien und institutionellen Garantien zu unterscheiden.

[70] Vgl. *Alexy*, Theorie der Grundrechte, S. 221; grundlegend seinerzeit *Schmitt*, Freiheitsrechte und institutionelle Garantien der Reichsverfassung, in: Verfassungsrechtliche Aufsätze aus den Jahren 1924 – 1925, S. 140ff.

[71] *Pernthaler*, Qualifizierte Mitbestimmung und Verfassungsrecht, S. 24ff.; *von Münch*, in: BK-GG, Art. 9 Rdnr. 18.

[72] Vgl. statt vieler *Kemper*, in: v.Mangoldt/Klein/Starck, Art. 9 Rdnr. 48.

[73] *Grabitz*, Freiheit und Verfassungsrecht, S. 219f.

[74] Vgl. *Alexy*, Theorie der Grundrechte, S. 212ff.

[75] Entnimmt man der Institutsgarantie als Voraussetzung auch die eines festen Normenkomplexes, so kann hier zudem auch nicht von einer formierten und abgrenzbaren Gestalt der Vereinigung gesprochen werden; *Stern*, Die Einrichtungsgarantien, in: Das Staatsrecht der Bundesrepublik Deutschland, Bd. III/1, § 68, S. 783f., 847f.; insgesamt ablehnend u.a. auch *Ottmann*, Die Vereinigungsfreiheit als Richtmaß und Schranke der unternehmensverfassungsrechtlichen Gesetzgebung, S. 171ff; *Sachs*, Die Grundrechte des Art. 9 GG, in: Verfassungs-

Wenn auch das Bundesverfassungsgericht das der Institutsgarantie zugrunde liegende Verständnis der Einrichtungsgarantien im wesentlichen in seine Rechtsprechung übernommen hat, gerade im Grundrechtsabschnitt des Grundgesetzes entfaltet es diesen spezifischen Schutzgehalt weitaus zurückhaltender und dort vor allem aus Art. 6 Abs. 1 GG und Art. 14 Abs. 1 S. 1 GG.[76] Angesichts eines bislang grundrechtlich kaum problematisch gewordenen Vereins- und Gesellschaftsrechts bestand zwar bei Art. 9 Abs. 1 GG für das Gericht bisher kein Anlass, auf die Grenzen eines unter Umständen durch eine Institutsgarantie erweiterten Schutzbereichs einzugehen. Dennoch sind Zweifel angebracht, ob es einzelne Regelungen des Vereins- und Gesellschaftsrechts als von einer Institutsgarantie umfasst qualifizieren würde. In der Rechtsprechung zu vergleichbar gesetzlicher Ausgestaltung bedürfender Grundrechtsbestimmungen wie der Koalitionsfreiheit des Art. 9 Abs. 3 GG und der Presse- und Rundfunkfreiheit des Art. 5 Abs. 1 S. 2 GG jedenfalls stellt es nicht so sehr das Verständnis der Einrichtungsgarantien als vielmehr allgemeine „institutionelle“ Erwägungen in den Vordergrund.[77] Damit aber ist nicht eine subjektiv-rechtliche Einrichtungsgarantie der jeweiligen Grundrechtsnorm angesprochen als vielmehr deren objektiv-rechtlicher Gehalt.

b) Verfassungsrechtliche Gewährleistung

Zutreffend ist, dass eine gewisse Abhängigkeit der Vereinigungstypen des Vereins- und Gesellschaftsrechts vom Gesetzesrecht besteht, die als solche jedoch keine institutsgarantierte verfassungsrechtliche Pflicht des einfachen Gesetzgebers zur Bereitstellung entsprechender Regelungen begründet. Insbesondere wird damit keine Funktionsvoraussetzung der Vereinigungsfreiheit benannt. Der Gesetzgeber ist in der Gestaltung des Vereins- und Gesellschaftsrechts insofern frei. Allenfalls kommen institutionelle, besser objektiv-rechtliche Gehalte des Art. 9 Abs. 1 GG in Frage, aus denen gewisse gleichartige Wirkungen abgeleitet werden können, die aber nicht mit einer Einrichtungsgarantie gleichgesetzt werden dürfen.[78]

Die Grenze zwischen tatsächlich vorgefundenen und auch verfassungsrechtlich geforderten Regelungen ist daher nicht diejenige, die den Schutzbereich der

recht II – Grundrechte, B 9 Rdnr. 24; *Scholz*, in: Maunz/Dürig, Art. 9 Rdnr. 26; *Bauer*, in: Dreier, Art. 9 Rdnr. 65; *Kemper*, in: v.Mangoldt/Klein/Starck, Art. 9 Rdnr. 49.

[76] Vgl. *Stern*, Die Einrichtungsgarantien, in: Das Staatsrecht der Bundesrepublik Deutschland, Bd. III/1, § 68, S. 774f., 864f.

[77] Dazu *Stern*, Die Einrichtungsgarantien, in: Das Staatsrecht der Bundesrepublik Deutschland, Bd. III/1, § 68, S. 834ff., 839ff, 848ff., 864f.; vgl. Anklänge zu Art. 9 Abs. 1 GG in BVerfGE 50, 290 (355).

[78] Vgl. *Stern*, Idee und Elemente eines Systems der Grundrechte, in: HbStR V, § 109 Rdnr. 53 m. w. Nachw.

Vereinigungsfreiheit von ihrem normgeprägten Lebensbereich trennt. Missverständlich ist es jedoch zu sagen, nur die Bildung von Vereinigungen, nicht aber die Bildung rechtsfähiger Vereinigungen gehöre damit zum Schutzbereich der Vereinigungsfreiheit.[79] Das „Bilden“ ist in jedem Fall geschützt. Vereinigungen, die kraft einfachen Rechts Rechtsfähigkeit erlangen, sind eine (große) Teilmenge aller als Ergebnis des geschützten Verhaltens unter Art. 9 Abs. 1 GG gebildeten Vereinigungen. Nicht geschützt sind insoweit nur die ihnen Rechtsfähigkeit verleihenden Regeln des einfachen Rechts, da ein im Wege der Einrichtungsgarantie grundrechtlich garantierter Anspruch darauf gerade nicht besteht. Der Schutzbereich der Vereinigungsfreiheit des Art. 9 Abs. 1 GG umfasst das auf das „Bilden“ einer Vereinigung gerichtete Verhalten, nicht jedoch die einfachgesetzlichen Regeln, derer sich die Grundrechtsberechtigten dabei bedienen.

[79] So aber *Kemper*, in: v.Mangoldt/Klein/Starck, Art. 9 Rdnr. 49.

C. „Klassische“ und „faktische“ Eingriffe in Grundrechte

Die Ebene des Grundrechtstatbestandes von Art. 9 Abs. 1 GG beantwortet die Frage nach der Einschlägigkeit der Vereinigungsfreiheit gegenüber beschwerenden staatlichen Maßnahmen. Sie sagt allerdings im Einzelfall noch nichts darüber, ob die staatliche Maßnahme etwa eines Steuergesetzgebers überhaupt Auswirkungen zeitigt, die rechtfertigungsbedürftig sind. Die Einschlägigkeit der Vereinigungsfreiheit des Art. 9 Abs. 1 GG bedeutet nur, dass sie seinen Maßnahmen entgegengesetzt werden kann, die ihr Schutzgut betreffen. Ob diese Maßnahmen auch rechtfertigungsbedürftig sind, bedarf hingegen besonderer Prüfung. In dem Sprachgebrauch des Bundesverfassungsgerichts ist zu fragen, ob ein „Eingriff“ in den Schutzbereich der Vereinigungsfreiheit vorliegt. Während die Schutzbereiche der einzelnen Grundrechte ganz verschiedene Gewährleistungen umfassen, bestimmt sich der Eingriff als zentraler Bezugspunkt der Grundrechtsdogmatik grundsätzlich nach grundrechtsübergreifend gleichen Regeln. Ein grundrechtsspezifisches Verständnis der Eingriffsdogmatik gibt es insoweit nicht. Schon der Grundrechtstatbestand des Art. 9 Abs. 1 GG zeigt sich dogmatisch nicht so eindeutig geklärt, wie es der klare Gesetzeswortlaut vermuten lässt. Doch mehr noch lässt der Eingriffsbegriff in vielen Bereichen das für einen Grundrechtsschutz wünschenswerte Maß an dogmatischer Klarheit vermissen. Der Steuergesetzgeber betrifft allein durch bloßen Bezug auf die vereinsmäßige Organisiertheit in der Besteuerung von Vereinigungen den Schutzbereich des Art. 9 Abs. 1 GG. Ob und wie er dabei auch die Ausübung der Vereinigungsfreiheit grundrechtsschutzauslösend beeinflusst, beeinträchtigt, erschwert oder gar unmöglich macht, lässt sich jedoch nur dann beurteilen, wenn die Voraussetzungen des Eingriffs in das von Art. 9 Abs. 1 GG geschützte Verhalten hinreichend genau bestimmt worden sind.

I. Der Eingriff in Grundrechte

Der Begriff des „Grundrechtseingriffs" ist ebenso verbreitet wie umstritten und für die allgemeine Grundrechtslehre von (nach wie vor) zentraler Bedeutung.[1] Seine Bedeutung erschließt sich aus seiner und der Verwendung sinnverwandter Begriffe im Grundgesetz. Den dort mit „Eingriff"[2], „Beschränkung"[3], „Einschränkung"[4], „Behinderung"[5] oder „Beeinträchtigung"[6] bezeichneten Vorgängen ist gemeinsam, dass sie bereits nach dem Wortlaut der Grundrechtsbestimmungen nur unter bestimmten Voraussetzungen erlaubt sind.[7] Der Grundrechtseingriff grenzt die Sphäre des vom Bürger einer Rechtskontrolle zuführbaren von der des nur objektiv-rechtlich gebundenen oder sogar rein politischen staatlichen Handelns ab und markiert auf diese Weise die Reduktion des Freiheitsbereichs durch den Staat.[8] Er kann individuell oder generell erfolgen oder auch durch ein Gesetz lediglich ermöglicht werden. Stets wird dem einzelnen ein von dem Schutzbereich eines Grundrechts umfasstes Verhalten durch den Staat verwehrt, wirkt das Gesetz oder auf seiner Grundlage die Exekutive beschränkend in den durch den Tatbestand gezogenen Schutzbereich des Grundrechts ein.[9] Nur diese Beeinträchtigungen grundrechtlicher Schutzbereiche

---

[1] Vgl. dazu ausführlich *Sachs*, Grundrechtseingriff und Grundrechtsbetroffenheit, in: Das Staatsrecht der Bundesrepublik Deutschland, Bd. III/2, § 78 S. 76ff. m. w. Nachw.; auch *Bleckmann*, Staatsrecht II – Die Grundrechte, S. 411.

[2] Art. 2 Abs. 2 S. 3, Art. 13 Abs. 7 GG; auch Art. 143 Abs. 3 GG.

[3] Art. 8 Abs. 2, Art. 10 Abs. 2, Art. 13 Abs. 7 GG; auch Art. 104 Abs. 1 S. 1 GG sowie Art. 140 GG i.V.m. Art. 137 Abs. 2 S. 2 WRV.

[4] Art. 9 Abs. 3 S. 2, Art. 11 Abs. 2, Art. 12a Abs. 6 S. 1, Art. 17a GG; auch Art. 19 Abs. 1 S. 1 GG.

[5] Art. 9 Abs. 3 S. 2 GG

[6] Art. 12a Abs. 2 S. 3 GG

[7] Gemeint sind hier die Begrenzungsregelungen, die durch die Grundrechtsgewährleistung an sich ausgeschlossene Einwirkungsmöglichkeiten eröffnen, nicht jedoch diejenigen, welche die grundrechtlich geschützte von der grundrechtlich nicht geschützten Lebenswirklichkeit, den Schutzbereich vom Regelungsbereich oder von einem kollidierenden anderen Schutzbereich trennen. Bedürfen alle diese Vorgänge aber der Rechtfertigung, erscheint es nur sachgerecht, diese unter einem gemeinsamen funktionalen Oberbegriff zusammenzufassen, um die rechtfertigungsbedürftigen von den übrigen Maßnahmen zu scheiden.

[8] Vgl. *Roth*, Faktische Eingriffe in Freiheit und Eigentum, S. 2; *Bethge*, Der Grundrechtseingriff, VVDStRL 57 (1998), 7 (10); der Begriff des Grundrechtseingriffs trennt insoweit die Spreu vom Weizen, als ohne Eingriff in seine Rechte kein Bürger den Staat in Schranken zu weisen vermag. Er mag die fragliche Maßnahme politisch bekämpfen, rechtlich jedoch hat er sie dann hinzunehmen.

[9] Vgl. etwa *Lerche*, Grundrechtlicher Schutzbereich, Grundrechtsprägung und Grundrechtseingriff, in: HbStR V, § 121 Rdnr. 45; *Starck*, in: v.Mangoldt/Klein/Starck, Art. 1 Abs. 3 Rdnr. 231.

können Grundrechtseingriffe sein, woraus sich die zwingende Abhängigkeit dieses Begriffs von der Auslegung des jeweiligen Schutzbereichs ergibt: Staatliches Handeln erscheint umso mehr als Eingriff, je weiter die Schutzbereiche der Grundrechte reichen, und es gerät umso weniger mit den Grundrechten in Konflikt, je enger diese zu ziehen sind. Nichts jedoch spricht dafür, dass die Schutzbereiche besonders weit oder besonders eng zu verstehen sind, wie das teilweise behauptet wird.[10] So wie sich auch der Schutzbereich der Vereinigungsfreiheit allein durch Anwendung der anerkannten juristischen Auslegungsmittel offenbart, ist auch der Begriff des Grundrechtseingriffs nicht von irgendwelchen Vermutungen, sondern von Funktion und Begriff der Grundrechte her zu bestimmen.[11]

1. Grundrechte als Abwehrrechte

Unzweifelhaft und allgemein anerkannt ist die in einer mehr als zweihundert Jahre alten Tradition gewachsene Dimension der Grundrechte als Abwehrrechte des Bürgers gegen den Staat.[12] Diese tritt in den Freiheitsrechten des Grundgesetzes deutlich hervor, ihre sprachliche Fassung entspricht der materiellen Substanz.[13] Insbesondere dann, wenn wie in Art. 9 Abs. 1 GG bestimmte individuelle Rechte positiv gewährleistet werden, ist bereits in dem Wortlaut der Grundrechtsnorm das Bemühen um Wahrung des Bestandes des jeweiligen Grundrechtsgutes, die Funktion der Grundrechte als Abwehrrechte zu erkennen.[14]

Als Abwehrrechte sichern die Grundrechte subjektive Rechtspositionen, deren Beeinträchtigung der Staatsgewalt verboten ist und die von negatorischen

---

[10] So aber „in dubio pro libertate" etwa *Höfling*, Offene Grundrechtsinterpretation, S. 175ff.; dagegen u.a. *Dreier*, in: Dreier, Vorb. vor Art. 1 Rdnr. 121f.; *von Münch*, in: v.Münch/Kunig, Vorb. Art. 1-19 Rdnr. 51.

[11] Vgl. auch *Pieroth/Schlink*, Grundrechte, Rdnr. 230; zu den Kriterien entsprechender Auslegung *Larenz*, Methodenlehre der Rechtswissenschaft, S. 320ff.

[12] Vgl. nur *Dreier*, in: Dreier, Vorb. vor Art. 1 Rdnr. 84ff. m. w. Nachw.; auch *Isensee*, Das Grundrecht als Abwehrrecht und als staatliche Schutzpflicht, in: HbStR V, § 111 Rdnr. 21f.; *Stern*, Idee und Elemente eines Systems der Grundrechte, in: HbStR V, § 109 Rdnr. 41; *Alexy*, Theorie der Grundrechte, S. 420; *Eckhoff*, Der Grundrechtseingriff, S. 83ff., insbesondere zur geschichtlichen Entwicklung aus der Ideenwelt von Aufklärung und Liberalismus S. 50ff. und S. 68ff.

[13] Vgl. *Isensee*, Das Grundrecht als Abwehrrecht und als staatliche Schutzpflicht, in: HbStR V, § 111 Rdnr. 11.

[14] Als weitere Grundrechte sind hier neben Art. 9 Abs. 1 GG insbesondere Art. 3 Abs. 3, Art. 5 Abs. 1 und Art. 8 Abs. 1 GG zu nennen; andere Grundrechtsbestimmungen schützen vor Verletzungen oder formulieren Anforderungen, ohne die der Staat weder die Rechtstellung des einzelnen beschränken oder einschränken noch in sie eingreifen darf, vgl. dazu im einzelnen *Pieroth/Schlink*, Grundrechte, Rdnr. 59.

Ansprüchen der Berechtigten hiergegen flankiert werden.[15] Sie schirmen private Bereiche gegen ein Eindringen öffentlicher Gewalt ab, um individuelle Selbstbestimmung und autonome Lebensgestaltung zu ermöglichen, begrenzen die Wirksamkeit des Staates, damit der Bürger sich in seiner Freiheit möglichst ungehindert entfalten kann. Das Bundesverfassungsgericht hat in konsequenter Zuspitzung dieser Wirkungsrichtung von dem Recht des Bürgers gesprochen, vom Staat „in Ruhe" gelassen zu werden.[16] Die Abwesenheit staatlichen Zwangs kennzeichnet den Bereich dieser Freiheit vom Staat.[17] Doch erst die Anwesenheit staatlichen Zwangs erweckt die abwehrrechtliche Dimension der Grundrechte zu vollem rechtlichen Leben: Staatliches Handeln wird abwehrrechtlich relevant, wenn und soweit es das in den grundrechtlichen Schutzbereichen enthaltene Freiheitspotential mindert. Dann entstehen Ansprüche auf Unterlassung und Beseitigung, mit denen sich der einzelne Bürger gegen die Beeinträchtigung seiner Freiheitssphäre zur Wehr setzen kann.[18]

In dieser Abwehr unzulässiger Einwirkungen des Staates besteht weitgehend unbestritten die Hauptfunktion der Freiheitsrechte.[19] Der Abwehrrechtscharakter auch der Vereinigungsfreiheit des Art. 9 Abs. 1 GG jedenfalls steht vor diesem Hintergrund gänzlich außer Frage. Nicht abschließend geklärt ist jedoch, gegen welche Beeinträchtigungen dieser abwehrrechtliche Grundrechtsschutz wirksam wird.

---

[15] Vgl. *Sachs*, Die Grundrechte als objektives Recht und als subjektive Rechte, in: Das Staatsrecht der Bundesrepublik Deutschland, Bd. III/1, § 65 S. 569; ebenso *ders.*, Abwehrrechte, in: Das Staatsrecht der Bundesrepublik Deutschland, Bd. III/1, § 66 S. 621; auch *Stern*, Idee und Elemente eines Systems der Grundrechte, in: HbStR V, § 109 Rdnr. 41.

[16] Vgl. BVerfGE 27, 1 (6); dazu, dass das Bundesverfassungsgericht den Aspekt personaler „Selbstbestimmung" und „Selbstgesetzgebung" immer wieder betont hat, vgl. *Dreier*, in: Dreier, Vorb. vor Art. 1 Rdnr. 84 m. w. Nachw.

[17] In der von Georg Jellinek begründeten Terminologie umfassend durch den „status negativus" beschrieben, vgl. *Jellinek*, System der subjektiven öffentlichen Rechte, S. 94ff.

[18] Gleichwohl ist für die Diagnose einer Grundrechtsverletzung regelmäßig nicht zu prüfen, ob ein Unterlassungs- oder Beseitigungsanspruch nicht erfüllt wurde; es genügt vielmehr, eine unzulässige Einwirkung auf den grundrechtlichen Schutzbereich des Abwehrrechts festzustellen. Ob neben den genannten noch andere Ansprüche in Frage kommen, ist strittig; vgl. zu den abwehrrechtlichen Unterlassungs- und Beseitigungsansprüchen *Stern*, Idee und Elemente eines Systems der Grundrechte, in: HbStR V, § 109 Rdnr. 42; *Sachs*, Abwehrrechte, in: Das Staatsrecht der Bundesrepublik Deutschland, Bd. III/1, § 66 S. 671ff.; *Ossenbühl*, Staatshaftungsrecht, S. 285ff.

[19] Vgl. std. Rspr. BVerfGE 7, 198 (204f.); 21, 362 (369); 50, 290 (336f.); 61, 82 (100f.); 68, 193 (205); *von Münch*, in: v.Münch/Kunig, Vorb. Art. 1-19 Rdnr. 16 m. w. Nachw.; auch *Isensee*, Das Grundrecht als Abwehrrecht und als staatliche Schutzpflicht, in: HbStR V, § 111 Rdnr. 11; für andere Ansichten, die der Abwehrfunktion der Grundrechte eine geringere bzw. andere Bedeutung beimessen, vgl. *Bleckmann*, Staatsrecht II – Die Grundrechte, S. 247ff. m. w. Nachw; zu den weiteren Funktionen vgl. *Stern*, Idee und Elemente eines Systems der Grundrechte, in: HbStR V, § 109 Rdnr. 27.

2. Der „klassische" Grundrechtseingriff

Partiell zuverlässig erfasst immerhin der sogenannte „klassische" Grundrechtseingriff[20] die Grundrechtsrelevanz von Einwirkungen. Seine Kriterien sind keine notwendigen, aber allgemein als hinreichend anerkannte Merkmale für mangels besonderer Rechtfertigung anzunehmende Grundrechtsverletzungen.[21] Nach heute allgemeiner Vorstellung setzt sich der „klassische" Grundrechtseingriff aus vier Kriterien zusammen: Imperativität, Finalität, Unmittelbarkeit sowie Rechtsaktqualität.[22] Jeder hoheitliche Rechtsakt mit rechtlicher und nicht bloß tatsächlicher Wirkung, der mit Befehl und Zwang angeordnet beziehungsweise durchgesetzt wird, der final und nicht bloß unbeabsichtigte Folge eines auf ganz andere Ziele gerichteten Staatshandelns und der zudem unmittelbar und nicht bloß zwar beabsichtigte, aber mittelbare Folge des Staatshandelns ist, stellt einen Eingriff dar.[23] Doch dass beispielsweise das Verbieten der Gründung einer Vereinigung, die präventive Kontrolle etwa durch ein Konzessionssystem, das Abhängigmachen der Vereinssatzung von einer behördlichen Genehmigung, das Verhindern des Beitritts zu oder des Verbleibens in einer Vereinigung, das Reglementieren der Mitgliederwerbung oder das Auflösen von Vereinen durch den Staat in die Vereinigungsfreiheit des Grundgesetzes eingreift, steht außer Frage.[24]

Die Kriterien des „klassischen" Grundrechtseingriffs wurden aber auch nicht aufgestellt, um festzustellen, wann staatliches Handeln die Grundrechte tatsächlich berührt.[25] Sie markieren weder die Grenze der Verbotswirkung der Grundrechte noch schränken sie den Grundrechtsschutz ein. Die Wurzeln des „klassischen" Grundrechtseingriffs reichen vielmehr zurück bis zu der seinerzeit

---

[20] Dazu, dass ein „klassischer" Begriff des Grundrechtseingriffs, der in umfassender Weise den Kreis der zumindest möglichen Grundrechtsverletzungen umfasst, für keinen verfassungsgeschichtlichen Zeitraum vor Inkrafttreten des Grundgesetzes festzustellen ist, vgl. *Sachs*, Grundrechtseingriff und Grundrechtsbetroffenheit, in: Das Staatsrecht der Bundesrepublik Deutschland, Bd. III/2, § 78 S. 85ff. m. w. Nachw.

[21] Vgl. *Lübbe-Wolff*, Die Grundrechte als Eingriffsabwehrrechte, S. 42; *Bleckmann*, Staatsrecht II – Die Grundrechte, S. 413; *Gallwas*, Faktische Beeinträchtigungen im Bereich der Grundrechte, S. 11.

[22] *Isensee*, Das Grundrecht als Abwehrrecht und als staatliche Schutzpflicht, in: HbStR V, § 111 Rdnr. 61; vgl. ausführlich *Eckhoff*, Der Grundrechtseingriff, S. 175ff. und *Sachs*, Grundrechtseingriff und Grundrechtsbetroffenheit, in: Das Staatsrecht der Bundesrepublik Deutschland, Bd. III/2, § 78 S. 84, 104ff. jeweils m. w. Nachw.

[23] Vgl. statt vieler zuletzt BVerfGE 105, 279 (300); auch *Bleckmann*, Staatsrecht II – Die Grundrechte, S. 411f.; *Pieroth/Schlink*, Grundrechte, Rdnr. 238.

[24] Vgl. *Bauer*, in: Dreier, Art. 9 Rdnr. 51; *von Münch*, in: BK-GG, Art. 9 Rdnr. 44; *Höfling*, in: Sachs, Art. 9 Rdnr. 34; *Pieroth/Schlink*, Grundrechte, Rdnr. 740.

[25] Vgl. *Bleckmann*, Staatsrecht II – Die Grundrechte, S. 412f., wonach die Merkmale des klassischen Eingriffsbegriffs soweit ersichtlich überhaupt niemals ausdrücklich von Lehre und Rechtsprechung entwickelt worden sind.

für notwendig erachteten Beschränkung eines erst entstehenden Verwaltungsrechtsschutzes.[26] In seiner eigentlichen Bedeutung bezeichnet der „klassische" Grundrechtseingriff staatliche Einwirkungen, die grundsätzlich einer Rechtfertigung fähig sind. Nicht die Wirkung auf grundrechtlich geschützte Positionen des Einzelnen, sondern die Rechtfertigung des einwirkenden Staatshandelns steht im Vordergrund.[27] Angesichts dieser historisch bedingten Nähe zum Gesetzesvorbehalt[28] jedoch nimmt es nicht Wunder, dass der „klassische" Grundrechtseingriff insoweit heuristischen Wert hat, als er stets ohne weiteres Anlass gibt, seine Rechtfertigung anhand der Grundrechtsbegrenzungen zu untersuchen.[29]

Zudem kann jeder staatliche Imperativ als zielgerichteter Rechtsakt verstanden werden, der die angeordnete Einwirkung unmittelbar vornimmt: Befehl und Zwang wirken grundsätzlich durch Rechtswirkungen, das heißt durch Rechtsakt, und genau in dem Umfang „unmittelbar" ein, der in sachlicher wie personeller Hinsicht durch das in Bezug genommene „Ziel" bestimmt wird, das eben gerade in der mit der imperativen Regelung herbeigeführten Rechtsfolge liegt.[30] Von den vier Kriterien des „klassischen" Grundrechtseingriffs kommt daher der Imperativität ganz maßgebliche Bedeutung zu. Als Anordnung eines Verhaltens wird sie insbesondere gegenüber den Freiheitsrechten relevant[31]. Denn in dem Umfang, in dem der staatliche Imperativ eine Verhaltenspflicht begründet, verkürzt er die Verhaltensfreiheit des betroffenen Grundrechtsberechtigten. Die Verhaltenspflicht bildet die passive Kehrseite der durch Imperativ aktiv vorgenommenen Grundrechtseinwirkung, wobei der Inhalt der imperativen Regelung mit dem Ausmaß der Einwirkung zusammenfällt. Nach der inzwischen anerkannten Formulierung von *Gallwas* besteht eine „Identität von Regelung und Beeinträchtigung"[32]. Schon allein das durch Imperativ angeordnete Verhalten

---

[26] Nach *Sachs*, Grundrechtseingriff und Grundrechtsbetroffenheit, in: Das Staatsrecht der Bundesrepublik Deutschland, Bd. III/2, § 78 insbesondere a) auf anzufechtende Verfügungen, S. 98ff., b) im entschädigungsrechtlichen Bereich der ebenso klassischen Enteignung, S. 100ff., sowie c) nicht zuletzt beim Vorbehalt des Gesetzes, der auf Eingriffe in Freiheit und Eigentum bezogen wurde, S. 95ff.

[27] Insbesondere die Rechtfertigung des Verwaltungsakts als Instrument potentiell rechtmäßiger Beeinträchtigung, vgl. *Bleckmann*, Staatsrecht II – Die Grundrechte, S. 413f.

[28] Zu dieser Nähe vgl. auch BVerfGE 8, 155 (167); 40, 237 (249).

[29] *Lübbe-Wolff*, Die Grundrechte als Eingriffsabwehrrechte, S. 47 spricht insoweit von einem „diagnostischen" Eingriffsbegriff.

[30] Vgl. *Sachs*, Grundrechtseingriff und Grundrechtsbetroffenheit, in: Das Staatsrecht der Bundesrepublik Deutschland, Bd. III/2, § 78, bzgl. des Merkmals der Finalität S. 117f., der Unmittelbarkeit S. 124f. und der Rechtsaktqualität S. 126f. jeweils m. w. Nachw.

[31] Die Verhaltensfreiheit ist zwar die überragende, gleichwohl nicht die einzige grundrechtlich geschützte Freiheit, wie die von *Sachs*, Abwehrrechte, in: Das Staatsrecht der Bundesrepublik Deutschland, Bd. III/1, § 66 S. 625 angeführten Beispiele des Hausfriedensbruchs und der Verletzung des Briefgeheimnisses zeigen.

[32] *Gallwas*, Faktische Beeinträchtigungen im Bereich der Grundrechte, S. 11f.; nachfolgend *Ramsauer*, Die faktischen Beeinträchtigungen des Eigentums, S. 28; vgl. auch *Lübbe-*

stellt eine Grundrechtseinwirkung dar, so dass es auf die Wirklichkeit, in der die Regelung wirkt, nicht mehr ankommt. Zur Feststellung eines „klassischen" Grundrechtseingriffs genügt vielmehr der Blick auf die entsprechende Regelung.

Über das grundrechtsdogmatische Schicksal der außerhalb der Regelung selbst liegenden Wirkungen ist damit gleichwohl noch nicht entschieden. Das allen „klassischen" Grundrechtseingriffen gemeinsame Merkmal der Regelungsidentität scheidet lediglich diese von den übrigen Einwirkungen. Und der „klassische" Grundrechtseingriff beschreibt nur das Gebiet der Grundrechtsdogmatik, in dem – von Randproblemen abgesehen – der Grundrechtsschutz in Voraussetzungen und Folgen heute als gesichert bezeichnet werden kann. In ihm wird aus heutiger Perspektive nicht mehr als ein Typus gesehen, dem zwar eine zuverlässige, jedoch keinesfalls abschließende, die Reichweite der Grundrechtsgeltung verbindlich beschränkende Bedeutung zukommt.[33] Für die von diesem Begriff nicht erfassten Wirkungen sind dagegen weder die Voraussetzungen grundrechtlichen Schutzes noch die weiteren dogmatischen Regeln, nach denen dieser gewährt werden soll, über umstrittene fallgruppenbezogene Ansätze hinaus geklärt. Einig ist sich das heutige Grundrechtsverständnis nur insoweit, als es den „klassischen" Grundrechtseingriff als zu eng ablehnt.

Wolff, Die Grundrechte als Eingriffsabwehrrechte, S. 43f., die von einer damit verbundenen „Einschränkung" jedoch nur aus der Perspektive erweiterter Grundrechtseingriffe sprechen kann.

33 Vgl. etwa *Sachs*, Grundrechtseingriff und Grundrechtsbetroffenheit, in: Das Staatsrecht der Bundesrepublik Deutschland, Bd. III/2, § 78 S. 95.

II. Der „faktische" Grundrechtseingriff

Die Abwehrrechte können nicht ignorieren, dass der Staat im Ergebnis die gleiche Wirkung auf die Grundrechte häufig auf ganz unterschiedlichen Wegen herbeiführen kann. Der Staat kann etwa Ge- und Verbote erlassen, er kann aber auch den Grundrechtsberechtigten nötigen, sich so zu verhalten, als wäre ein solches Ge- oder Verbot ergangen.[34] Allein der Wechsel der Handlungsform jedenfalls kann nicht zur Versagung grundrechtlichen Schutzes führen. Die Grundrechte müssen in ihrer abwehrrechtlichen Funktion vielmehr auch den außerhalb des „klassischen" Grundrechtseingriffs liegenden Einwirkungen des Staates Grenzen setzen. Ein Herausnehmen einzelner staatlicher Maßnahmen liefe dem Sinn und Zweck der Abwehrrechte zuwider, wonach die Grundrechtsgüter effektiv zu schützen sind.[35] Sollen die Abwehrrechte nicht weitgehend sinnlos zu werden drohen, müssen sie grundsätzlich die notwendigen realen Voraussetzungen der Freiheitsverwirklichung selbst umfassen.[36] Die Grundrechtsrelevanz dieser Einwirkungen, die nicht unter den „klassischen" Grundrechtseingriff fallen, die also nicht die spiegelbildliche Belastung aufgrund einer staatlichen Regelung darstellen, wurde zuerst von *Gallwas* nachgewiesen.[37] Inzwischen ist allgemein anerkannt, dass die Grundrechte grundsätzlich auch gegen solche „faktischen", das heißt gegen nicht regelungsidentische Wirkungen staatlicher Maßnahmen schützen.[38]

---

[34] Vgl. dazu insbesondere *Kirchhof*, Verwalten durch „mittelbares" Einwirken, S. 1ff., eingehend zu den rechtstatsächlichen Bedingungen solchen staatlichen Handelns S. 105ff.; auch *Erichsen*, Allgemeine Handlungsfreiheit, in: HbStR VI, § 152 Rdnr. 76.

[35] Vgl. zum sog. Effektivitätsprinzip etwa BVerfGE 6, 55 (72); 30, 149 (162); 60, 96 (99); *von Münch*, in: v.Münch/Kunig, Vorb. Art. 1-19 Rdnr. 51 m. w. Nachw.; *Bleckmann*, Staatsrecht II – Die Grundrechte, S. 118f.; kritisch *Eckhoff*, Der Grundrechtseingriff, S. 162f.; dazu, dass es bei einer Norminterpretation entscheidend auf die teleologische Interpretation ankommen kann, etwa BVerfGE 35, 263 (278f.).

[36] Vgl. *Scherzberg*, Grundrechtsschutz und „Eingriffsintensität", S. 142f.; zum Verhindern eines „Leerlaufens" durch entsprechende Auslegung etwa BVerfGE 6, 32 (40f.); 7, 377 (403f.).

[37] Vgl. *Gallwas*, Faktische Beeinträchtigungen im Bereich der Grundrechte, S. 1ff. aus dem Jahre 1970, nachdem das Bundesverfassungsgericht schon in den 60er Jahren beispielsweise bei der Prüfung von Steuergesetzen im Rahmen des Art. 12 Abs. 1 GG von „mittelbaren" und „tatsächlichen" Auswirkungen gesprochen hatte, vgl. BVerfGE 13, 181 (185f.) und BVerfGE 22, 380 (383f.).

[38] Aus der Rechtsprechung vgl. beispielsweise BVerfGE 6, 273 (278); 46, 120 (137f.); 49, 24 (47); 50, 16 (27f.); 61, 291 (308); 66, 39 (60); 82, 209 (223f.); 86, 122 (128); 105, 252 (273); 105, 279 (303f.); BVerwGE 71, 183, (191f.); 75, 109 (115); 87, 37 (42); aus der umfangreichen Literatur vgl. nur *Kirchhof*, Verwalten durch „mittelbares" Einwirken, S. 189ff.; *ders.*, Mittel staatlichen Handelns, in: HbStR III, § 59 Rdnr. 41; *Ramsauer*, Die faktischen Beeinträchtigungen des Eigentums, S. 24; *Lübbe-Wolff*, Die Grundrechte als Eingriffsabwehr-

Nach wie vor recht kontrovers wird dagegen die Frage diskutiert, in welcher Weise sie das tun. So klar der Grundrechtsschutz gegenüber „klassischen" Eingriffen sich inzwischen bestimmen lässt, so wenig geklärt ist er gegenüber „faktischen" Eingriffen.[39] Jeder Versuch der Definition begegnet den Schwierigkeiten einer Grenzziehung, die dem Einbeziehen aller tatsächlichen Wirkungen zwangsläufig nachfolgen, will der Staat sich ein Mindestmaß an notwendiger Flexibilität bewahren. Denn ohne eine solche Grenze würde jedes dem Grundrechtsberechtigten nur irgendwie nachteilige staatliche Handeln einen Eingriff darstellen, würde der Staat aufgrund der vielfältigen dann entstehenden Rechtfertigungs- und Haftungsfolgen sehr wahrscheinlich handlungsunfähig werden.[40] Erschwerend kommt hinzu, dass der Wirkungsablauf tatsächlich weitgehend im Subjektiven des Grundrechtsberechtigten verborgen bleibt und rechtlich nicht vorgezeichnet ist.[41] Die Frage, wo die Grenze verläuft, diesseits derer staatliches Handeln den Grundrechtsgebrauch lediglich erschwert, während es ihn jenseits unmöglich macht, ist daher Gegenstand zahlreicher Klärungsversuche.[42]

1. Unzulänglichkeit der Kriterien „klassischer" Grundrechtseingriffe

Zur Bestimmung des grundrechtlichen Schutzes gegen nicht regelungsidentische Wirkungen staatlicher Maßnahmen erscheint es auf den ersten Blick am naheliegendsten, von dem gesicherten Terrain „klassischer" Grundrechts-

---

rechte, S. 47, 264; *Eckhoff*, Der Grundrechtseingriff, S. 175ff.; *Roth*, Faktische Eingriffe in Freiheit und Eigentum, S. 33, 230ff. m. w. Nachw.; auch *Bleckmann*, Staatsrecht II – Die Grundrechte, S. 414ff. m. w. Nachw.; *Sachs*, Grundrechtseingriff und Grundrechtsbetroffenheit, in: Das Staatsrecht der Bundesrepublik Deutschland, Bd. III/2, § 78 S. 144 FN 308 m. w. Nachw.

[39] Uneinigkeit besteht schon hinsichtlich der Terminologie, vgl. im einzelnen die Nachw. bei *Sachs*, Grundrechtseingriff und Grundrechtsbetroffenheit, in: Das Staatsrecht der Bundesrepublik Deutschland, Bd. III/2, § 78 S. 79f. FN 13 u. 14; zunehmend durchzusetzen scheint sich der Begriff der „Beeinträchtigung", auch wenn die Wirkungsgleichheit mit dem „klassischen" Eingriff mehr für als eine damit verbundene Doppeldeutigkeit gegen den Begriff vom „faktischen" Grundrechtseingriff spricht, vgl. so etwa BVerfGE 105, 279 (300f.); dazu zugleich mit Kritik an der unsauberen Verwendung der Begrifflichkeiten in der neueren Rechtsprechung des Bundesverfassungsgerichts *Murswiek*, Das Bundesverfassungsgericht und die Dogmatik mittelbarer Grundrechtseingriffe, NVwZ 2003, 1 (2f.); auch *Dreier*, in: Dreier, Vorb. vor Art. 1 Rdnr. 128.

[40] So schon *Gallwas*, Faktische Beeinträchtigungen im Bereich der Grundrechte, S. 75, 120; auch *Bleckmann*, Staatsrecht II – Die Grundrechte, S. 414; *Stern*, Geltungs- und Bindungskraft der Grundrechte, in: Das Staatsrecht der Bundesrepublik Deutschland, Bd. III/1, § 72 S. 1207.

[41] Vgl. *Kirchhof*, Verwalten durch „mittelbares" Einwirken, S. 47f.

[42] Die von *Pieroth/Schlink*, Grundrechte, Rdnr. 242 zusätzlich angeführte Problematik der tatsächlichen Wirkung staatlichen Handelns gegenüber Nichtadressaten entpuppt sich bei genauer Betrachtung als ein Unterproblem dieser Grenzziehung.

eingriffe auszugehen. Durch Reduktion und Modifikation ihrer Merkmale sollen sich Kriterien für die Grundrechtsrelevanz auch „faktischer" Einwirkungen erschließen lassen.[43] Übersehen wird dabei jedoch die historisch bedingte Ausrichtung des „klassischen" Eingriffsbegriffs am Verwaltungsakt[44], die den zahlreichen Handlungsformen des Staates heute und damit dem Bereich nicht regelungsidentischer Einwirkungen grundsätzlich nicht mehr gerecht zu werden vermag. Die Kriterien des „klassischen" Grundrechtseingriffs markieren für die abwehrrechtliche Relevanz nicht regelungsidentischer Einwirkungen allenfalls Anhaltspunkte, ohne diesen Bereich abschließend bestimmen zu können.[45]

Gleichwohl wird vielfach versucht, an das Kriterium der Imperativität unter dem Aspekt einer „zwangsgleichen Wirkung" anzuknüpfen.[46] Damit soll jenes Staatshandeln erfasst werden, das in seiner „verhaltensbeeinflussenden Wirkung faktisch dem imperativen Eingriff gleichkommt"[47]. In der Tat kann staatliche Verhaltenslenkung auch dann, wenn keine verpflichtende Rechtswirkung besteht, insbesondere durch Einflussnahme auf die Motivation des Betroffenen einem Befehl recht ähnlich werden. Im Fall der Besteuerung grundrechtsgeschützter Betätigung beispielsweise können nicht nur Geldstrafen oder Geldbußen für verbotenes Verhalten, sondern ebenso die ohne ein Verbot an das

---

[43] Vgl. dazu *Eckhoff*, Der Grundrechtseingriff, S. 175ff. m. w. Nachw.

[44] Siehe oben S. 57.

[45] So auch *Sachs*, Grundrechtseingriff und Grundrechtsbetroffenheit, in: Das Staatsrecht der Bundesrepublik Deutschland, Bd. III/2, § 78 S. 129ff.; das Kriterium der Rechtsaktqualität wird Makulatur, wenn der Staat seine Handlungsform in der Folge für den Betroffenen unterschiedslos wechseln kann; grundrechtlicher Schutz macht weder vor nicht regelungsidentischen Wirkungen von Rechtsakten noch vor Realakten Halt. Das Kriterium der Unmittelbarkeit ist nach weithin übereinstimmender Ansicht keine zwingende Voraussetzung „faktischer" Eingriffe; begrifflich unscharf, normativ nicht begründbar und deswegen bereits als „klassisches" Eingriffsmerkmal weitgehend redundant, verkommt es zur leerformelhaften, andere Wertungskriterien verdeckenden Chiffre, wenn staatliches Wirken und die Wirkung beim Einzelnen aufgrund fehlender Regelungsidentität auseinanderfallen. Das Kriterium der Finalität stellt ein wohl zwar hinreichendes, nicht aber auch notwendiges Kriterium für einen „faktischen" Grundrechtseingriff dar; unvollständig wäre der grundrechtliche Schutz, „wenn an ihm nicht auch mit staatlicher Autorität vorgenommene Handlungen gemessen würden, die als nicht bezweckte, aber voraussehbare und in Kauf genommene Nebenfolge eine schwerwiegende Beeinträchtigung (...) bewirken", vgl. BVerwGE 87, 37 (43f.). Und das Kriterium der Imperativität schließlich, das maßgebliche Merkmal „klassischen" Grundrechtseingriffs, kennt eine „faktische" Parallele schon definitionsgemäß nicht, beruht der Eingriffscharakter der Imperativität doch allein auf ihrer verpflichtenden Rechtswirkung, deren Bestand nicht einmal von der Befolgung durch den Adressaten abhängt.

[46] Vgl. *Lübbe-Wolff*, Die Grundrechte als Eingriffsabwehrrechte, S. 267ff.; für w. Nachw. vgl. auch *Roth*, Faktische Eingriffe in Freiheit und Eigentum, S. 46 FN 77 und *Sachs*, Grundrechtseingriff und Grundrechtsbetroffenheit, in: Das Staatsrecht der Bundesrepublik Deutschland, Bd. III/2, § 78 S. 130 FN 247.

[47] So die Formulierung bei *Lübbe-Wolff*, Die Grundrechte als Eingriffsabwehrrechte, S. 267.

Verhalten geknüpften Geldleistungspflichten Anlass geben, es zu unterlassen.[48] Doch in dieser Vermeidbarkeit nachteiliger Rechtsfolgen durch Verzicht auf die verbotene beziehungsweise unerwünschte Verhaltensweise erschöpft sich auch schon die Ähnlichkeit negativer Sanktionierung unerwünschten Verhaltens mit der Wirkung von Imperativen mit nachteiliger Sekundärsanktion.[49] Vor allem ist die Wirkungsweise des „klassischen" Grundrechtseingriffs auf die Freiheit des Grundrechtsberechtigten eine gänzlich andere als die der einen solchen Eingriff gerade nicht darstellenden Maßnahmen. Denn zwischen der Einwirkung auf die betroffene Person und der Auswirkung quasi in dieser Person ist deutlich zu unterscheiden. Für die Kriterien des „klassischen" Grundrechtseingriffs ist es völlig unerheblich, ob der Imperativ im Einzelfall das Verhalten des Adressaten beeinflusst oder nicht; ein Ge- oder Verbot greift auch in die Freiheit desjenigen ein, der ihm nicht nachkommt beziehungsweise zuwiderhandelt.[50] Die „klassischen" Kriterien fragen ausschließlich nach der Einwirkung, das heißt nach Struktur und Beschaffenheit der staatlichen Maßnahme. Die Frage, was der Betroffene selbst mit und aus dieser Einwirkung zu machen in der Lage ist, ist kein Bestandteil ihrer Definition. Ganz anders zeigt sich im Unterschied dazu die „zwangsgleiche Wirkung". Definitionsgemäß und mangels vergleichbarer Rechtswirkung gegenüber grundsätzlich jeder Art staatlicher Einwirkung offen, erübrigt sich bei ihr die Frage nach der Einwirkung. Dafür nimmt sie die verhaltensbeeinflussende Wirkung in den Blick, fragt nach der Auswirkung einer wie auch immer gearteten Einwirkung in der Person des Betroffenen. An die Stelle der Einwirkung, über die allein sich der „klassische" Grundrechtseingriff definiert, setzt der Aspekt der „zwangsgleichen Wirkung" die Auswirkung. Vergleichen indes lässt sich beides nicht.[51]

---

[48] Vgl. zur Wirkung steuerrechtlicher Vorschriften etwa BVerfGE 13, 181 (186f.); 16, 147 (159); 47, 1 (21) m. w. Nachw.; auch BVerfGE 72, 200 (244f.); 81, 108 (121f.); 85, 238 (247).

[49] Vgl. dazu auch *Kirchhof*, Verwalten durch „mittelbares" Einwirken, S. 39f.; *Sachs*, Grundrechtseingriff und Grundrechtsbetroffenheit, in: Das Staatsrecht der Bundesrepublik Deutschland, Bd. III/2, § 78 S. 136f.

[50] *Sachs*, Grundrechtseingriff und Grundrechtsbetroffenheit, in: Das Staatsrecht der Bundesrepublik Deutschland, Bd. III/2, § 78 S. 131.

[51] Vgl., wenn auch argumentativ verkürzt, ebenso *Eckhoff*, Der Grundrechtseingriff, S. 237f.; die daran von *Roth*, Faktische Eingriffe in Freiheit und Eigentum, S. 46 in FN 77 geäußerte Kritik unzulässiger Gleichsetzung von Ein- und Auswirkung greift insoweit nicht durch; es fehlt vielmehr bislang an einer typischen, dogmatisch gesicherten Auswirkung „klassischer" Grundrechtseingriffe. Zu Recht weist daher *Sachs*, Grundrechtseingriff und Grundrechtsbetroffenheit, in: Das Staatsrecht der Bundesrepublik Deutschland, Bd. III/2, § 78 S. 136 auf weitere Unterschiede in den Konsequenzen, im Verfahren, in der Durchsetzbarkeit und in der Vollstreckung hin.

2. Die Bedeutung der Wirkung des Staatshandelns

Die Erkenntnis, dass die Kriterien „klassischer" Grundrechtseingriffe für die Bestimmung nicht regelungsidentischer Einwirkungen mit abwehrrechtlicher Bedeutung unzulänglich sind, hat zu verschiedenen, von den „klassischen" Kriterien gänzlich unabhängigen Lösungsansätzen geführt. Angesichts des umfassenden, in Teilen rechtlich immer noch schwer fassbaren Handlungsinstrumentariums überrascht es nicht, dass sich der Akzent des Eingriffs dabei von der Form auf die Wirkung des Staatshandelns verlagert.[52] Dem Grundrechtsberechtigten jedenfalls kommt es allein darauf an, die Einwirkung in seine Grundrechte, das Ergebnis des Staatshandelns, abzuwehren; auf welche Art und Weise die Einwirkung erfolgt, ist aus seiner Sicht dagegen gänzlich unerheblich.[53]

So herrscht in der umfassenden Perspektive effektiven Grundrechtsschutzes eine Übereinstimmung immerhin dahingehend, dass abwehrrechtlicher Schutz nicht davon abhängen kann, warum ein Eingriff in welcher Weise vorgenommen wird. Die subjektive Haltung des durch seine Amtswalter handelnden Trägers öffentlicher Gewalt ist auch für einen „faktischen" Grundrechtseingriff unerheblich. Abwehrrechtlicher Schutz setzt nicht voraus, dass der Staat die Eingriffsqualität seines Handelns vorher erkannt oder auch nur ernsthaft für möglich gehalten hat.[54] Gerade auch in den Fällen, in denen der eingetretene Grundrechtseingriff objektiv nicht vorherzusehen war, gebietet es der Zweck effektiven Grundrechtsschutzes, dem Staat die Verantwortung für die nachteiligen Folgen aufzuerlegen, anstatt die Bürger schutzlos zu stellen.[55] Weil aber das Wollen dessen ohne Bedeutung ist, was nicht gewusst zu werden braucht, kommt es auch nicht darauf an, dass der Staat den Grundrechtseingriff als Konsequenz seiner Handlung gewollt[56], geschweige denn verschuldet[57] hat.

---

[52] Vgl. *Bleckmann*, Staatsrecht II – Die Grundrechte, S. 414; auch *Sachs*, Grundrechtseingriff und Grundrechtsbetroffenheit, in: Das Staatsrecht der Bundesrepublik Deutschland, Bd. III/2, § 78 S. 81.

[53] Vgl. *Bleckmann*, Staatsrecht II – Die Grundrechte, S. 413; *Roth*, Faktische Eingriffe in Freiheit und Eigentum, S. 261 FN 150 m. w. Nachw.; ausdrücklich im Rahmen von Art. 12 Abs. 1 GG auch *Tipke*, Die Steuerrechtsordnung, Bd. I, S. 434 m. w. Nachw.

[54] Zu Recht bezeichnet *Kirchhof*, Verwalten durch „mittelbares" Einwirken, S. 96 es als eine „Verfremdung grundrechtlicher Wirkungsgewährleistungen zu Reflexen aus staatlichen Fehlleistungen", wenn der Schutz der Grundrechte von der Vorstellungskraft und Ermittlungssorgfalt der staatlichen Organe abhängig gemacht werde.

[55] Anders demgegenüber die durchaus vergleichbare Situation im Strafrecht, wo der Täter für objektiv nicht erkennbare Folgen nicht bestraft wird, weil dort der Strafanspruch insoweit hinter dem geringen, wenn nicht gänzlich fehlenden Unwertvorwurf zurücktreten muss.

[56] Vgl. etwa BVerfGE 77, 381 (404); *Müller*, Die Positivität der Grundrechte, S. 80f.; *Stern*, Die Bindung der Gesetzgebung, in: Das Staatsrecht der Bundesrepublik Deutschland, Bd. III/1, § 73 S. 1314 in FN 285; ablehnend auch *Ramsauer*, Die faktischen Beeinträchti-

Einer subjektiven Eingriffsabsicht lässt sich allenfalls eine gewisse Indizwirkung für das Vorliegen eines Grundrechtseingriffs entnehmen. Ebenso macht es für das Vorliegen eines „faktischen" Grundrechtseingriffs keinen Unterschied, ob dieser Eingriff die Folge einer staatlichen Maßnahme mit Rechtscharakter oder die Folge bloß schlichten Verwaltungshandelns[58] ist. Doch während im zweiten Fall Schwierigkeiten vor allem von der Frage nach der Rechtsnatur der hoheitlichen Handlung herzurühren scheinen, geht es im ersten Fall auch der steuergesetzgeberischen Maßnahmen allein um die über den Regelungsgehalt des betreffenden Rechtsaktes hinausgehenden Beeinträchtigungen. Weil jedes Grundrechtsgut dabei allein für sich zu betrachten ist, kann nicht ausgeschlossen werden, dass nicht auch zugleich ein anderes Grundrechtsgut desselben Betroffenen beeinträchtigt ist, ohne dass dies Gegenstand der Regelung wäre. Jeder staatliche Rechtsakt kann, auch wenn er für sich genommen bereits einen zumeist „klassischen" Eingriff in ein bestimmtes Abwehrrecht darstellt, diese Nachteile für andere Grundrechtsgüter zur Folge haben, die zwar außerhalb des normativen Regelungsgehalts der Maßnahme liegen, gleichwohl aber abwehrrechtlich relevant sein können.

Im übrigen aber zeigt sich, dass es zunächst auf eine genaue Konkretisierung des grundrechtlichen Schutzgehalts ankommt, denn die Frage, ob ein Verhalten eines Grundrechtsberechtigten überhaupt als Freiheitsausübung vom Schutzbereich eines Abwehrrechts umfasst wird, ist stets logisch vorrangig zu beantworten.[59] Erst im Anschluss daran kann gefragt werden, wann diese individuelle Rechtsposition beeinträchtigt und ob schließlich diese Beeinträchtigung dem Staat auch zuzurechnen ist.

---

gungen des Eigentums, S. 116; *Eckhoff*, Der Grundrechtseingriff, S. 247; zur Rechtsprechung und Literatur angesichts lenkender Steuergesetze *Lübbe-Wolff*, Die Grundrechte als Eingriffsabwehrrechte, S. 270 m. w. Nachw. in FN 166; auch *Weber-Dürler*, Der Grundrechtseingriff, VVDStRL 57 (1998), 57 (69f.); als anerkanntes Beispiel für die Irrelevanz schon objektiver Erkennbarkeit lassen sich auch die Fälle des enteignenden Eingriffs anführen.

[57] Ein Verschulden ohne zumindest die hier zuvor abgelehnte objektive Erkennbarkeit kann es nicht geben; vgl. *Roth*, Faktische Eingriffe in Freiheit und Eigentum, S. 203f. m. w. Nachw.

[58] Schlicht hoheitliches Handeln in Abgrenzung zum Rechtsakt; vgl. dazu etwa *Maurer*, Allgemeines Verwaltungsrecht, § 15 Rdnr. 1ff; *Erichsen*, in: Erichsen/Ehlers, Allgemeines Verwaltungsrecht, § 30 Rdnr. 1ff.; insgesamt auch *Pieroth/Schlink*, Grundrechte, Rdnr. 169ff. m. w. Nachw.

[59] Vgl. *von Münch*, in: v.Münch/Kunig, Vorb. Art. 1-19 Rdnr. 48; dazu, dass alle Überlegungen zur Relevanz von Beeinträchtigungen einen zutreffend bestimmten Schutzgegenstand voraussetzen, vgl. *Sachs*, Grundrechtseingriff und Grundrechtsbetroffenheit, in: Das Staatsrecht der Bundesrepublik Deutschland, Bd. III/2, § 78 S. 175ff.; auch *Lerche*, Grundrechtlicher Schutzbereich, Grundrechtsprägung und Grundrechtseingriff, in: HbStR V, § 121 Rdnr. 1ff.

3. Notwendige Konkretisierung des Schutzbereichs

Insbesondere „faktische" Grundrechtseingriffe sind im ersten Schritt eine Frage der genauen Bestimmung des Schutzbereichs. In dem Maße, wie der ursprünglich eng umrissene Eingriffsbegriff durch Einbeziehen auch nicht regelungsidentischer Wirkungen an Kontur verliert, bedarf die grundrechtliche Gewährleistung der Konkretisierung. Denn Gewährleistung und Eingriff sind dogmatisch derart aufeinander bezogen, dass nicht beide zugleich unbestimmt gehalten oder ins Beliebige variiert werden können. Anderenfalls könnte jedes staatliche Handeln in irgendeiner Hinsicht nahezu jedes Grundrecht treffen. Das vom Schutzbereich Gewährleistete kann im Fall des „klassischen" Grundrechtseingriffs gerade deswegen vergleichsweise unbestimmt belassen werden, weil sein klar definierter und deutlich begrenzender Eingriffsbegriff schon aus sich heraus eine qualifizierte Beziehung zwischen der grundrechtlich geschützten Rechtsposition des Betroffenen und dem staatlichen Handeln herstellt.[60] Dem weit gefassten und äußerst unbestimmten „faktischen" Grundrechtseingriff hingegen fehlt der Filter eines umgrenzten Eingriffsbegriffs. Dieser ist daher auf die genaue Bestimmung der grundrechtlichen Gewährleistung angewiesen. Es wäre zu kurz gegriffen, „faktische" Grundrechtseingriffe lediglich als eine Ausdehnung des „klassischen" Eingriffsbegriffs bei im übrigen gleichbleibend unbestimmten Gewährleistungsinhalt aufzufassen und den Blick sofort auf den Eingriff selbst zu richten.[61] Nicht regelungsidentische Wirkungen auf ein Grundrecht erschließen sich vielmehr notwendig dann, aber auch erst dann als Eingriff, wenn die Freiheitsgewährleistung des einzelnen Schutzbereichs hinreichend genau bestimmt und erfasst worden ist.

Der Schutzbereich der Vereinigungsfreiheit des Art. 9 Abs. 1 GG umfasst in einem weiten Sinne jedes auf das „Bilden" einer Vereinigung gerichtete Verhalten. Diese Bestimmung reicht aus, das unter die Gewährleistung der Vereinigungsfreiheit fallende Verhalten des Grundrechtsberechtigten sowie daraufhin gegebenenfalls einen regelungsidentischen „klassischen" Grundrechtseingriff festzustellen. Sie erweist sich jedoch als unzureichend für die Beantwortung der Frage nach dem „faktischen" Grundrechtseingriff, wann also staatliches Handeln die Vereinigungsfreiheit über regelungsidentische Wirkungen hinaus in zurechenbarer Weise beeinträchtigt. Ob der Staat aber dabei die Ausübung der Vereinigungsfreiheit grundrechtsschutzauslösend beeinflusst, beeinträchtigt, erschwert oder gar unmöglich macht, lässt sich nur dann beur-

---

[60] Vgl. *Albers,* Faktische Grundrechtsbeeinträchtigungen als Schutzbereichsproblem, DVBl 1996, 233 (237); siehe dazu auch schon oben S. 58.

[61] Entgegen *Bleckmann*, Staatsrecht II – Die Grundrechte, S. 420 geht es auch nicht darum, statt des Eingriffsbegriffs den Grundrechtsschutzbereich entsprechend zu erweitern. Der Schutzbereich trägt sein Freiheitspotential unabänderlich in sich, allenfalls die Perspektive erweitert sich, wie *Albers,* Faktische Grundrechtsbeeinträchtigungen als Schutzbereichsproblem, DVBl 1996, 233 (237f.) insoweit zutreffend feststellt.

teilen, wenn das von Art. 9 Abs. 1 GG geschützte Verhalten hinreichend genau bestimmt worden ist. Erst in der nachteiligen Abweichung von dem durch den Schutzbereich normierten Soll-Zustand erschließt sich die Beeinträchtigung durch „faktische“ Grundrechtseingriffe. Da nicht regelungsidentische Wirkungen vor allem durch Einflussnahme auf die Willensbildung des Grundrechtsberechtigten wirken,[62] steht dabei nicht so sehr die von Art. 9 Abs. 1 GG geschützte Handlungsfreiheit als vielmehr ihre dazugehörige Entschließungsfreiheit im Vordergrund, die das ungehinderte Entschließen des Grundrechtsberechtigten gewährleistet. Wann aber dieses Entschließen noch ungehindert, wann schon gehindert ist, diese Kernfrage „faktischer“ Grundrechtseingriffe zu lösen hilft allein der Blick auf die Freiheit. Denn letztlich stellt jede Beeinträchtigung eines abwehrrechtlichen Schutzbereichs eine Beeinträchtigung der Freiheit dar, die sich als das allen Abwehrrechten zugrunde liegende gemeinsame Schutzgut verstehen lässt[63]. Abzuwehrender Grundrechtseingriff und auszuschließendes Freiheitshindernis fallen im Abwehrrecht zusammen. Die Entwicklung des notwendig genaueren Verständnisses des Schutzbereiches der Vereinigungsfreiheit gebietet daher zunächst eine Präzisierung des Freiheitsbegriffs, bevor sich daran die Untersuchung der Freiheitsbeeinträchtigung anschließen kann.

a) Freiheitsverständnis

Das Freiheitsverständnis der traditionellen Eingriffsabwehr setzt die Freiheit des Bürgers als dem Staat vorgegeben voraus.[64] Die Freiheitsrechte des Grundgesetzes umschreiben die der Sicherung der Individualsphäre dienenden Gewährleistungen zwar inhaltlich, aber nur im Sinne einer Umgrenzung von Freiheitsbereichen.[65] Was Freiheit bedeutet, soll inhaltlich möglichst unbestimmt bleiben, individuellen Entscheidungen und Entfaltungsweisen überlassen und vor allem nicht durch den Staat festgelegt oder bewertet werden. Das Menschenbild des Grundgesetzes ist ersichtlich das eines aufgeklärten, zwar gemeinschaftsbezogenen und -gebundenen, aber gleichwohl seines Selbst

---

[62] Siehe oben S. 62.

[63] Vgl. ausführlich und insbesondere auch zur historischen Entwicklung *Sachs*, Abwehrrechte, in: Das Staatsrecht der Bundesrepublik Deutschland, Bd. III/1, § 66 S. 624ff., 636f. m. w. Nachw.; *Stern*, Idee und Elemente eines Systems der Grundrechte, in: HbStR V, § 109 Rdnr. 42; auch *Roth*, Faktische Eingriffe in Freiheit und Eigentum, S. 67ff. m. w. Nachw.

[64] *Isensee*, Das Grundrecht als Abwehrrecht und als staatliche Schutzpflicht, in: HbStR V, § 111 Rdnr. 2 m. w. Nachw.; zurückgehend auf *Schmitt*, Verfassungslehre, S. 126.

[65] Zutreffend deutlich *Böckenförde*, Recht, Staat, Freiheit, S. 58ff., 61, nach dem die Menschen- und Bürgerrechte „die durch sie geschützten Lebens-, Denk- und Handlungsbereiche als Freiheitsbereiche zur Ausfüllung an die individuelle Subjektivität“ verweisen; zum Verständnis formaler Freiheit in den Grundrechten des Grundgesetzes vgl. *Höfling*, Offene Grundrechtsinterpretation, S. 64ff. m. w. Nachw.

bewussten, auf Selbstbestimmung und Selbstverantwortung bedachten Individuums.[66] In dieser individuellen Selbstbestimmung verwirklicht sich die Würde des Menschen, wird verhindert, dass er zum bloßen Objekt staatlichen Handelns herabgewürdigt wird.[67] Auch die Vereinigungsfreiheit des Grundgesetzes dient letztlich diesem Zweck, dem grundrechtsberechtigten Menschen ein ihm würdiges Leben, eine möglichst weitgehende Entfaltung seiner Persönlichkeit zu sichern.[68] Sie gewährleistet dem Menschen den Freiraum, den er zu seiner Selbstverwirklichung braucht, garantiert Freiheit, die eine notwendige Bedingung[69] der Menschenwürde darstellt. Freiheit in dieser Funktion im Rahmen des Grundgesetzes wird dabei strukturell verstanden als Chance zur Verwirklichung selbstgesetzter Ziele.[70] Dieses Verständnis entspricht nicht von ungefähr demjenigen der allgemeinen Handlungsfreiheit des Art. 2 Abs. 1 GG als dem Recht, zu tun und zu lassen, was man will: Zum einen etwas zu wollen, und zum anderen das Gewollte zu tun.[71]

Zielsetzung und Zielverwirklichung sind die konstitutiven Elemente dessen, was Freiheit für einen Menschen auch im Rahmen der Vereinigungsfreiheit des Art. 9 Abs. 1 GG ausmacht. Zielsetzung beschreibt dabei den inneren Entscheidungsprozeß, in dem der Mensch sich über seine Vorstellungen und Wünsche Klarheit verschafft und danach seine zu verwirklichenden Ziele definiert, Zielverwirklichung das anschließende Umsetzen in der Außenwelt.[72] Im Unterschied

---

[66] Vgl. etwa BVerfGE 4, 7 (15); 50, 166 (175) und mit Bezug auf Art. 9 Abs. 1 GG auch BVerfGE 50, 290 (353); *Herdegen*, in: Maunz/Dürig, Art. 1 Abs. 1 Rdnr. 25; ausführlich *Stern*, Die Menschenwürde als Fundament der Grundrechte, in: Das Staatsrecht der Bundesrepublik Deutschland, Bd. III/1, § 58 S. 31ff. m. w. Nachw.; auch *Isensee*, Grundrechtsvoraussetzungen und Verfassungserwartungen an die Grundrechtsausübung, in: HbStR V, § 115 Rdnr. 39.

[67] Vgl. BVerfGE 27, 1 (6); 45, 187 (227f.); 65, 1 (41); auch *Alexy*, Theorie der Grundrechte, S. 323.

[68] Siehe oben S. 36.

[69] Vgl. *Alexy*, Theorie der Grundrechte, S. 321; *Sachs*, Abwehrrechte, in: Das Staatsrecht der Bundesrepublik Deutschland, Bd. III/1, § 66 S. 641.

[70] Vgl. BVerfGE 5, 85 (204): Freiheit zur „eigenverantwortlichen Lebensgestaltung"; BVerfGE 9, 83 (88): Freiheit als Voraussetzung „aktiver Gestaltung der Lebensführung durch den Grundrechtsträger selbst"; BVerfGE 45, 187 (227): Fähigkeit, „in Freiheit selbst zu bestimmen und sich zu entfalten"; auch *Stern*, Abwehrrechte, in: Das Staatsrecht der Bundesrepublik Deutschland, Bd. III/1, § 66, S. 641; *Roth*, Faktische Eingriffe in Freiheit und Eigentum, S. 69 m. w. Nachw.

[71] Std. Rspr. seit BVerfGE 6, 32 (36), auch wenn die dort angegebene Fassung nach *Stern*, Abwehrrechte, in: Das Staatsrecht der Bundesrepublik Deutschland, Bd. III/1, § 66, S. 629 FN 32 a.E. auf einem Fehlzitat beruht; vgl. auch BVerfGE 65, 1 (41f.); 80, 137 (154); zur historischen Entwicklung des Freiheitsverständnisses ausführlich *Eckhoff*, Der Grundrechtseingriff, S. 50ff.; zu den historischen Grundlagen des Freiheitsbegriffs *Morgenthaler*, Freiheit durch Gesetz, S. 64ff.; *Bleckmann*, Staatsrecht II – Die Grundrechte, S. 249.

[72] Vgl. *Roth*, Faktische Eingriffe in Freiheit und Eigentum, S. 161f.

zum abstrakten Wünschen berücksichtigt das Zielsetzen jedoch die konkreten Möglichkeiten äußerer Zielverwirklichung. Nur das sich im Rahmen tatsächlichen Könnens bewegende Wollen kann in ein entsprechendes Handeln münden. Wollen ohne entsprechendes Können dagegen bleibt bloßes Wünschen. In diesem Sinne ist hier das Können eines Menschen zu verstehen als die Gesamtheit seiner Fähigkeiten, gehabte Wünsche zu verwirklichen, das Wollen als seine Fähigkeit, sich im Rahmen dieses Könnens Handlungsziele vorzugeben.

Das Können des Menschen, Handlungen zur Beförderung der Verwirklichung des Gewünschten vorzunehmen, ist reale Bedingung und Begrenzung der Freiheitsentfaltung. Es besteht aus der jenseits jeder Rechtsordnung bestehenden Handlungsfähigkeit, die dem Menschen kraft seiner natürlichen Eigenschaften, Kenntnisse und Fähigkeiten zu Gebote steht, und wird durch diejenigen Handlungen erweitert, die dem Menschen durch die Rechtsordnung erst ermöglicht werden.[73] Die den Rechtsformen zugrundeliegenden Normen des Vereins- und Gesellschaftsrechts sind solche Produkte der Rechtsordnung, die rechtliches Können konstituieren; ihre Existenz erweitert die Handlungsmöglichkeiten der aus Art. 9 Abs. 1 GG Berechtigten.[74] Doch ob ein Mensch frei ist oder nicht, hängt letztlich nicht davon ab, wie viele solcher Handlungsmöglichkeiten ihm zur Verfügung stehen. Zutreffend weist *von Hayek* beispielsweise darauf hin, dass der Höfling, der im Schoße von Luxus, aber in ständiger Bereitschaft für seinen Herrn lebt, viel unfreier, weniger in der Lage sein könne, sein eigenes Leben zu leben oder seine eigenen Möglichkeiten, sich nützlich zu machen, zu wählen, als ein armer Bauer oder Handwerker.[75] Die für die Freiheit entscheidende Frage besteht vielmehr darin, wie weit der Mensch in seinem Handeln seinen eigenen Plänen und Absichten folgen kann, in welchem Ausmaß seine Verhaltensweise von ihm selbst bestimmt wird, auf Ziele gerichtet, die er selbst beharrlich angestrebt hat, und nicht auf Notwendigkeiten, die andere – und sei es der Steuergesetzgeber – geschaffen haben.[76] In diesem Wollen liegt der Kern jeder Freiheitsentfaltung. Wiewohl durch das Können bedingt, bestimmt es über die Freiheit des Menschen, durch eigenen Willen Ursache von Entschließungen und Handlungen zu sein. Auch der unfreie, fremdbestimmte Mensch macht von seinem Können Gebrauch. Doch nur der Mensch übt Freiheit aus, der sich bei der Bildung seines Willens ausschließlich von seinen Interessen und Wünschen leiten lassen kann, der außer der durch sein Können vorgege-

---

73 *Lübbe-Wolff*, Die Grundrechte als Eingriffsabwehrrechte, S. 75ff. spricht hierbei von „natürlicher Freiheit“ und „konstituierten Rechtspositionen“; in diesem Zusammenhang weist *Roth*, Faktische Eingriffe in Freiheit und Eigentum, S. 163f. zu recht darauf hin, dass die „rechtliche“ Handlungsfähigkeit bzw. die „konstituierte Rechtsposition“ bei genauer Betrachtung nichts anderes bedeutet, als dass ein natürliches Handeln mit einer rechtlichen Bedeutung versehen wird.

74 Siehe dazu oben S. 50.

75 *Von Hayek*, Die Verfassung der Freiheit, S. 23f.

76 Vgl. *von Hayek*, Die Verfassung der Freiheit, S. 16f.

benen Grenzen keinen Einschränkungen hinsichtlich des Wollens unterliegt.[77] Diese Entschließungsfreiheit, dieses souveräne Wollen, bestimmt die Freiheit. Freiheit in diesem Sinne ist die Autonomie des Willens.[78] Die physisch-psychische Fähigkeit, überhaupt einen Willen bilden zu können, wird dabei vorausgesetzt.

b) Freiheitsbeeinträchtigung

Die Möglichkeiten einer Beeinträchtigung dieser strukturell so verstandenen Freiheit sind grundsätzlich vielfältig. Gemeinsam ist ihnen jedoch die Ausübung von Zwang.[79] Zwang verändert die Umgebung oder die Umstände eines Menschen derart, dass dieser nicht nach seinem eigenen zusammenhängenden Plan, sondern im Dienst und Zweck eines anderen handeln muss.[80] Indem er derart zwangsmäßig seine Souveränität beeinträchtigenden Konditionen eines anderen unterworfen wird, erleidet er eine Einbuße seiner Autonomie. Gerade der Verlust an Autonomie aber kennzeichnet die Freiheitsbeeinträchtigung.[81] Nur Zwang ist in der Lage, diese für eine abwehrrechtlich relevante Freiheitsbeeinträchtigung notwendige Autonomieeinbuße zu bewirken. Es entspricht dem Wesen der Abwehrrechte, dass sie gegen eine zwangsmäßige Beschwer gerichtet sind.[82] Solange der Grundrechtsberechtigte in der Lage ist, sich durch eigenen Entschluss vor staatlichen Maßnahmen und deren Auswirkungen zu

[77] Vgl. auch *Alexy*, Theorie der Grundrechte, S. 196 unter Berufung auf die klassische Formulierung bei Thomas Hobbes im „Leviathan", wonach die Abwesenheit von Hindernissen, Beschränkungen oder Widerständen den Kern des Begriffs der Freiheit bildet.

[78] Vgl. etwa *Scholz*, Die Koalitionsfreiheit als Verfassungsproblem, S. 72: „Die Willensautonomie des einzelnen determiniert den Freiheitsbegriff"; *Stern*, Die Menschenwürde als Fundament der Grundrechte, in: Das Staatsrecht der Bundesrepublik Deutschland, Bd. III/1, § 58 S. 31 spricht in diesem Zusammenhang von der Autonomie des Menschen als dem "Herzstück" seiner Würde.

[79] Vgl. BVerfGE 19, 206 (215), wonach Art. 2 Abs. 1 GG „auch den grundrechtlichen Anspruch, nicht durch staatlichen Zwang mit einem Nachteil belastet zu werden, der nicht in der verfassungsmäßigen Ordnung begründet ist," umfasst; ähnlich, wenn auch zu unbestimmt, *Eckhoff*, Der Grundrechtseingriff, S. 156f., nach dem „staatliche Zwangsmaßnahmen den 'Prototyp' des Eingriffs" darstellen.

[80] Vgl. schon *Aristoteles*, Metaphysik, Erstes Buch, Kapitel 2: „*ἀλλ' ὥσπερ ἄνθρωπός φαμεν ἐλεύθερος ὁ ἑαυτοῦ ἕνεκα καὶ μὴ ἄλλου ὤν*, ..." (So wie wir einen Menschen frei nennen, der um seiner selbst willen, nicht um eines anderen willen ist, ...); *von Hayek*, Die Verfassung der Freiheit, S. 14 FN 3 m. w. Nachw.

[81] Siehe zuvor S. 68.

[82] Dieser sich von der Freiheit und nicht von seiner Wirkung her bestimmende Zwang gilt für „klassische" wie „faktische" Grundrechtseingriffe gleichermaßen. Insoweit ist immerhin der Grundgedanke des oben abgelehnten Kriteriums „zwangsgleicher Wirkung" durchaus zutreffend, siehe dazu oben S. 62.

bewahren, bedarf es keines abwehrrechtlichen Schutzes.[83] Das Unterscheiden zwischen den Freiheitselementen des Könnens und des Wollens hilft dabei zu erkennen, wann und wie die Freiheit auch des aus Art. 9 Abs. 1 GG Berechtigten durch den Steuergesetzgeber beeinträchtigt wird.

aa) Beeinträchtigung des Könnens

Die einzig mögliche Form der Beeinträchtigung sowohl der natürlichen Handlungsfähigkeit des Grundrechtsberechtigten als auch seiner Fähigkeit, überhaupt einen Willen zu bilden, besteht in der Ausübung von Gewalt. Solche Gewalt, die das natürliche Können nicht anders als die im Strafrecht insbesondere aus der Dogmatik zu § 240 StGB bekannte vis absoluta[84] oder die dem Polizeirecht geläufige Ausübung unmittelbaren Zwangs[85] erschwert oder sogar unmöglich macht, beeinträchtigt auch im Bereich der Abwehrrechte die Freiheit. Ihre absolute Wirkung zerstört entweder die Fähigkeit zur Willensentschließung und damit den eigentlichen Kern individueller Freiheit, oder sie nimmt dem Grundrechtsberechtigen die Chance, seine selbst gesetzten Ziele zu verwirklichen.[86] Dem Steuergesetzgeber jedoch liegt als Gesetzgeber die Ausübung physischer Gewalt völlig fern. Steuergesetze wirken nicht tatsächlich auf den Körper des Grundrechtsberechtigten ein, sie führen bei diesem auch keinen Zustand der Bewusstlosigkeit oder Bewusstseinsstörung herbei. Durch steuergesetzgeberisches Handeln wird die unabhängig vom Staat bestehende persönliche physisch-psychische Kapazität eines jeden Grundrechtsberechtigten nicht gemindert. Das natürliche Können als konstitutives Element der Freiheit beeinträchtigt der Steuergesetzgeber nicht.

Ebenso wenig beeinträchtigt der Steuergesetzgeber das Element des rechtlichen Könnens, das heißt alle diejenigen Handlungen, die dem Grundrechtsberechtigten durch die Rechtsordnung erst ermöglicht werden. Schon grundsätzlich ist nicht ausgeschlossen, dass der Staat eine von ihm zuvor verliehene Handlungsfähigkeit auch wieder zurücknehmen kann.[87] Aufgrund der

[83] Vgl. hierzu den von der Rechtsprechung entwickelten Grundsatz zum Umfang der Haftung nach dem Folgenbeseitigungsanspruch, nach dem auf jeden Fall diejenigen Schadensfolgen nicht abgedeckt sind, die auf der „eigenen Entscheidung" des Geschädigten beruhen, etwa BVerwGE 69, 366 (373).

[84] Vgl. *Träger/Altvater*, in: LK-StGB[11], § 240 Rdnr. 38ff.; *Horn/Wolters*, in: SK-StGB, § 240 Rdnr. 26.

[85] Vgl. etwa *Schenke*, Polizei- und Ordnungsrecht, Rdnr. 558ff. m. w. Nachw.

[86] Die Freiheit ist immer beeinträchtigt, wenn die abwehrrechtlich geschützte Tätigkeit „aufgrund der staatlichen Maßnahme nicht mehr in der gewünschten Weise ausgeübt werden kann", BVerfGE 82, 209 (223).

[87] Vgl. *Jellinek*, System der subjektiven öffentlichen Rechte, S. 45; *Alexy*, Theorie der Grundrechte, S. 304; auch BVerfGE 2, 380 (401).

Normgeprägtheit des rechtlichen Könnens wird eine solche Rücknahme erst dann abwehrrechtlich relevant, wenn sie bestehenden Vertrauensschutz missachtet und nicht durch zumindest gleichrangige Rechtsakte erfolgt.[88] Abgesehen von diesen allgemeinen Anforderungen jedoch ist insbesondere nicht zu erkennen, dass Grundrechtsberechtigte durch Steuergesetze überhaupt eine Einbuße an rechtlicher Handlungsfähigkeit erleiden können. Der Regelungsgehalt steuergesetzgeberischen Handelns betrifft nicht das rechtliche Können. Das rechtliche Können aber kann nur durch Rechtsakte, nicht durch deren bloß nicht regelungsidentische Wirkungen beeinträchtigt werden.

bb) Beeinträchtigung des Wollens

Nicht ausgeschlossen, wenn nicht aufgrund ihrer Einflussnahme auf die Motivation des Grundrechtsberechtigten sogar naheliegend ist demgegenüber, dass der Steuergesetzgeber das souveräne inhaltliche Wollen, die Entschließungsfreiheit gerade durch nicht regelungsidentische Wirkungen beeinträchtigen kann. Allerdings fällt die Beantwortung der Frage schwer, wann genau das der Fall ist, wann eine abwehrrechtlich relevante Beeinträchtigung vorliegt, wann das Wollen nicht mehr ein souveränes, sondern ein fremdbestimmtes ist. Nicht jede Einwirkung auf die Willensbildung des Grundrechtsberechtigten beschränkt schließlich das souveräne Wollen, doch bedeutet Entschließungsfreiheit andererseits auch mehr als nur die Fähigkeit zur Entschließung. Ein Angriff auf diese Freiheit ist nicht schon deshalb abwehrrechtlich irrelevant, weil der Grundrechtsberechtigte ihm theoretisch wiederstehen könnte. Insofern besteht eine gewisse Parallele zur Nötigung nach § 240 StGB, wo bereits die Drohung mit einem empfindlichen Übel eine strafrechtlich relevante Nötigung, einen Angriff auf die Willensfreiheit darstellt. Als Schutzgut der Nötigung wird allgemein die Freiheit zur Willensbildung und -betätigung genannt.[89] In dem Bewusstsein aller bestehenden Unterschiede insbesondere hinsichtlich der jeweiligen Adressaten schützt § 240 StGB damit strafrechtlich das, was ebenso Bestandteil abwehrrechtlichen Schutzes ist. Möglicherweise helfen daher vergleichbare Grundsätze, die Anforderungen abwehrrechtlich relevanter Einflussnahme auf die Entschließungsfreiheit zu bestimmen, um zu erkennen, wann der Staat den Grundrechtsberechtigten durch nicht regelungsidentische Wirkungen dazu bringt, „etwas zu tun, was er andernfalls nicht getan,

---

[88] Eine ausreichend ranghohe Neudefinition des rechtlichen Könnens stellt als Zurücknahme keine Beeinträchtigung des Schutzbereichs dar, solange sie nicht Vertrauenstatbestände missachtet. Dazu ausführlich *Roth*, Faktische Eingriffe in Freiheit und Eigentum, S. 167ff. m. w. Nachw.

[89] Vgl. etwa jeweils m. w. Nachw. *Träger/Altvater*, in: LK-StGB[11], § 240 Rdnr. 1; *Horn/Wolters*, in: SK-StGB, § 240 Rdnr. 2; auch *Schäfer*, in: LK-StGB[10], § 240 Rdnr. 2; hier relevant ist die Form der motivatorisch wirkenden Nötigung.

etwas zu dulden, was er sonst abgewehrt, oder etwas zu unterlassen, was er andernfalls getan hätte"[90].

(1) Die Willensentschließung

Dem Entschluss des Grundrechtsberechtigten, zur Verwirklichung des von ihm Gewollten konkrete Handlungen vorzunehmen, voraus geht der sehr komplexe Prozess entsprechender Willensbildung. Dieser wird von vornherein durch das als absolute Grenze wirkende Können beschränkt, denn nur das sich im Rahmen tatsächlichen Könnens bewegende Wollen kann überhaupt in ein entsprechendes Handeln münden.[91] Ebenso bleibt nicht ohne Einfluss auf die Willensbildung des Grundrechtsberechtigten, ob und wie er von diesem Können Gebrauch machen darf oder muss.[92] Der Grundrechtsberechtigte kann zwar rein tatsächlich diese normativ in der Rechtsordnung wurzelnde Frage ignorieren und sich entschließen, vieles, was verboten ist, zu tun und nicht zu tun, was geboten ist.[93] Gleichwohl liegt dem Grundgesetz das Bild von einem rechtstreuen, staatliche Befehle befolgenden Bürger zugrunde. Aus dessen Perspektive aber wirken Gebote die eigene Willensentschließung ersetzend und Verbote die Willensbildung in vergleichbarer Weise absolut wie das Können begrenzend. Während Gebote erst gar nicht nach dem Wollen fragen, definieren Verbote das erlaubte Können und damit den eigentlichen Rahmen des Wollens.[94] Denn dem Grundrechtsberechtigten nützt es nichts, wenn er nicht auch tun darf, was er tun kann. In Bezug auf die Befehlsausführung der Ge- und Verbote jedenfalls kann von einem selbst gesetzten Ziel nicht gesprochen werden, die Willensentschließung stellt sich insoweit vielmehr als eine solche des befehlenden Staates dar.[95] Zu Recht werden Ge- und Verbote allgemein daher als Freiheitsbeeinträchtigungen verstanden. Indem sie dem Entscheidungsprozeß des Grund-

90 *Schäfer*, in: LK-StGB[10], § 240 Rdnr. 2.

91 Siehe oben S. 68.

92 Voraussetzung für das Dürfen ist das Können und nicht umgekehrt. Die Frage, ob eine Handlung erlaubt oder verboten ist, stellt sich nur im Rahmen des Könnens, bleibt doch ein Verbot, Unmögliches zu tun, ohne Auswirkung und ist schon allein deswegen sinnlos.

93 Insofern unterscheidet sich das Nicht-Dürfen vom Nicht-Können, das nicht einmal theoretisch übertreten werden kann; vgl. auch *Jellinek*, System der subjektiven öffentlichen Rechte, S. 48.

94 Vgl. insoweit ungenau *Roth*, Faktische Eingriffe in Freiheit und Eigentum, S. 181ff., der zwischen den unterschiedlichen Wirkungsweisen von Ge- und Verboten nicht hinreichend differenziert, wenn er nicht nur die Verbote, sondern auch die Gebote dem Bereich des „Dürfens" und nicht dem eines „Müssens" zuordnet.

95 Vgl. bereits RGSt 48, 346 (349); da Ge- und Verbote schon für sich absolute Freiheitsgrenzen darstellen, kommt es zur Feststellung einer Beeinträchtigung der Entschließungsfreiheit auch nicht darauf an, ob der Befehl später zwangsweise durchgesetzt werden muss oder ob der Betroffene den Befehl vorher befolgt, um derartigen Konsequenzen zu entgehen.

rechtsberechtigten eine absolut wirkende Grenze ziehen, beeinträchtigen sie die Souveränität seines Wollens.

Nicht regelungsidentische Wirkungen hingegen beeinträchtigen nicht schon deshalb die Entschließungsfreiheit, weil der Grundrechtsberechtigte sich ihnen nicht entziehen kann. Wir identifizieren zwar jeden Menschen mit einem ihm eigenen Willen, weil sich der bloße Wille nicht von der Verantwortung für das Gewollte trennen lässt. Der Mensch jedoch ist nicht die alleinige oder primäre Quelle seines Willens, wie es etwa die Ursachenlehre des reinen und freien Willens von *Kant* suggeriert.[96] Für das, was eine Person will, gibt es viele Ursachen, die ihren Ursprung jenseits dessen haben, was diese Person empfindet, weiß, tut und getan hat. Immer sind es auch als mehr oder minder stark beeinflussend empfundene äußere Umstände, die auf den Menschen und sein Entscheidungsverhalten einwirken. Soweit sie wahrgenommen werden, gehen sie in den Prozess der Willensbildung mit ein. Eine von allen Einflüssen freie Willensbildung ist nur in einem sozialen Vakuum denkbar.[97] Die Kausalität äußerer Umstände für das Ergebnis einer Willensbildung allein begründet folglich keine abwehrrechtliche Relevanz, das bloße Veranlassen einer Willensentschließung stellt keine Freiheitsbeeinträchtigung dar.[98] Die Veranlassung bestimmter Verhaltensweisen des Grundrechtsberechtigten durch nicht regelungsidentische Wirkungen ist grundsätzlich keine rechtliche Besonderheit, sondern vielmehr Kennzeichen einer funktionierenden Rechtsordnung.[99]

Der Prozess der Willensbildung selbst besteht in dem Versuch, verschiedene Wünsche innerhalb des durch das erlaubte Können gesetzten Rahmens möglichst umfassend Wirklichkeit werden zu lassen. Er schließt ein die subjektive, Bedürfnisse, Eigeninteressen, Tatsachen, Normen, Werte sowie mögliche Handlungsfolgen berücksichtigende Situationsbewertung, das Abwägen von Handlungsalternativen, die Entscheidung über das Handlungsziel sowie über das zu dessen Verwirklichung zweckmäßigste Vorgehen und mündet in dem Ent-

[96] Vgl. dazu *Kant*, Kritik der reinen Vernunft, S. 627f. (A 541; B 569), der insoweit in der cartesianischen Lehre von der mentalen Verursachung (Descartes u.a.) seinen Vorläufer findet.

[97] Insoweit ist der auf *Hegel* zurückgehende Gedanke des Selbst zutreffend, wonach die Einflüsse der sozialen Umwelt sich im Wollen und Handeln des Menschen niederschlagen. Nicht das subjektive Wollen soll für den eigenen Willen konstitutiv sein, sondern ein Prozess, den *Hegel* als „Rückkehr aus dem Anderssein" beschreibt, vgl. *Hegel*, Phänomenologie des Geistes, S. 134; was aber das Eigene des eigenen Willens ist, bleibt dabei unklar.

[98] Hierin liegt auch der Grund, warum die negativ bestimmte Freiheit als Abwesenheit staatlichen Zwangs zur Bestimmung mittelbarer Beeinträchtigungen nur bedingt taugt: Jedes Erfahren einer Einflussnahme auf den Prozess der Willensbildung erfolgt zwar zwangsmäßig, doch geht es vorliegend gerade nicht um die Einwirkung, sondern um die zwangsmäßige Auswirkung, darum also, was die betroffene Person mit und aus der Einwirkung zu machen in der Lage ist; siehe auch oben S. 62.

[99] Vgl. *Kirchhof*, Verwalten durch „mittelbares" Einwirken, S. 39f.

schluss, mit der Durchführung entsprechender Handlungen zu beginnen.[100] Bevor der Grundrechtsberechtigte eine Entscheidung über Vornahme oder Nichtvornahme einer bestimmten Handlung zur Verfolgung eines bestimmten Zieles treffen kann, hat er zunächst die mit den vorhandenen Handlungsmöglichkeiten des erlaubten Könnens jeweils verbundenen Folgen zu bewerten. In dieser Bewertung der das eigene Entscheidungsverhalten beeinflussenden Umstände bleibt er prinzipiell frei. Es handelt sich um einen rein subjektiven, auch von persönlichen Erfahrungen beeinflussten Prozess, der sich jeglicher Beeinträchtigung von außen naturgemäß entzieht.[101] Aus der Bewertungsfreiheit aber folgt, dass der Grundrechtsberechtigte auch in seiner Wahl der einzelnen Handlungsmöglichkeit grundsätzlich frei ist, nachdem er die mit den verschiedenen Handlungsalternativen jeweils verbundenen und auch als solche von ihm erkannten Vor- und Nachteile abgewogen hat. Diese Bewertungs- und Wahlfreiheit ist es, in der sich die Autonomie niederschlägt, die dem Grundrechtsberechtigten trotz der Ausgesetztheit gegenüber einer Vielzahl seine Willensbildung beeinflussender Umstände grundsätzlich bleibt.

Gleichwohl können nicht regelungsidentische Wirkungen diese Autonomie beeinträchtigen und ihm die Möglichkeit freier Entscheidung nehmen. Dem Grundrechtsberechtigten als eigenverantwortliche Person ist die Wahrung seiner Grundrechtsgüter grundsätzlich in erster Linie selbst anvertraut, so dass erwartet werden kann, dass er seine Entschließungsfreiheit auch voll zur Geltung kommen lässt.[102] Insoweit gelten hier ähnliche Grundannahmen wie im Rahmen der Drohung des § 240 StGB, wo gefragt wird, ob dem Betroffenen zugemutet werden konnte, der Drohung unter dem Gesichtspunkt der Selbstverantwortung zu widerstehen.[103] Nicht mehr möglich ist ihm das jedoch dann, wenn die verschiedenen Handlungsmöglichkeiten des erlaubten Könnens derart mit ange-

[100] Das Zustandekommen einer Entscheidung lässt sich zwar mit unseren heutigen Mitteln nicht umfassend analysieren, doch sind diese den Entscheidungsprozeß bestimmenden Elemente hinreichend genau auszumachen; insbesondere die Psychologie untersucht den Prozess der Willensbildung anhand solcher konkret fassbarer Faktoren.

[101] Diese Erkenntnis hat schon *Freidank* in seiner mittelhochdeutschen Spruchdichtung „Bescheidenheit" aus dem Jahre 1229 ausgesprochen, wo es in 115, 14 heißt: *„Diu bant mac niemen vinden, diu mîne gedanke binden; man vât wol wîp unde man, gedanke nieman vâhen kan.*" (Nie wird man Bande finden, Gedanken mir zu binden; wohl kann man fangen Weib und Mann, Gedanken niemand fangen kann.).

[102] Der Gedanke der Selbstverantwortlichkeit ist Grundbedingung des Freiheitsbegriffs und in dem Schutzzweck der Abwehrrechte enthalten; vgl. dazu auch *Sachs*, Grundrechtseingriff und Grundrechtsbetroffenheit, in: Das Staatsrecht der Bundesrepublik Deutschland, Bd. III/2, § 78 S. 203f.

[103] BGHSt 31, 195 (201); 32, 165 (174f.); *Horn/Wolters*, in: SK-StGB, § 240 Rdnr. 10; eher kritisch *Träger/Altvater*, in: LK-StGB[11], § 240 Rdnr. 57; allgemein *Jakobs*, Strafrecht, S. 637f.; vgl. zum notwendig restriktiven Verständnis im Strafrecht und der eingeschränkten Übertragbarkeit dieser Grundsätze auf die Abwehrrechte *Roth*, Faktische Eingriffe in Freiheit und Eigentum, S. 189f.

drohten Nachteilen oder angekündigten Vorteilen verbunden sind, dass in Anbetracht seiner eigenen Einschätzung dieser Umstände keine sinnvolle Handlungsalternative verbleibt. Ist nach der subjektiven Situationsbewertung die Wahlfreiheit auf eine einzige Handlungsmöglichkeit reduziert, wird die „normale", von äußeren Umständen durchaus beeinflusste Lage einer Entscheidung verändert, hin zu einer pathologischen Reduktion.[104] Der Prozess der dem eigentlichen Entschließen vorgelagerten Entscheidungsfindung ist dann nicht mehr frei. Eine derartige Manipulation des Abwägungsvorganges, eine solche Verengung der Entscheidung, die Aufhebung der Wahlfreiheit, beeinträchtigt die Souveränität des Wollens.

(2) Intensität der Beeinträchtigung

Die Arten psychischer Einwirkung staatlichen Handelns, die zu einer solchen, die Wahlfreiheit aufhebenden Beeinträchtigung der Entschließungsfreiheit führen können, sind denkbar zahlreich. Sie reichen von der Drohung mit einem empfindlichen Übel wie bei der strafrechtlichen Nötigung[105] über weitere Formen „psychischen Drucks"[106] bis hin zu schlicht „motivationsbestimmenden Maßnahmen"[107], zu denen aufgrund ihrer Wirkungsweise auch die nicht regelungsidentischen Wirkungen von Steuergesetzen gehören. Allerdings kommt es auf das abstrakte Ausmaß des von ihnen jeweils verursachten Zwangs grundsätzlich nicht an. Dieses kann abstrakt gering und die Folge dennoch eine Beeinträchtigung der Willensfreiheit sein.[108]

Eine allgemeine Geringfügigkeitsgrenze in dem Sinne, dass überhaupt nur mehr als geringfügige Einwirkungen abwehrrechtlich relevant sein können, besteht ungeachtet einiger Gegenstimmen nicht.[109] Bereits dem Wortlaut des

---

[104] Vgl. dazu auch die Kommentierungen zu § 136a StPO, etwa *Gundlach*, in: AK-StPO, § 136a Rdnr. 16.

[105] Als das Inaussichtstellen eines Nachteils, der so erheblich ist, dass er den Betroffenen zu dem mit der Drohung erstrebten Verhalten zu bestimmen geeignet ist, vgl. etwa *Träger/ Altvater*, in: LK-StGB[11], § 240 Rdnr. 56f. m. w. Nachw.; *Horn/Wolters*, in: SK-StGB, § 240 Rdnr. 15; vgl. auch zu § 123 BGB entsprechend etwa *Heinrichs*, in: Palandt, § 123 Rdnr. 15.

[106] Vgl. z. B. den in BVerfGE 65, 1 (42) genannten „psychischen Druck öffentlicher Anteilnahme".

[107] *Kirchhof*, Verwalten durch „mittelbares" Einwirken, S. 164 m. w. Nachw.; zu nennen sind etwa das Ausnutzen einer Notlage, aber auch subtilere Arten, wie etwa (systematische) Desinformation, Manipulation oder Täuschung, Inanspruchnahme staatlicher Autorität oder ähnlich intensive psychische Einwirkungen auf den Bürger, denen man sich oft nur schwer (wenn überhaupt) zu entziehen vermag.

[108] Vgl. insoweit grundlegend BGHSt 5, 290 (291).

[109] Vgl. *Sachs*, Grundrechtseingriff und Grundrechtsbetroffenheit, in: Das Staatsrecht der Bundesrepublik Deutschland, Bd. III/2, § 78 S. 205ff. m. w. Nachw.; auch *Roth*, Faktische Eingriffe in Freiheit und Eigentum, S. 267ff.; *Scherzberg*, Grundrechtsschutz und „Eingriffs-

Grundgesetzes ist nicht zu entnehmen, dass die in Art. 1 Abs. 3 GG verpflichtete Staatgewalt die Grundrechte nicht in vollem Umfang, sondern nur fast vollständig beachten muss.[110] Ebenso bereitet die Bestimmung einer solchen Grenze nicht zuletzt aufgrund der Unbestimmtheit des Geringfügigkeitskriteriums ganz erhebliche, wenn nicht sogar unüberwindbare Schwierigkeiten. Sollen jedoch Abwehrrechte von vornherein nur vor mehr als geringfügigen Einwirkungen schützen, ist gerade eine zweifelsfreie Festlegung dieser Grenze unabdingbar.[111] Zudem vermag auch die Ansicht nicht zu überzeugen, nach der jede geringfügige Einwirkung zwar auch eine abwehrrechtlich relevante Beeinträchtigung darstellt, diese aber schon allein aufgrund ihrer Geringfügigkeit gerechtfertigt sein soll.[112] Die Beeinträchtigung eines Grundrechtsgutes ist in einem den Grundrechten verpflichteten Staat schlechterdings keine nicht rechtfertigungsbedürftige Bagatelle.[113] Vielmehr ist jede der Staatsgewalt zurechenbare nachteilige Einwirkung auf einen abwehrrechtlichen Schutzgegenstand als Grundrechtsbeeinträchtigung zu qualifizieren, die mangels verfassungsrechtlicher Rechtfertigung verboten ist. Die Intensität der Beeinträchtigung spielt allenfalls im Rahmen der materiellen Rechtfertigungsvoraussetzung des Übermaßverbotes für die Verhältnismäßigkeitsprüfung eine Rolle.[114]

Für die Beantwortung der Frage nach dem Vorliegen einer abwehrrechtlich relevanten Beeinträchtigung ist es insofern irreführend und wenig hilfreich, nach dem Grad belassener Willensfreiheit differenzieren zu wollen oder eine gewisse Erheblichkeit der die Willensfreiheit einschränkenden Umstände zu fordern. Ebenso wenig reicht die Feststellung aus, dass die Entschließungsfreiheit über ein „ubiquitäres Maß" hinaus berührt ist, selbst dann, wenn dieses Maß sich nicht nach abstrakten Kriterien, sondern nach den individuellen Befindlichkeiten des betroffenen Grundrechtsberechtigten bestimmen soll.[115] Abwehrrechtlich relevant ist allein der Verlust der insbesondere in der Wahlfreiheit zwischen den verschiedenen Handlungsmöglichkeiten des erlaubten Könnens bestehenden

---

intensität", S. 203ff.; gegen eine solche Einschränkung beispielsweise auch BVerfGE 35, 366 (375f.); a. A. etwa *Eckhoff*, Der Grundrechtseingriff, S. 252ff.

[110] Zwar ist etwa im Strafrecht als Ergebnis einer Güterabwägung anerkannt, dass unerhebliche Beeinträchtigungen erst gar nicht den Tatbestand bestimmter Verletzungsdelikte erfüllen, doch lässt sich auch daraus nicht ableiten, solche seien von den Abwehrrechten entsprechend auszunehmen.

[111] Vgl. zum Eingriff in die Wettbewerbsfreiheit *Lübbe-Wolff*, Die Grundrechte als Eingriffsabwehrrechte, S. 306f.

[112] Vgl. insoweit BVerfGE 72, 200 (258f.), in der vom Bagatellvorbehalt als Rechtfertigungsgrund gesprochen wird.

[113] Vgl. *Schenke*, in: BK-GG, Art. 19 Abs. 4 Rdnr. 144 in Bezug auf das Rechtsschutzbedürfnis.

[114] Vgl. etwa BVerfGE 83, 1, (19f.); *Weber-Dürler*, Der Grundrechtseingriff, VVDStRL 57 (1998), 57 (87); auch *Ossenbühl*, Staatshaftungsrecht, S. 277.

[115] So aber *Lesch*, in: KMR, § 136a Rdnr. 16 in der Kommentierung zu § 136a StPO.

Autonomie; soweit sie fortbesteht, bleibt hingegen jeder einzelne Grundrechtsberechtigte selbst Wächter seiner Interessen.

(3) Rationalität als objektiver Maßstab

Allerdings vermag nicht jede subjektive, die Wahlfreiheit ausschließende Situationsbeurteilung des Grundrechtsberechtigten es zu rechtfertigen, von einer auch abwehrrechtlich relevanten Beeinträchtigung des Wollens zu sprechen. Denn die Abwehrrechte bezwecken den Schutz des Menschen vor dem Staat, nicht vor sich selbst. Der Grundrechtsberechtigte kann sich jeglicher Einflussnahme ohne weiteres bereitwillig beugen und diese zum Anlass nehmen, einen an sich gewünschten Freiheitsgebrauch aufzugeben; nicht jedoch kann er deswegen schon eine Beeinträchtigung seiner Entschließungsfreiheit reklamieren. Er hätte es sonst in der Hand, eine Verletzung seiner Abwehrrechte durch eigene Entscheidung selbst herbeizuführen. Vom Staat aber kann niemand verlangen, bestimmte Maßnahmen nur deshalb zu unterlassen, weil manche seiner Bürger diese zu einer Schädigung ihrer eigenen Grundrechtsgüter zum Anlass nehmen könnten. Abwehrrechtlicher Schutz steht nicht derart zur Disposition des Grundrechtsberechtigten. Gleichwohl lässt sich die konkrete Situation des betroffenen Grundrechtsberechtigten nicht gänzlich ausblenden. Denn dass einer sich in seiner Lage einer bestimmten Einflussnahme des Staates widersetzen konnte, sagt nichts über einen anderen in einer womöglich ganz anderen, namentlich schwächeren Position. Für die Feststellung einer Freiheitsbeeinträchtigung durch nicht regelungsidentische Wirkungen kommt es gerade darauf an, was der Betroffene mit und aus den Einwirkungen zu machen in der Lage ist.[116] Auch aus diesem Grund ist daher ein abstrakt besonders schweres Maß der Einflussnahme, dem niemand widerstehen kann, nicht erforderlich.[117] Die konkrete Situation des Grundrechtsberechtigten bleibt für die Feststellung einer Beeinträchtigung seines Wollens insoweit weiterhin maßgeblich.

Im übrigen aber ist in der konkreten Lage des Betroffenen auf die „Sicht eines besonnenen und vernünftig denkenden Menschen" abzustellen.[118] Es genügt, wenn niemand sich der Einflussnahme in der konkreten Lage des Betroffenen rational entziehen kann. Nicht die persönliche Einschätzung des betroffenen Grundrechtsberechtigten als vielmehr der objektivierende Maßstab menschlichen Vermögens rationalen Denkens und Handelns ist für die Fest-

---

[116] Siehe oben S. 62.

[117] Siehe dazu insbesondere oben S. 76.

[118] So der konkret-objektivierende Maßstab in der Rechtsprechung zu der durchaus vergleichbaren Problematik, ob jemand berechtigterweise Furcht vor politischer Verfolgung i. S. d. Art. 16a Abs. 1 GG hat, vgl. etwa BVerwG 89, 162 (169f.); auch im Strafrecht werden in ähnlichen Konstellationen individuelle und objektive Gesichtspunkte herangezogen, vgl. dazu *Träger/Altvater*, in: LK-StGB[11], § 240 Rdnr. 57 m. w. Nachw.

stellung einer abwehrrechtlich relevanten Beeinträchtigung des Wollens entscheidend. Indem die Abwehrrechte nur dem Schutz für seine Freiheit gewähren, der ihrer Beeinträchtigung rational nicht aus eigenem Entschluss widerstehen kann, nehmen sie den grundrechtsberechtigten Menschen in seiner Vernunftbegabung ernst. Nachteile, die dieser aufgrund eigenen irrationalen Handelns erfährt, lassen sich nur ihm, nicht jedoch als Freiheitsbeeinträchtigung dem Staat zuschreiben. In der unvernünftigen Entschließung wirkt sich gerade nicht die für alle Betroffenen vergleichbare Einwirkung, sondern eine Eigenart der Person des irrational Entscheidenden selbst aus, die damit jedoch in dessen ureigensten Verantwortungsbereich und nicht in den des einwirkenden Staates fällt. Es gehört zum persönlichen Lebensrisiko eines jeden Menschen, unvernünftige Entscheidungen zu treffen.[119] Das Potential an Unvernunft ist derart groß, dass der Staat vollständig handlungsunfähig zu werden drohte, wollte man auch der Veranlassung unvernünftiger Entscheidungen eine abwehrrechtliche Relevanz beimessen. Zudem wäre dies auch dogmatisch nicht überzeugend, müsste doch in diesem Fall der Staat sich für einen Eingriff rechtfertigen, dessen Rechtfertigung genaugenommen ausgeschlossen ist, weil gerade die aufgrund irrationalen Handelns erfolgten Beeinträchtigungen vermeidbar und insofern unnötig sind.[120] Können aber nur vernünftige Entscheidungen in einer vom Staat geschaffenen Situation abwehrrechtlichen Schutz beanspruchen, so ist die Entschließungsfreiheit des Grundrechtsberechtigten auch nur dann abwehrrechtlich relevant beeinträchtigt, wenn in seiner konkreten Situation rational die Wahlfreiheit aufhebend nur eine einzige Handlungsmöglichkeit verbleibt.

Vernünftig entscheidet der im Verlauf seiner Entscheidungsfindung die mit den gegebenen Handlungsmöglichkeiten jeweils verbundenen Vor- und Nachteile erfassende und abwägende Grundrechtsberechtigte, wenn er die Vorteile maximiert oder zumindest die Nachteile minimiert, wenn Vorteile schon nicht zu erzielen sind. Unvernünftig handelt er hingegen, wenn er kleinere Vorteile als möglich oder größere Nachteile als unvermeidbar in Kauf nimmt.[121] Er wird dabei nie nur auf eine einzelne Freiheit, auf ein einzelnes Grundrechtsgut achten, ohne nicht zumindest auch den Zusammenhang mit allen seinen anderen

---

[119] Staatlicher Schutz vor sich selbst kommt allenfalls bei Leistungsrechten in Betracht, wo den Staat die leistungsrechtliche Pflicht treffen kann, Grundrechtsgüter eines Bürgers vor den Folgen seiner eigenen Unvernunft zu bewahren; um ein abwehrrechtliches Problem handelt es sich dabei jedoch nicht, wie insoweit zutreffend *Roth*, Faktische Eingriffe in Freiheit und Eigentum, S. 193 feststellt.

[120] Nicht nur dogmatisch überzeugt die Annahme eines Eingriffs in diesen Fällen nicht, sondern sie ist auch vom Ergebnis her sinnlos, wenn das in der unvernünftigen Entscheidung liegende Mitverschulden mitbedacht wird: Dieses müsste hierbei ganz überwiegen, hatte es doch der Betroffene allein in der Hand, die Beeinträchtigung abzuwenden.

[121] Die Wahl der optimalen Alternative auf Grundlage aller zur Verfügung stehenden Informationen kennzeichnet rationales Verhalten in Entscheidungssituationen; oft wird die Rationalität von Entscheidungen aber auch auf eine bestimmte Zweckrationalität eingeengt, wie beispielsweise das Wirtschaftlichkeitsprinzip im Fall des Homo oeconomicus.

Grundrechtgütern und Interessen im Blick zu haben. Die Folgen einer Entscheidung sind für sämtliche Freiheiten zu bedenken, erst die Gesamtsicht ermöglicht die rationale Entscheidung für oder gegen den Gebrauch bestimmter Freiheiten in bestimmter Weise.[122] Aber selbst diese rationale Entscheidung hängt letzten Endes von in die Vor- und Nachteilsabwägung einfließenden Wertungen ab, die sich möglicherweise plausibel machen, nicht jedoch im Sinne logischer Beweisführung begründen lassen. Gerade weil der Grundrechtsberechtigte in der Bewertung der mit den vorhandenen Handlungsmöglichkeiten des erlaubten Könnens jeweils verbundenen Vor- und Nachteile prinzipiell frei ist,[123] fällt die Beurteilung seiner Entscheidung als rational oder irrational umso schwerer, je weniger andere Grundrechtsberechtigte in einer vergleichbaren Situation die gleiche Entscheidung zu fällen hatten. Eine Entscheidung, die eine größere Zahl von Grundrechtsberechtigten in vergleichbarer Situation tatsächlich getroffen hat, darf jedenfalls nicht als irrational beurteilt werden. Eine solche Beurteilung hieße, allen diesen Grundrechtsberechtigten gerade das abzusprechen, was dem Grundgesetz wie der gesamten Rechtsordnung als Menschenbild zugrunde liegt: Ein eigenverantwortliches und grundsätzlich mit Vernunft begabtes Wesen zu sein. Die Feststellung einer Entscheidung vieler macht die Frage nach der Vernünftigkeit insoweit grundsätzlich entbehrlich. Umgekehrt jedoch ist eine Entscheidung weniger nicht zwingend unvernünftig. Gerade weil auch individuelle Wertungen in die Abwägung der Vor- und Nachteile mit einfließen, muss es nicht unbedingt zwangsläufig nur eine einzig rationale Entscheidung geben. Menschen können in objektiv vergleichbaren Situationen durchaus subjektiv abweichende Wertvorstellungen und Präferenzen haben, ohne dass eine der getroffenen Entscheidungen als irrational gelten müsste. Welche Entscheidung als rational, welche als irrational anzusehen ist, muss daher letztlich einer wertenden Beurteilung überlassen bleiben. In dem dabei bestehenden „Wertungsrahmen“[124] dürfen jedoch nicht Wertungen und Präferenzen des Betroffenen willkürlich ignoriert und an ihre Stelle eigene Wertungen gesetzt werden. Es ist vielmehr unerlässlich, sich in die Lage des betroffenen Grundrechtsberechtigten zu versetzen und aufgrund verständiger Betrachtung aller konkreten Umstände zu einer situationsgerechten Wertung der Vernünftigkeit seiner Entscheidung zu kommen.

---

[122] Der Grundrechtsberechtigte bewertet seine Freiheit insoweit als Einheit, siehe dazu auch oben S. 67; nur zwecks Feststellung einer Freiheitsbeeinträchtigung muss jede Freiheit für sich betrachtet werden, weil das Grundgesetz die Freiheit nicht als solche pauschal schützt, sondern mittels der Grundrechte Freiheitssphären unterschiedlicher Schutzintensität schafft.

[123] Siehe oben S. 74.

[124] Vgl. dazu u. a. BVerfGE 83, 216 (234) mit Verweis auf BVerfGE 76, 143 (162) zu der vergleichbaren Problematik im Bereich des Asylrechts; dass es hierbei letztlich stets um Wertungsfragen geht, stellte schon *Gallwas*, Faktische Beeinträchtigungen im Bereich der Grundrechte, S. 24 fest.

(4) Vermeidbarkeit der Entscheidung

Entscheidend für die Feststellung einer abwehrrechtlich relevanten Beeinträchtigung des Wollens auch im Rahmen von Art. 9 Abs. 1 GG durch nicht regelungsidentische Wirkungen von Steuergesetzen ist mithin die Frage nach der rationalen Vermeidbarkeit einer Entscheidung zum Nachteil des entsprechenden Grundrechtsgutes. Die tatsächliche Reaktion des Grundrechtsberechtigten spielt dabei keine Rolle. Der Steuerpflichtige etwa mag sich der durch nicht regelungsidentische Wirkungen vorgezeichneten einzig vernünftigen Handlungsalternative beugen oder aber er mag sich entschließen, insoweit das Steuergesetz nicht zu beachten. Nichts ändert sein Verhalten daran, dass auch der „faktische" Grundrechtseingriff insoweit grundsätzlich bereits mit Inkrafttreten des Steuergesetzes erfolgt ist.[125] Die abwehrrechtlich relevante Beeinträchtigung des Wollens muss sich nicht zwangsläufig auch noch in dem Verhalten des Grundrechtsberechtigten niederschlagen, damit von einem Grundrechtseingriff gesprochen werden kann. Niemand ist aus Gründen abwehrrechtlichen Schutzes gezwungen, den nicht regelungsidentischen Wirkungen des für grundrechtswidrig gehaltenen Gesetzes Folge zu leisten, um sich überhaupt auf die Beeinträchtigung seiner Entschließungsfreiheit berufen zu können. Der Steuerpflichtige, der diese Wirkungen ignoriert, handelt zwar aus der Perspektive des Steuergesetzes unvernünftig und hat die an sein Handeln geknüpften nachteiligen steuerlichen Folgen mit dem Risiko zu tragen, dass das Steuergesetz vor der Verfassung möglicherweise doch Bestand hat. Auf das Vorliegen eines „faktischen" Grundrechtseingriffs hat sein Verhalten aber keinen Einfluss. Lediglich der Inhalt der aufgrund des Eingriffs in Betracht kommenden Unterlassungs- und Beseitigungsansprüche ist dann naturgemäß ein anderer.

4. Zurechenbarkeit

Hat sich eine solche Beeinträchtigung grundrechtlich geschützter Freiheit erst einmal feststellen lassen, fehlt nicht viel, um einen Grundrechtseingriff annehmen zu können. Es bedarf dafür weiter lediglich eines Verhaltens eines Trägers öffentlicher Gewalt, das in zurechenbarer Weise für die Beeinträchtigung kausal geworden ist, ohne dass damit allerdings auch schon eine Aussage über die Rechtswidrigkeit des Grundrechtseingriffs verbunden wäre.

Dieses wird ganz überwiegend daraus gefolgert, dass nur die Eingriffe aus der Perspektive des Abwehrrechts in seiner Ausrichtung gegen den Staat von Bedeutung sein können, für die auch eine staatliche Verantwortung besteht, bei

[125] Vgl. BVerfGE 40, 141 (156), wonach der Staatsakt „nach Struktur und Inhalt geeignet sein" muss, in Grundrechte einzugreifen; dazu, dass die Abwehrrechte die Grundrechte auch als Bestandteile der freiheitlichen Ordnung überhaupt schützen, vgl. *Isensee*, Das Grundrecht als Abwehrrecht und als staatliche Schutzpflicht, in: HbStR V, § 111 Rdnr. 75.

der sich die nachteilige Folge der Einwirkung für den Grundrechtsberechtigten mit einem entsprechenden Staatshandeln verknüpfen lässt. Notwendige Grundvoraussetzung dieser Verknüpfung ist – wie in anderen Rechtsgebieten auch – die Kausalität der fraglichen Handlung für den Erfolg:[126] Die Handlung muss Ursache des Erfolges, der Erfolg Wirkung der Handlung sein. Kausalität wird hierbei ganz überwiegend im Sinne der Äquivalenztheorie verstanden, wonach kausal jede Handlung ist, die nicht hinweggedacht werden kann, ohne dass der Erfolg entfiele.[127] Da jedoch die Möglichkeiten annähernd uferlos sind, an irgendein vorangegangenes, nicht hinwegzudenkendes Staatshandeln anzuknüpfen, ist allgemein anerkannt,[128] dass die Weite der conditio sine qua non auch im Bereich der Grundrechtsverantwortung grundsätzlich der Begrenzung durch weitere Bedingungen der Zurechenbarkeit bedarf.[129] Der größte, in Literatur und Rechtsprechung gemeinsam feststellbare Nenner eines modernen Eingriffsbegriffs versteht demgemäß auch als Eingriff schlicht jedes staatliche Handeln, das dem einzelnen ein Verhalten, das in den Schutzbereich eines Grundrechts fällt, ganz oder teilweise unmöglich macht, sofern diese Wirkung nur von einem

---

[126] Vgl. ausdrücklich BVerfGE 66, 39 (60ff.); aus dem Schrifttum etwa *Gallwas*, Faktische Beeinträchtigungen im Bereich der Grundrechte, S. 11; auch *Kirchhof*, Verwalten durch „mittelbares" Einwirken, S. 5ff.; *Ramsauer*, Die faktischen Beeinträchtigungen des Eigentums, S. 54; *Eckhoff*, Der Grundrechtseingriff, S. 278.

[127] Gleichwohl trifft auch hier der bereits vor allem aus dem Strafrecht bekannte, dort in der Praxis regelmäßig mit allgemeinem Erfahrungswissen aus dem Weg geräumte logische Einwand zu, dass die Äquivalenz nichts in den Fällen nütze, in denen die gesetzmäßigen Beziehungen zwischen der fraglichen Handlung und der Wirkung unbekannt sind; doch auch die diese Schwäche der Äquivalenz zu beheben suchende Formel von der gesetzmäßigen Bedingung sieht sich diesem Einwand insoweit ausgesetzt, als auch sie auf ein gesetzmäßiges Verbundensein von Handlung und Veränderungen in der Außenwelt abstellt.

[128] Vgl. wie schon zuvor BVerfGE 66, 39 (60, 62ff.); auch BVerfGE 61, 260 (280); *Kirchhof*, Verwalten durch „mittelbares" Einwirken, S. 8f., 94; *Ramsauer*, Die faktischen Beeinträchtigungen des Eigentums, S. 54f.; *Eckhoff*, Der Grundrechtseingriff, S. 270ff.; *Roth*, Faktische Eingriffe in Freiheit und Eigentum, S. 114ff. m. w. Nachw.; auch etwa *Stern*, Geltungs- und Bindungskraft der Grundrechte, in: Das Staatsrecht der Bundesrepublik Deutschland, Bd. III/1, § 72 S. 1207; *Sachs*, Grundrechtseingriff und Grundrechtsbetroffenheit, in: Das Staatsrecht der Bundesrepublik Deutschland, Bd. III/2, § 78 S. 129, 191f. m. w. Nachw.

[129] Im Rahmen der naturwissenschaftlich ausgerichteten Kausalität wird (allein) von der Ursache zur Wirkung gedacht; sinnvoll begrenzen lässt sich diese Kausalität jedoch nur, indem (auch) der umgekehrte Weg von der Wirkung zurück zur Ursache mit in die Überlegungen miteinbezogen wird, wie es die normativ ausgerichtete Zurechnung tut.

zurechenbaren Verhalten öffentlicher Gewalt ausgeht.[130] Doch nach welchen Kriterien diese Zurechnung erfolgen soll, ist umstritten.[131]

Für alle sich aus regelungsidentischen wie auch nicht regelungsidentischen Wirkungen von Steuergesetzen ergebenden Freiheitsbeeinträchtigungen besteht diese kausal zurechenbare Verantwortung des Staates jedoch vergleichsweise unproblematisch. Der Staat handelt selbst und durch Gesetz. Mit einem Träger öffentlicher Gewalt auf der einen und einem Grundrechtsträger auf der anderen, durch Rechtsakt verknüpften Seite ist gerade die für abwehrrechtliche Fragestellungen notwendige Minimalbesetzung vorhanden. Zurechnungsschwierigkeiten bestehen hingegen vor allem in Fällen komplexer Kausalzusammenhänge, weil die Plausibilität der Anknüpfung von Verantwortlichkeit an die bloße Verursachung um so mehr abnimmt, je mehr andere Faktoren für den Eintritt des Erfolges eine Rolle spielen.[132] Die Komplexität des Kausalzusammenhangs zwischen einem Rechtsakt des steuergesetzgebenden Staates einer- und seiner nichtregelungsidentischen Wirkung andererseits aber hält sich in Grenzen. Fragen nach sonstigem Staatshandeln oder nach möglicherweise dem Staat zuzurechnendem Verhalten Dritter[133] stellen sich in dieser einfachsten aller hier denkbaren Konstellationen nicht.

Doch es liegt nicht nur an dem überschaubaren Kausalverlauf, weshalb die grundsätzlich durchaus gebotene Zurechnungsbegrenzung weitestgehend dahinstehen kann. Nach hiesigem Verständnis der Wirkungsweise nicht regelungsidentischer Wirkungen ist die Problematik der Begrenzung „faktischer" Grundrechtseingriffe nicht so sehr auf der Ebene der Zurechnung, sondern vielmehr durch eine genaue Bestimmung des betroffenen Grundrechtstatbestandes zu lösen.[134] Erst wenn die Beeinträchtigung einer grundrechtlich geschützten Freiheit feststeht, kann entschieden werden, ob diese dem Staat als „sein Werk" auch zuzurechnen ist oder nicht. Doch weil nur Zwang in der Lage ist, die für

---

[130] Wobei gänzlich unerheblich ist, ob diese Wirkung mit oder ohne Befehl und Zwang, final oder unbeabsichtigt, unmittelbar oder mittelbar, rechtlich oder tatsächlich erfolgt; vgl. so zusammenfassend auch *Pieroth/Schlink*, Grundrechte, Rdnr. 240 m. w. Nachw., deren Aussage insoweit jedoch fehlgeht, der moderne Eingriffsbegriff „weite" alle vier klassischen Kriterien.

[131] Eine vollständige Übersicht der hierzu in der Literatur diskutierten Zurechnungskriterien zu geben, ist hier ebenso unmöglich wie im Bereich der Rechtsprechung ob der Vielzahl der entschiedenen Fälle ausgeschlossen, vgl. so bereits schon *Gallwas*, Faktische Beeinträchtigungen im Bereich der Grundrechte, S. 18f.; auch *Ramsauer*, Die faktischen Beeinträchtigungen des Eigentums, S. 33.

[132] *Sachs*, Grundrechtseingriff und Grundrechtsbetroffenheit, in: Das Staatsrecht der Bundesrepublik Deutschland, Bd. III/2, § 78 S. 181.

[133] Vgl. zum Begriff des mehrpoligen Rechtsverhältnisses, das aufgrund seiner Komplexität zusätzliche Probleme bereitet, etwa BVerwGE 60, 297 (307); BVerfGE 61, 82 (114).

[134] Siehe oben S. 66.

eine solche Abwehrrechtsverletzung notwendige Autonomieeinbuße zu bewirken,[135] stellt sich auch die Frage nach der staatlichen Verantwortung im engeren Sinne höchstens dann, wenn und insoweit staatlicher Zwang mit – grundsätzlich strafbewehrtem – Zwang anderer zusammenwirkt. Weiterer Kriterien für eine Zurechnungsbegrenzung staatlicher Alleinverantwortlichkeit bedarf es dagegen nicht. Eine solche Zurechnungsbegrenzung wird nur dann notwendig, wenn man das grundrechtlich Gewährleistete und damit dessen Beeinträchtigung relativ unbestimmt belässt. Dieser Weg mag letztlich zwar auch zu vergleichbaren Ergebnissen führen.[136] Vor dem Hintergrund, dass sich für die Bestimmung „faktischer" Grundrechtseingriffe jedenfalls durch nicht regelungsidentische Wirkungen bereits dem Grundrechtstatbestand und seinem normativen Zusammenhang selbst hinreichende Kriterien entnehmen lassen, überzeugt er jedoch nicht.[137]

---

[135] Siehe dazu oben S. 70.

[136] Bezeichnenderweise kommt etwa *Sachs*, Grundrechtseingriff und Grundrechtsbetroffenheit, in: Das Staatsrecht der Bundesrepublik Deutschland, Bd. III/2, § 78 S. 204 über die Zurechnung zu einem hier vergleichbaren Ergebnis: Es „dürfte eine Zurechnung jedenfalls dann zu rechtfertigen sein, wenn der Grundrechtsträger aufgrund staatlichen Verhaltens nicht zu einer freien, die Selbstverantwortung begründenden Entscheidung in der Lage ist." Solange der Grundrechtsträger aber zu einer solchen freien Entscheidung in der Lage ist, fehlt es schon an einem Eingriff; ohne Eingriff aber stellt sich die Frage nach der Zurechnung erst gar nicht.

[137] Vgl. grundlegend zu der hinter dieser Fragestellung stehenden Problematik *Frisch*, Tatbestandsmäßiges Verhalten und Zurechnung des Erfolgs, S. 9ff. und passim für den Bereich des Strafrechts; die von ihm beschriebene und kritisierte Entwicklung der Zurechnungslehre hin zu einer Art „Superkategorie" ist auch im Bereich „faktischer" Grundrechtseingriffe nicht von der Hand zu weisen.

D. Anforderungen der Vereinigungsfreiheit an die Steuergesetzgebung

Die Bestimmung der allgemeinen Voraussetzungen „faktischer" Grundrechtseingriffe offenbart die Reichweite grundrechtlicher Abwehrrechte. Sie lässt erkennen, wann die zu einer grundrechtlich geschützten Handlungsfreiheit gehörende Entschließungsfreiheit beeinträchtigt ist. Die Vereinigungsfreiheit des Grundgesetzes unterscheidet sich von anderen Grundrechten zwar in der von ihr geschützten Handlungsfreiheit, Unterschiede in dem Schutz der entsprechenden Entschließungsfreiheit sind insoweit jedoch nicht zu erkennen. Art. 9 Abs. 1 GG schützt in dem Bilden von Vereinigungen eine Handlungsfreiheit, die durch steuergesetzliche Regelungen offenbar „klassisch" nicht beeinträchtigt wird. Es sind vielmehr die nicht regelungsidentischen Wirkungen, welche die dazugehörige Entschließungsfreiheit beeinträchtigen und in die Vereinigungsfreiheit „faktisch" eingreifen können. Eine grundrechtsdogmatische Besonderheit stellt ein solcher Eingriff nicht dar, auch seine Merkmale bestimmen sich nach den allgemeineren Voraussetzungen „faktischer" Grundrechtseingriffe. Der Blick richtet sich mithin auf jene nicht regelungsidentischen Wirkungen von Steuergesetzen, die für die Vereinigungsfreiheit auf diese Weise bedeutsam werden können. Dabei besteht trotz der Vielgestaltigkeit denkbarer Steuernormen die Hoffnung, dass sich über die aufgezeigten Anforderungen „faktischer" Eingriffe hinaus entsprechende Maßstäbe gewinnen lassen.

I. Grundrechtsrelevante Wirkungen von Steuergesetzen

Steuergesetze regeln den zwangsweisen Transfer von Geldvermögen privater Wirtschaftssubjekte an den Staat durch Auferlegung finanzieller Lasten.[1] Die Steuerschuld ergibt sich als Rechtsfolge aus dem Steuertatbestand, der bei allen Steuerarten notwendige Regelungen darüber enthält, wer eine Steuer schuldet, was der Steuer unterliegt, wie sich die Steuer bemisst und in welcher Höhe besteuert wird. Die Frage nach der vereinigungsfreiheitsrechtlichen Relevanz sowie Zulässigkeit von Steuergesetzen kann jedoch nicht beantwortet werden, ohne nicht ihren Wirkungen nach Art und Ausmaß Beachtung zu schenken. Auch das Bundesverfassungsgericht ermittelt in seinen Entscheidungen zu steuerrechtlichen Fragen regelmäßig die tatsächlichen, vor allem wirtschaftlichen Auswirkungen der in Frage stehenden Steuernorm.[2] Es kommt zu dem Schluss, „dass die Steuer in der modernen Industriegesellschaft zwangsläufig auch zum zentralen Lenkungsinstrument aktiver staatlicher Wirtschafts- und Gesellschaftspolitik geworden ist, wobei der Zweck, Einkünfte für die Bestreitung allgemeiner Staatsaufgaben zu erzielen, sogar als Nebenzweck nicht selten völlig in den Hintergrund tritt“[3]. Kein Steuergesetz kann seiner Ertragsfunktion ohne wirtschaftliche oder gesellschaftliche Auswirkung nachkommen, so wie andererseits Steuergesetze mit lenkender Wirkung schon begriffsnotwendig nicht ohne belastende oder zumindest entlastende fiskalische Effekte denkbar sind. Die Wirkungsstruktur von Steuergesetzen ist demnach eine doppelte: Zum einen entziehen sie dem Bürger Zahlungsmittel, die dem Staat als Einnahmen zufließen. Zum anderen aber können Steuergesetze auch eine Vielzahl von Wirkungen jenseits des bloßen Geldentzugs hervorrufen.[4]

1. Die Belastungswirkung

Der besteuernde Staat entzieht dem Bürger Zahlungsmittel und greift damit ohne weiteres in dessen wirtschaftliche Dispositionsfreiheit, dessen Eigentums- und Vermögensbestand ein. Der Entzug bewirkt Einkommens- und Vermögens-

---

[1] Vgl. *Birk*, Steuerrecht I – Allgemeines Steuerrecht, § 6 Rdnr. 6.

[2] Vgl. etwa BVerfGE 6, 55 (77ff.); 8, 222 (228); 12, 341 (349f.); 13, 181 (187ff.); 13, 331 (339ff.); 16, 147 (165ff.); 17, 135 (137ff.); 21, 12 (27ff.); 30, 250 (264ff.); 31, 8 (18ff.), 38, 61 (87ff.); 47, 1 (21ff.); 50, 57 (77ff.).

[3] BVerfGE 55, 274 (299).

[4] Die Tatsache, dass jede Steuer neben der Belastungswirkung auch eine Vielzahl mikro- und makroökonomischer Auswirkungen entfaltet, wurde in der Finanzwissenschaft schon sehr früh erkannt, vgl. dazu *Birk*, Das Leistungsfähigkeitsprinzip als Maßstab der Steuernormen, S. 71f. m. w. Nachw.

effekte, die als Belastungswirkung[5] bezeichnet werden. Weil die Steuer häufig überwälzt wird, tritt diese Wirkung zwar letztlich nicht immer auch tatsächlich bei demjenigen ein, der ihr zunächst rechtlich ausgesetzt ist.[6] Doch besitzt die Belastungswirkung schon aufgrund ihrer Identität mit der steuergesetzgeberischen Regelung Grundrechtsrelevanz.[7] Der Staat verkürzt durch Steuernormen imperativ die Freiheitssphäre der Steuerpflichtigen.[8] Steuerrecht ist insoweit Eingriffsrecht. „Regelungsidentisch" aber ist nur das Anfordern und entsprechend der Entzug von Zahlungsmitteln. Zwar ist nicht zu übersehen, dass Steuern daneben noch zahlreiche andere makro- und mikroökonomische Wirkungen entfalten können. Schon das Bewusstsein des Steuerpflichtigen, dass ihm jede Steuer Teile seines Einkommens beziehungsweise seines Vermögens wegnimmt, verursacht Reaktionen, die sich in einer Veränderung seines wirtschaftlichen Verhaltens ausdrücken und in seinen wirtschaftlichen Dispositionen niederschlagen.[9] Aber diese verhaltenslenkende Wirkung ist selbst nicht Gegenstand der vom Steuergesetzgeber getroffenen Regelungen. Sie resultiert vielmehr aus dem mit der Regelung geschaffenen Anreiz zu tatbestandsvermeidendem Verhalten, durch das die Betroffenen der Auferlegung der Abgabe, dem sogenannten primären Steuereingriff, entgehen können.[10]

Für die Vereinigungsfreiheit des Art. 9 Abs. 1 GG spielt die Belastungswirkung unmittelbar keine Rolle. Das Grundrecht, Vereine und Gesellschaften zu bilden, wird durch den steuerlichen Entzug von Zahlungsmitteln selbst nicht berührt. Allein das Anfordern einer Abgabe, das Entziehen von Zahlungsmitteln verkürzt derart nicht das Grundrecht, Vereine und Gesellschaften zu bilden. Es fehlt an einer Beziehung der Belastungswirkung zu der individuellen Rechtsposition des aus Art. 9 Abs. 1 GG Berechtigten. Aufgrund immanent fehlender Regelungsidentität gibt es schlechterdings keinen „klassischen" Grundrechts-

---

[5] *Birk*, Das Leistungsfähigkeitsprinzip als Maßstab der Steuernormen, S. 68, 70f., der auch den finanziellen Entlastungseffekt bei Steuervergünstigungen hierzu zählt; vgl. auch *Kirchhof*, Staatliche Einnahmen, in: HbStR IV, § 88 Rdnr. 31; *Rodi*, Die Rechtfertigung von Steuern als Verfassungsproblem, S. 81 m. w. Nachw.

[6] Vgl. etwa *Kirchhof*, Verwalten durch „mittelbares" Einwirken, S. 14ff.; allgemein auch *Recktenwald*, Steuerüberwälzungslehre, S. 34f. und passim.

[7] Vgl. dazu oben S. 58.

[8] Der „klassische" Eingriff von Steuergesetzen in die allgemeine Handlungsfreiheit des Art. 2 Abs. 1 GG ist insofern unzweifelhaft, vgl. etwa BVerfGE 87, 153 (169). Ob Art. 14 Abs. 1 GG vor mehr als nur konfiskatorischem Steuerzugriff schützt, ist dagegen umstritten; siehe dazu oben S. 26.

[9] *Birk*, Das Leistungsfähigkeitsprinzip als Maßstab der Steuernormen, S. 73; vgl. *Rodi*, Die Rechtfertigung von Steuern als Verfassungsproblem, S. 79, der als Beispiel hierzu die Gewerbesteuer anführt, die aufgrund der unterschiedlichen Höhe der Hebesätze Auswirkungen auf die Standortwahl oder die Wettbewerbsfähigkeit von Unternehmen haben kann.

[10] Vgl. *Lübbe-Wolff*, Die Grundrechte als Eingriffsabwehrrechte, S. 44.

eingriff in die Vereinigungsfreiheit des Grundgesetzes durch den Steuergesetzgeber.

2. Die Gestaltungswirkungen

Ganz anders stellen sich demgegenüber jedoch jene Wirkungen dar, die Steuergesetze jenseits des bloßen Entzugs von Zahlungsmitteln hervorrufen können. Sie können dem Bürger beispielsweise Anreize bieten, sein Einkommen zu steigern, seinen Konsum zu erhöhen, Ersparnisse zu bilden oder Investitionen zu tätigen. Ebenso können sie ihn veranlassen, in ausweichender Reaktion seine wirtschaftlichen Aktivitäten zu verändern, einzuschränken oder aufzugeben. Zudem sind über derartige Wirkungen im wirtschaftlichen und sozialen Verhalten des Bürgers hinaus die gesamtwirtschaftlichen und gesamtgesellschaftlichen Auswirkungen steuerrechtlicher Regelungen nicht zu übersehen. Verfassungsrechtliche Erheblichkeit kommt diesen zahlreichen sogenannten Gestaltungswirkungen[11] jedoch nur insoweit zu, als sie grundrechtliche Schutzbereiche berühren oder organisationsrechtliche Normen beziehungsweise objektive Wertaussagen des Grundgesetzes verletzen. Als nicht regelungsidentische Einwirkungen können sie grundsätzlich für alle Freiheitsrechte des Grundgesetzes relevant werden.[12] Das Bundesverfassungsgericht hat jedenfalls seit langem anerkannt, dass mittels Steuernormen auch derart „faktisch" in Grundrechte eingegriffen werden kann. Schon in der Entscheidung zur Ehegattenbesteuerung im Jahr 1957 beispielsweise bejahte es im Ergebnis einen solchen Eingriff in das nach Art. 6 Abs. 1 GG geschützte Recht auf freie Gestaltung des ehelichen Zusammenlebens.[13] Und in der Entscheidung zur Schankerlaubnissteuer von 1961 stellte es darauf ab, dass auch Art. 12 Abs. 1 GG durch Vorschriften berührt werden kann, „die infolge ihrer tatsächlichen Auswirkungen geeignet sind,

---

[11] *Birk*, Das Leistungsfähigkeitsprinzip als Maßstab der Steuernormen, S. 68, 71ff.; vgl. auch *Rodi*, Die Rechtfertigung von Steuern als Verfassungsproblem, S. 82 m. w. Nachw.

[12] Vgl. *Kirchhof*, Besteuerungsgewalt und Grundgesetz, S. 17f. m. w. Nachw.; als unvereinbar mit dem Freiheitsverständnis des Grundgesetzes zeigt sich die Ansicht von *Selmer*, Steuerinterventionismus und Verfassungsrecht, S. 221, nach dem die ungezielten Gestaltungswirkungen „in Bezug auf die Freiheitsrechte grundsätzlich 'eingriffsneutral'" seien; hierzu insbesondere schon *Grabitz*, Freiheit und Verfassungsrecht, S. 24ff.

[13] Vgl. BVerfGE 6, 55 (77ff., 82), bestätigt in BVerfGE 18, 97 (104f.); § 26 EStG i. d. F. v. 17.1.1952 (BGBl I 1952, 33) regelte die Zusammenveranlagung von Ehegatten dergestalt, dass ihre jeweiligen Einkünfte schlicht zusammengerechnet wurden. Die aufgrund der Progression erhöhte steuerliche Belastung bei Erwerbstätigkeit beider Ehegatten im Vergleich zu Unverheirateten machte eine weitere Erwerbstätigkeit damals zumeist der Ehefrau wirtschaftlich wenig lukrativ und hielt auf diese Weise davon ab.

die Freiheit der Berufswahl mittelbar zu beeinträchtigen, obwohl sie keinen unmittelbar berufsregelnden Charakter tragen."[14]

Auch Art. 9 Abs. 1 GG wirkt insofern als gestaltungsbegrenzende Verfassungsnorm. Neben der gewährleisteten besonderen Handlungsfreiheit kommt insbesondere ihrer dazugehörigen Entschließungsfreiheit maßgebliche Bedeutung zu, erfolgt doch die Einflussnahme der Gestaltungswirkungen als nicht regelungsidentische Wirkungen vor allem über die Willensbildung des Grundrechtsberechtigten.[15] Aufgrund der Vielfalt möglicher Gestaltungswirkungen und ihrer Abhängigkeit von der jeweils konkreten steuergesetzlichen Ausgestaltung lässt sich die Begrenzung abstrakt jedoch nur aus der von Art. 9 Abs. 1 GG geschützten Freiheitsposition selbst herleiten.

---

[14] BVerfGE 13, 181 (186); weil die Schankerlaubnissteuer ihrer Gestaltung und Höhe nach es nicht unmöglich machte, den Beruf des Schankwirtes zu ergreifen, konnte das Gericht einen „faktischen" Eingriff in die Berufswahlfreiheit nicht feststellen. Einen solchen in die Berufsausübungsfreiheit verneinte es hingegen nach Prüfung des – wie sich in späteren Entscheidungen zeigte – schwer handhabbaren Kriteriums „objektiv berufsregelnder Tendenz"; vgl. nachfolgend BVerfGE 14, 76 (101); 16, 147 (162ff.); 29, 327 (333); 31, 8 (29); 37, 1, (17); 38, 61 (85), 42 374 (384); 47, 1 (21); dazu auch *Birk*, Das Leistungsfähigkeitsprinzip als Maßstab der Steuernormen, S. 214ff.

[15] Siehe dazu oben S. 66.

II. Die Rechtsformfreiheit

Die Vereinigungsfreiheit des Art. 9 Abs. 1 GG schützt ein Verhalten, dessen bestimmendes Ergebnis seine Form darstellt. Geschütztes Verhalten und bestimmende Form sind hierbei klar voneinander zu scheiden. Der Schutzbereich umfasst insoweit nicht die „Vereine und Gesellschaften" selbst, sondern allein das auf deren Bildung gerichtete Verhalten.[16] Nicht der Organisationsform der Vereinigung selbst gilt der Schutz des Art. 9 Abs. 1 GG, sondern dem Verhalten der Grundrechtsberechtigten.[17] Indem jedoch das freiheitsrechtlich geschützte Verhalten sich einer Form bedient, nimmt es auch deren Freiheit in den Blick. Das „Bilden" wäre nicht frei, wenn dem nicht auch eine Freiheit in der Organisationsform entsprechen würde. Daher bestimmt die Verfassung als notwendiges Korrelat die Voraussetzungen der „Vereine und Gesellschaften". Die allgemeine Formfreiheit ist innerhalb dieses Rahmens dem „Bilden" einer Vereinigung als dessen Bedingung immanent. Der Steuergesetzgeber betrifft deshalb allein durch bloßen Bezug auf die vereinsmäßige Organisiertheit in der Besteuerung von Vereinigungen den Schutzbereich des Art. 9 Abs. 1 GG.

Nicht teil an dem Schutz aus Art. 9 Abs. 1 GG haben jedoch die einfachgesetzlich normierten Regelungen der Rechtsformen des Vereins- und Gesellschaftsrechts.[18] Gleichwohl sind fast alle diese Rechtsformen zugleich Organisationsformen im Sinne des Art. 9 Abs. 1 GG.[19] Ein gewisser Freiheitsraum auch in der Rechtsform scheint deswegen unabdingbar und betrifft grundrechtsverpflichteten Staat wie Grundrechtsberechtigten: Den Gesetzgeber in der Befugnis, Rechtsformen zu gestalten, den Berechtigten in der Freiheit, sich der Rechtsformen zu bedienen. Freiheit und Befugnis bedingen einander und erfahren in ihrer gegensätzlichen Ausrichtung zugleich Beschränkung und Erweiterung. Die Freiheit des Berechtigten, sich der Rechtsformen zu bedienen, steht unter dem Vorbehalt entsprechender Regelungen, so wie die Gestaltungsbefugnis des gebundenen Gesetzgebers keine grenzenlose sein kann, auch wenn sich Art. 9 Abs. 1 GG keine institutsgarantierten Wirkungen entnehmen lassen. Dem Staat als Grundrechtsverpflichteten steht keine unbegrenzte Befugnisposition zu, er hat vielmehr die Freiheitssphäre der Grundrechtsberechtigten zu

---

[16] Siehe dazu die Ausführungen oben S. 40.

[17] Auch das Grundrecht der Vereinigungsfreiheit steht in Tradition der den Menschen und sein Handeln in den Mittelpunkt stellenden Grundentscheidung des Art. 1 GG, die oberster Richtwert einer jeden Grundrechtsinterpretation bleiben muss, vgl. dazu schon oben S. 36; auch BVerfGE 6, 32 (36, 41); 45, 187 (227); *Zippelius*, in: BK-GG, Art. 1 Rdnr. 13, 20 m. w. Nachw.

[18] Siehe oben S. 50.

[19] Siehe auch oben S. 46.

respektieren.[20] Vor diesem Hintergrund bedarf der den Grundrechtsberechtigten aus Art. 9 Abs. 1 GG erwachsende Schutz weiterer Präzisierung. Die Frage nach der Rechtsformfreiheit lässt sich dafür aus Sicht der Berechtigten unterscheiden in Rechtsformauswahl und Rechtsformwahl. Rechtsformauswahl stellt die Frage nach der Bereitstellung verschiedener Rechtsformen durch den Gesetzgeber, Rechtsformwahl die der freien Wahl der Rechtsformen durch den Grundrechtsberechtigten.

1. Rechtsformauswahl

Den Gesetzgeber trifft aus Art. 9 Abs. 1 GG keine institutsgarantierte Pflicht, das Vereins- und Gesellschaftsrecht zu regeln, ganz zu schweigen davon, eine entsprechende Auswahl einfachgesetzlich normierter Rechtsformen den Grundrechtsberechtigten zur Verfügung zu stellen.[21] Bestünde darin seine einzige Bindung, so wäre er nicht daran gehindert, die bestehende Auswahl an Rechtsformen zu beschränken, auf eine einzige zu reduzieren oder im äußersten Fall sogar gänzlich abzuschaffen. Insbesondere bedeutet eine solche Verkleinerung der Zahl von Rechtsformen keinen Eingriff in das grundrechtlich geschützte „Bilden", berührt diese doch weder die Gründung der Vereinigung noch deren Bestand als solchen. „Vereine und Gesellschaften" werden nicht gegründet, um eine bestimmte Rechtsform zu errichten, sondern um einen bestimmten Zweck zu verfolgen; nach diesem aber fragt lediglich die Schranke des Art. 9 Abs. 2 GG. Rechtliche Verfasstheit als solche ist keine subjektive Voraussetzung der Vereinigungsfreiheit.

Mangels Eingriffs steht dem Grundrechtsberechtigten die Vereinigungsfreiheit daher nicht als subjektives Recht zur Seite. Ein die Rechtsformauswahl beschränkender Rechtsformzwang dergestalt, dass zur Verfolgung bestimmter Ziele nur jeweils eine Rechtsform wählbar zur Verfügung steht, betrifft den normgeprägten Lebensbereich, nicht aber den Schutzbereich von Art. 9 Abs. 1 GG. Die Frage, wieweit die Vereinigungsfreiheit substanziell durch einen solchen Rechtsformzwang beschnitten werden darf, lässt sich daher auch nur an einer möglichen objektiv-rechtlichen Seite des Grundrechts prüfen. Verfassungsrechtliche Bindung des Gesetzgebers aus Art. 9 Abs. 1 GG bei der Bereitstellung einer mehr oder minder großen Zahl von Rechtsformen setzt die Existenz dieser objektiv-rechtlichen Gewährleistung voraus. Negativ gewendet müsste sie dabei des Inhalts sein, dass der Gesetzgeber die Auswahl der Rechtsformen nicht antasten oder zumindest nicht ganz beseitigen darf, wäre doch dann dem Grundrechtsberechtigten insoweit gegen Regelungen als auch Nicht-

---

[20] Dies folgt aus dem sogenannten rechtsstaatlichen Verteilungsprinzip, wonach die Freiheitssphäre des Einzelnen prinzipiell unbegrenzt ist, die Befugnisse des Staates hingegen prinzipiell begrenzt sind; vgl. dazu etwa *Pieroth/Schlink*, Grundrechte, Rdnr. 43ff.

[21] Siehe zuvor S. 51.

Regelungen der Rechtsformauswahl durch den einfachen Gesetzgeber ein verfassungsrechtliches Kraut gewachsen.

a) Objektiv-rechtlicher Gehalt

Soweit ersichtlich bot die bestehende Auswahl an Rechtsformen der Literatur bisher kaum Anlass, außerhalb der durch das Mitbestimmungsgesetz[22] aufgeworfenen Fragen auf den verfassungsrechtlichen Schutz der Rechtsformauswahl aus Art. 9 Abs. 1 GG im einzelnen einzugehen.[23] Die Eigenart der objektiv-rechtlichen Gehalte, weniger bestimmt, aber auch entwicklungs- und anpassungsfähiger als subjektiv-rechtliche Grundrechtsgehalte zu sein, lässt es zudem schwierig erscheinen, aus ihnen klar abgrenzbare Konturen und präzise umschreibbare Rechtsfolgen zu gewinnen. Im Wege der Rechtskonkretisierung werden jedoch inzwischen verschiedene Grundbedeutungen der objektiv-rechtlichen Gehalte als gefestigt angenommen[24], von denen im Rahmen des Art. 9 Abs. 1 GG vor allem die der sogenannten Organisations- und Verfahrensgehalte eine Rolle spielen.

Das Grundrecht der Vereinigungsfreiheit bedarf zur Erfüllung seiner Funktion in der sozialen Wirklichkeit einer gewissen gesetzlichen Ausgestaltung, denn die „Vereine und Gesellschaften" sind, sollen und wollen sie im Rechtsverkehr handlungsfähig sein, auf Regelungen angewiesen, die organisations- und verfahrensrechtliche Gesichtspunkte mit einzubeziehen haben.[25] Art. 9 Abs. 1 GG gehört daher zu den Grundrechten, die in ihrer Verwirklichung in besonderem Maße von Verfahrensregelungen abhängig sind. Diese Regelungen sind jedoch nicht schon vom Inhalt der Grundrechtsbestimmung gefordert, sondern ergeben sich allein aus der realen Situation, in der die Vereinigungsfreiheit wirkt. Sie tragen als notwendige Instrumente unmittelbarer Grundrechtsverwirklichung zur Verstärkung der Geltungskraft, zur Effektuierung der Ver-

---

22 Mitbestimmungsgesetz v. 4.5.1976, BGBl I 1976, 1153.

23 Für *Rittner*, Die werdende juristische Person, S. 249 steht die „Typenwahlautonomie" mehr am Rande; die Pflicht des Gesetzgebers, gewisse Typen zwingend vorschreiben und andere ausschließen zu müssen, sollte danach die Ausnahme bleiben; *Pernthaler*, Qualifizierte Mitbestimmung und Verfassungsrecht, S. 24ff., 34, geht den hier abgelehnten Weg einer Institutsgarantie, indem er die Aussagen des BVerfG zu Art. 9 Abs. 3 GG auf Art. 9 Abs. 1 GG transferiert; ausführlich auch *Kunze*, Unternehmensrechtsreform, S. 34ff.; zur Schwierigkeit des Unterfangens vgl. *Wiedemann*, Gesellschaftsrecht, Bd. 1, S. 678f.

24 Vgl. *Stern*, Die objektiv-rechtlichen Grundrechtsgehalte, in: Das Staatsrecht der Bundesrepublik Deutschland, Bd. III/1, § 69, S. 922; *ders.*, Idee und Elemente eines Systems der Grundrechte, in: HbStR V, § 109 Rdnr. 57.

25 Siehe dazu oben S. 45.

einigungsfreiheit bei.[26] Art. 9 Abs. 1 GG wirkt auf diese Weise für die einfachgesetzlichen Regelungen der „Vereine und Gesellschaften" als verbindliche Leitmaxime. Diese Wirkung, die sich als objektiv-rechtlicher Gehalt der Vereinigungsfreiheit darstellt, unterliegt gleichwohl restriktiver Handhabe, kann ihr doch nur die Gewährleistung solcher Regelungen entnommen werden, die zum „Bilden" der Vereinigung in der konkreten Situation unbedingt notwendig sind.[27] Objektiv-rechtlich gewährleistet die Vereinigungsfreiheit daher alle solche Regelungen, die sich zur Entfaltung des durch Art. 9 Abs. 1 GG geschützten Freiheitsbereichs in der jeweiligen Situation als unerlässlich erweisen. Die Grenze zwischen tatsächlich vorgefundenen und auch verfassungsrechtlich geforderten Regelungen verläuft zwischen dem besonderen Teil, der vom objektiv-rechtlichen Gehalt einbezogen wird, sowie dem die übrigen Regelungen umfassenden Teil des normgeprägten Lebensbereichs der Vereinigungsfreiheit.

b) Konkretisierung des Gehaltes

Die Antwort auf die Frage nach der Existenz eines objektiv-rechtlichen Gehaltes der Vereinigungsfreiheit fällt in jedem Fall eindeutig aus, die der Frage nach dessen konkretisierbaren Inhalt nicht unbedingt. Als gesichert kann gelten, dass der Gesetzgeber durch die Bereitstellung mehrerer Rechtsformen die durch Art. 9 Abs. 1 GG gewährleistete Vereinigungsfreiheit besser zur Entfaltung bringt. Stellt er mehrere Rechtsformen bereit, schafft er also Rechtsformauswahl, dann sorgt er für mehr Freiheitsverwirklichung, als wenn er nur eine Rechtsform anbieten und auf diese Weise Rechtsformzwang herbeiführen würde. Die Möglichkeit, zwischen mehreren Rechtsformen zu wählen, bedeutet für den Grundrechtsberechtigten ein größeres Maß an Freiheit als die Bindung an eine einzige Rechtsform. Fraglich ist jedoch, inwieweit die der Rechtsformauswahl zugrunde liegenden Regelungen sich als in der sozialen Wirklichkeit unerlässlich und damit als objektiv-rechtlicher Gehalt der Vereinigungsfreiheit behaupten können.

Die meisten privatrechtlichen Vereinigungsformen sind in ihrer historischen Entwicklung zunächst unabhängig von einer und vor allem vor ihrer einfachgesetzlichen Regelung entstanden.[28] Dem Erhalt eines geeigneten Rechtskleids, der gesetzlichen Rezeption ging ihre Entstehung unter den Bedingungen und

---

[26] Vgl. *Stern*, Idee und Elemente eines Systems der Grundrechte, in: HbStR V, § 109 Rdnr. 39; *ders.*, Die objektiv-rechtlichen Grundrechtsgehalte, in: Das Staatsrecht der Bundesrepublik Deutschland, Bd. III/1, § 69, S. 956.

[27] Vgl. BVerfGE 35, 79 (116) zu Art. 5 Abs. 3; auch *Stern*, Die objektiv-rechtlichen Grundrechtsgehalte, in: Das Staatsrecht der Bundesrepublik Deutschland, Bd. III/1, § 69, S. 975.

[28] Anders die GmbH als Kunstschöpfung, vgl. dazu *K. Schmidt*, Gesellschaftsrecht, § 33 II 1, S. 986f.

praktischen Bedürfnissen des Wirtschaftslebens voraus. Dieser Umstand hilft, einen Teil der für die Ausübung der Vereinigungsfreiheit unerlässlichen Regelungen zu bestimmen: Denn wenn im Zeitalter industrieller Revolution Bergwerke, Industriebetriebe und vor allem Eisenbahnen auf privater Grundlage nicht ohne eine Rechtsform zustande kommen konnten, die das Risiko einer persönlichen Haftung in geeigneter Weise – beispielsweise auf die geleistete Einlage – beschränkte[29], kann in wirtschaftlicher Tradition für Unternehmen heutigen Zuschnitts kaum etwas anderes gelten. Ein Gesetzgeber, der in einem bestimmten Bereich jegliche geeignete Rechtsform für die „Vereine und Gesellschaften" beseitigt, verstößt objektiv gegen Art. 9 Abs. 1 GG. In der wirtschaftsbezogenen Dimension der Vereinigungsfreiheit wäre das aber dann der Fall, wenn er durch eine Umgestaltung des Vereins- und Gesellschaftsrechts jede Möglichkeit einer Begrenzung der persönlichen Haftung ausschließen würde; damit zusammen hängt ebenso die Möglichkeit eigener Rechtsfähigkeit.[30]

Einer weiteren Konkretisierung erscheint der objektiv-rechtliche Gehalt jedoch darüber hinaus nur schwer zugänglich. Insbesondere kann ihm die Unterscheidung zwischen einer körperschaftlichen, mehr kapitalistischen Rechtsform einer- und einer mehr personalistisch ausgerichteten Rechtsform andererseits nicht entnommen werden. Ausgehend von der Möglichkeit der Haftungsbeschränkung mag eine solche Unterscheidung unbestritten sinnvoll sein und legitimen wirtschaftlichen Interessen entsprechen. Sie ist aber weder unerlässlich, noch findet sie in der Verfassung eine hinreichende Stütze. Für eine derart weitgehende Forderung einfachgesetzlicher Regelungen enthält Art. 9 Abs. 1 GG keinen Anhaltspunkt. Ein solcher ließe sich höchstens aus dem in „Vereine" und „Gesellschaften" differenzierenden Wortlaut herauslesen.[31] Der objektiv-rechtliche Gehalt aber fordert nur ein Minimum an rechtsförmlichen Gestaltungsmöglichkeiten, die für eine sinnvolle Ausübung der Vereinigungsfreiheit in allen relevanten Lebensbereichen notwendig sind. Das schließt es aus, auch den Bestand derartiger, an der wirtschaftlichen Effizienz der Vereinsbetätigung orientierter Regelungen in den objektiv-rechtlichen Gehalt des Art. 9 Abs. 1 GG mit einzubeziehen. Der weitergehenden Forderung nach einer Auswahlmöglichkeit zwischen Personen- und Kapitalgesellschaft ist daher eine Absage zu erteilen.[32]

Erst recht kann dem „Vereine und Gesellschaften" im Plural verwendenden Wortlaut nicht entnommen werden, dass die zur Zeit des Inkrafttretens des Grundgesetzes bestehende Rechtsformauswahl insgesamt verfassungsrechtlich

---

[29] Vgl. *K. Schmidt*, Gesellschaftsrecht, § 26 II 1, S. 758f.

[30] So auch *Merten*, Vereinsfreiheit, in: HbStR VI, § 144 Rdnr. 17.

[31] Vgl. dazu oben S. 38.

[32] A. A. *Merten*, Vereinsfreiheit, in: HbStR VI, § 144 Rdnr. 17; ähnlich, wenn auch in Bezug auf den Schutzbereich, *Kemper*, in: v.Mangoldt/Klein/Starck, Art. 9 Rdnr. 50.

abgesichert werden sollte. Art. 9 Abs. 1 beinhaltet keinen derart weitgehenden objektiv-rechtlichen Gehalt an Bestand oder Erhalt bestimmter, vom Gesetzgeber bereitgestellter Rechtsformen, auch wenn diese die tatsächlichen Verhältnisse des Vereinigungs- und insbesondere des Wirtschaftslebens umfassend geprägt haben. Verfassungsrechtlicher Schutz gegenüber Veränderungen ließe sich allenfalls dem rechtsstaatlichen Grundsatz des Vertrauensschutzes entnehmen. Der Wortlaut des Art. 9 Abs. 1 GG hingegen ermöglicht lediglich, eine Vielzahl von Vereinigungen tatsächlich zu bilden, ohne zugleich eine der überkommenden konkreten Regelungen zu gebieten.[33]

Dies bestätigen auch die Worte des Bundesverfassungsgerichts, demzufolge der Gesetzgeber nur „eine hinreichende Vielfalt von Rechtsformen" zur Verfügung stellen muss, „die den verschiedenen Typen von Vereinigungen angemessen und deren Wahl deshalb zumutbar ist".[34] Dies bedeutet, da es sich um Erwägungen im objektiv-rechtlichen Bereich des Art. 9 Abs. 1 GG handelt, nicht, dass der Gesetzgeber andernfalls in die als subjektiv-öffentliches Abwehrrecht verstandene Vereinigungsfreiheit eingreifen würde; er kommt vielmehr der ihm nach Art. 9 Abs. 1 GG obliegenden Pflicht zur Schaffung objektiver Regelungen nicht in ausreichender Weise nach.[35] Weitere Anforderungen an den Gesetzgeber, etwa dergestalt, dass es in jedem Fall mehrere Rechtsformen geben müsste oder dass bestimmte Einzelregelungen zu treffen seien, lassen sich dem Grundrecht des Art. 9 Abs. 1 GG angesichts der gebotenen Zurückhaltung bei der Auslegung demnach nicht entnehmen. Der den Grundrechtsberechtigten innerhalb der Rechtsformauswahl aus dem objektiv-rechtlichen Gehalt des Art. 9 Abs. 1 GG erwachsende Schutz gegen Regelungen und Nicht-Regelungen verschiedener Rechtsformen durch den Gesetzgeber erweist sich daher als eine der umfänglichen Regelungskompetenz des freien, aber nicht ungebundenen Gesetzgebers vergleichsweise wenig entgegenzusetzen habende ultima ratio.

2. Rechtformwahl

Vor der tatsächlichen Gründung als das im engeren Wortsinn eigentliche „Bilden" einer Vereinigung durch den Grundrechtsberechtigten steht die Entscheidung, in welcher Organisationsform, wenn nicht gar in welcher Rechtsform dies geschehen soll. Denkbar groß ist die Palette möglicher Organisationsformen, welche die mehr abgrenzenden als beschränkenden Voraussetzungen der

---

[33] Vgl. auch *Kemper*, in: v.Mangoldt/Klein/Starck, Art. 9 Rdnr. 129; *Wiedemann*, Gesellschaftsrecht, Bd. 1, S. 669; *Kunze*, Unternehmensrechtsreform, S. 58f.; *Scholz*, in: Maunz/Dürig, Art. 9 Rdnr. 26 a. E.; *Merten*, Vereinsfreiheit, in: HbStR VI, § 144 Rdnr. 16.

[34] BVerfGE 50, 290 (355); vgl. dazu *Scholz*, in: Maunz/Dürig, Art. 9 Rdnr. 31.

[35] Die Frage nach der Subjektivierbarkeit objektiv-rechtlicher Gehalte ist sehr umstritten, vgl. dazu *Stern*, Die objektiv-rechtlichen Grundrechtsgehalte, in: Das Staatsrecht der Bundesrepublik Deutschland, Bd. III/1, § 69, S. 978ff.

„Vereine und Gesellschaften" des Art. 9 Abs. 1 GG gewährleisten. Das Vermögen, sich überhaupt zwischen zwei oder mehreren Formen entscheiden zu können, setzt dieses die Möglichkeit der Wahl erst bietende Sortiment voraus. Inneres Entschließen und äußeres Handeln hängen dabei untrennbar miteinander zusammen. Art. 9 Abs. 1 GG bezieht daher auch die Entscheidung des Grundrechtsberechtigten über die Organisationsform der Vereinigung in seinen Schutz mit ein.[36] Eine Handlungsfreiheit läuft ohne gleichzeitigen Schutz ihrer Entschließungsfreiheit ins Leere. Nichts anderes aber kann für die Wahl der Rechtsformen des Vereins- und Gesellschaftsrechts gelten, sofern diese an den grundrechtlichen Begriff der „Vereine und Gesellschaften" rückgekoppelt werden können. Ihre Auswahl steht zwar bis auf ihren objektiv-rechtlich gesicherten Mindestumfang unter dem Vorbehalt des einfachen Gesetzgebers. Die Wahl einer Organisationsform fällt aber nicht deshalb aus dem Schutzbereich des Art. 9 Abs. 1 GG heraus, weil die Vereinigung auch in eine Rechtsform gekleidet wird. Rechtsformwahl ist Organisationsformwahl. Solange die Rechtsform den verfassungsrechtlichen Voraussetzungen der „Vereine und Gesellschaften" genügt, ist auch ihre Wahl durch die Vereinigungsfreiheit geschützt.[37]

Wie die Wahl der ihr zugrunde liegenden Organisationsform nimmt auch die Rechtsformwahl das Moment der Freiheit in den Blick, ohne welches eine Wahl keine Wahl, sondern Zwang oder Zufall wäre. Auch sie gewährleistet die ungehinderte Entschließung des Grundrechtsberechtigten, sichert insoweit seine Fähigkeit, durch eigenen Willen Ursache von Entschließungen und Handlungen zu sein. Danach stellt nicht nur das Verbot einer getroffenen, sondern auch das Gebot einer zu treffenden Wahl einen Grundrechtseingriff in die Vereinigungsfreiheit dar.[38] Die Freiheit der Rechtsformwahl wird dabei nicht zuletzt im Sinne größtmöglicher Freiheitsentfaltung angesichts jeder verfügbaren, auch über die verfassungsrechtlichen Mindestanforderungen des objektiv-rechtlichen Gehaltes weit hinausreichenden Rechtsformauswahl geschützt. Allein die Frage nach den verfassungsrechtlichen Voraussetzungen der zugrunde liegenden Organisationsform entscheidet über den Schutz der Rechtsformwahl aus Art. 9 Abs. 1 GG. Demgegenüber ist der Gesetzgeber verfassungsrechtlich durch Art. 9 Abs. 1 GG nicht gehindert, die Rechtsformauswahl zu verkleinern, indem er unerwünschte, nicht objektiv-rechtlich verbürgte Regelungen und Rechtsformen beseitigt. Jedes unmittelbare Beschränken, Behindern oder auch nur Beeinflussen der autono-

---

[36] Siehe oben S. 40 und S. 90.

[37] Vgl. zur Wahl der Rechtsform *Bauer*, in: Dreier, Art. 9 Rdnr. 44; *Rinken*, in: AK-GG, Art. 9 Rdnr. 53; *Sachs*, Die Grundrechte des Art. 9 GG, in: Verfassungsrecht II – Grundrechte, B 9 Rdnr. 3; *Pieroth/Schlink*, Grundrechte, Rdnr. 726; allgemein nur von der Entscheidung über die Form der Vereinigung sprechen *von Münch*, in: BK-GG, Art. 9 Rdnr. 44; *Kemper*, in: v.Mangoldt/Klein/Starck, Art. 9 Rdnr. 21; *Scholz*, in: Maunz/Dürig, Art. 9 Rdnr. 78; zur „Selbstbestimmung über die eigene Organisation" BVerfGE 80, 244 (253) unter Hinweis auf BVerfGE 50, 290 (354).

[38] Ähnlich *Merten*, Vereinsfreiheit, in: HbStR VI, § 144 Rdnr. 55.

men Wahlentscheidung hingegen greift bei gegebener und davon unberührt bleibender Auswahl an Rechtsformen in den Schutzbereich des Art. 9 Abs. 1 GG ein.

III. Der Maßstab der Vereinigungsfreiheit

Der Maßstab der Vereinigungsfreiheit des Grundgesetzes für die Steuergesetzgebung führt die geschützte Freiheitsposition der Organisations- bzw. Rechtsformwahl mit den allgemeinen Kriterien „faktischer" Grundrechtseingriffe zusammen. Danach laufen nicht nur unmittelbare Regelungen von Wahl und Auswahl der Rechtsformen Gefahr, in das von Art. 9 Abs. 1 GG geschützte „Bilden" einzugreifen. Beachtung verdienen insbesondere alle diejenigen Regelungen, die an die jeweilige Rechtsform anknüpfen, ohne jedoch die Rechtsformwahl selbst oder den objektiv-rechtlichen Gehalt der Rechtsformauswahl zu betreffen. Der Regelungsgegenstand von Steuergesetzen ist zwar ein völlig anderer als der des Vereins- und Gesellschaftsrechts, doch können auch sie die Rechtsformwahl derart weitgehend beschränken, dass in der konkreten Lage des betroffenen Grundrechtsberechtigten rational nur eine einzige Rechtsform als Handlungsmöglichkeit verbleibt.[39]

1. Maßstabsbildung

Das Bild von der Wirkungsweise der für den Schutzbereich der Vereinigungsfreiheit relevant werdenden Gestaltungswirkungen gewinnt damit an Schärfe. Werden die in der Rechtsformwahl grundsätzlich gegebenen verschiedenen Handlungsmöglichkeiten derart mit angedrohten steuerlichen Nachteilen oder angekündigten steuerlichen Vorteilen verbunden, erweist sich das von der Vereinigungsfreiheit gewährleistete ungehinderte Entschließen auch und innerhalb der Rechtsformwahl als beeinträchtigt. Als verhaltenssteuernder Nachteil wirkt hierbei die steuerliche Belastung.[40] Diese kann die Bedingungen alternativer Verhaltensweisen innerhalb der Vereinigungsfreiheit ersichtlich verändern, wenn sie direkt mit der Rechtsform oder einer anderen Organisationsform der Vereinigung verbunden ist. Von ihrer Wirkung hängt in der Regel nicht ganz unerheblich das Ausmaß der Gestaltungswirkungen des in Frage stehenden Steuergesetzes ab.[41] Dabei ist nicht nur eine erdrosselnde Besteuerung aller Vereinigungen geeignet, das grundrechtlich geschützte Bilden von Vereinen und

---

[39] Das ergibt die Synthese der Ausführungen von oben S. 72ff. und S. 95.

[40] Die Aussicht auf steuerliche Entlastung wirkt entsprechend als Vorteil; vgl. *Weber-Dürler*, Der Grundrechtseingriff, VVDStRL 57 (1998), 57 (69f.) m. w. Nachw.

[41] Soweit *Rodi*, Die Rechtfertigung von Steuern als Verfassungsproblem, S. 83 der Ansicht ist, dass lenkende Wirkungen auch dann eintreten könnten, wenn es zu einer Besteuerung gar nicht kommt, weil der Betroffene der Belastung ausweicht, verkennt er, dass es für die Frage der Grundrechtsrelevanz nicht darauf ankommt, ob der Betroffene ohne die drohende Besteuerung anders gehandelt hätte, sondern vielmehr darauf, ob dieser aufgrund der drohenden Besteuerung rational nicht anders handeln konnte; siehe dazu oben S. 72ff.

Gesellschaften unmöglich zu machen. Nicht minder ist eine zwischen den einzelnen Rechtsformen oder anderen Organisationsformen unterscheidende Besteuerung in der Lage, die Handlungsmöglichkeiten des Grundrechtsberechtigten in relevanter Weise einzuschränken. Von der freien Wahrnehmung des Abwehrrechts kann nämlich nicht nur dann nicht mehr die Rede sein, wenn die Wahrnehmung überhaupt unmöglich gemacht wird, sondern bereits dann, wenn sie mit solchen Nachteilen verbunden ist, dass bei vernünftiger Entscheidung andere sinnvolle Handlungsalternativen in der konkreten Situation des Grundrechtsberechtigten nicht mehr bestehen.[42]

Der objektiv-rechtliche Gehalt der Vereinigungsfreiheit jedenfalls spricht zu keiner Zeit dagegen. Denn es ist deutlich zu unterscheiden: Solange die jeweilige Rechtsform tatsächlich wählbar ist, steht sie dem wählenden Grundrechtsberechtigten zur Verfügung. Fragen nach seiner Motivation, wie wenn die Wahl einer Rechtsform beispielsweise für ihn wirtschaftlich gänzlich sinnlos wäre, verbieten sich innerhalb der Rechtsformauswahl; diese gewährleistet allein die zum „Bilden" notwendigen Regelungen. Die rechtsgeschäftlichen Handlungsformen des Privatrechts selbst aber lässt der Steuergesetzgeber unangetastet. Die außerhalb der tatsächlichen Handlungsmöglichkeiten liegenden Beschränkungen werden dagegen im Rahmen der Rechtsformwahl relevant. Ihre mittelbare Wirkung auf die Entschließungsfreiheit des Grundrechtsberechtigten berührt den Schutzbereich des Art. 9 Abs. 1 GG. In dem Umfang, in dem die Verfassung die Vereinigungsfreiheit gewährleistet, muss der öffentlichen Gewalt auch eine solche mittelbare Beeinflussung untersagt sein. Die Trennung zwischen geschützter Rechtsformwahl und in weiten Teilen zur Disposition stehender Rechtsformauswahl wirkt insoweit einer Erosion der Vereinigungsfreiheit entgegen, wenn sie der öffentlichen Gewalt die weniger offensichtliche und daher für die Freiheit weitaus gefährlichere Einflussnahme auf die Willensbildung des Grundrechtsberechtigten versagt.

Fähig zu einer die Vereinigungsfreiheit beeinträchtigenden Wirkung sind danach insbesondere jene steuergesetzlichen Regelungen, die zwischen Rechtsformen oder anderen Organisationsformen der Vereinigungen unterscheiden. Sie sind in der Lage, die nach Art. 9 Abs. 1 GG grundsätzlich freie Wählbarkeit der Rechtsform derart einzuschränken, dass letztlich nur eine einzige Rechtsform in der konkreten Situation des betroffenen Grundrechtsberechtigten als sinnvoll wählbare Handlungsmöglichkeit verbleibt. Solange weitere sinnvolle Handlungsmöglichkeiten bestehen, ist jedoch eine relevante Beeinträchtigung der Entschließungsfreiheit ausgeschlossen. Erst der rational die Wahlfreiheit aufhebende Verlust weiterer vernünftiger Handlungsalternativen führt dazu, dass das Wollen in abwehrrechtlich relevanter Weise beeinträchtigt nicht mehr ein souveränes, sondern ein fremdbestimmtes ist. Für die Frage nach der Grundrechts-

---

[42] Siehe oben S. 72; gleiches gilt natürlich auch in Bezug auf die negative Vereinigungsfreiheit.

relevanz nutzbar machen lässt sich häufig schon der Tatbestand des Steuergesetzes selbst, auch wenn die tatbestandliche Anknüpfung an die Rechtsform der Vereinigung nur als ein gewichtiges Indiz für eine vereinigungsfreiheitliche Relevanz spricht.[43] Ein organisationsformneutrales Besteuerungssystem jedenfalls läuft nicht Gefahr, einen Eingriff in Art. 9 Abs. 1 GG zu bewirken. Ebenso können aber auch Steuertatbestände zu einem organisationsformabhängigen Besteuerungsergebnis führen, die lediglich an allgemeine Merkmale wie Gewinn, Ertrag, Umsatz oder Vermögen anknüpfen und insofern zumindest keinen unmittelbaren Bezug zu dem Schutzbereich der Vereinigungsfreiheit aufweisen. Der Verstoß steuerlicher Gestaltungswirkungen gegen Art. 9 Abs. 1 GG ist dabei von der Gründungs- bis zur Auflösungsphase einer Vereinigung in allen Stadien der Grundrechtsausübung denkbar.[44] Nicht nur im Vorfeld der Gründung einer Vereinigung zeigt sich die Vereinigungsfreiheit organisationsformsensibel. Die Grundrechtsberechtigten können vielmehr unter ihrem Schutz fortwährend überprüfen und entscheiden, ob das ursprünglich gewählte Rechtskleid ihrer Vereinigung gegebenenfalls auch unter veränderten Bedingungen noch passt oder ob nicht doch eine Um- oder Neugründung angebracht erscheint. Ein das Grundrecht der Vereinigungsfreiheit beschränkendes Zeitfenster gibt es jedenfalls nicht.

2. Forderung nach Rechtsformneutralität

An dieser Stelle gilt es indes, möglichen Missverständnissen vorzubeugen. Art. 9 Abs. 1 GG fordert nicht die absolute Rechtsformneutralität, wie sie dem Gebot einer umfassend entscheidungsneutralen Besteuerung insbesondere der wirtschaftswissenschaftlichen Literatur entnommen werden kann. Danach sind entscheidungsneutral idealerweise die Steuersysteme, in denen die Besteuerung auf die ökonomischen Entscheidungen rational handelnder Wirtschaftssubjekte überhaupt keinen Einfluss hat.[45] Die Entscheidungen sollen in einer Welt mit Steuern genauso wie in einer Welt ohne Steuern getroffen werden können. Schon gar nicht sollen die Steuerpflichtigen aus steuerlichen Gründen in eine ursprünglich unvernünftige Rechtsform gedrängt werden. Den ökonomischen Neutralitätsanforderungen geht es gerade um den Ausschluss möglichst aller

---

[43] Vgl. insoweit *Bodenheim*, Der Zweck der Steuer, S. 279ff.; *Rodi*, Die Rechtfertigung von Steuern als Verfassungsproblem, S. 104f.; auch BVerfGE 47, 1 (21) zu Art. 12 Abs. 1 GG, wenn Steuerpflichten an die Wahl oder Ausübung beruflicher oder gewerblicher Tätigkeit anknüpfen; hierzu etwa *Kirchhof*, Besteuerungsgewalt und Grundgesetz, S. 56ff.

[44] Vgl. allgemein *Bauer*, in: Dreier, Art. 9 Rdnr. 51 m. w. Nachw.; dazu auch *Kirchhof*, Rückwirkung von Steuergesetzen, StuW 2000, 221 (230f.).

[45] Vgl. *Spengel*, Internationale Unternehmensbesteuerung in der Europäischen Union, S. 223ff.; *Vogt*, Neutralität und Leistungsfähigkeit, S. 88f.; *Graß*, Unternehmensformneutrale Besteuerung, S. 88ff.; *Hey*, Besteuerung von Unternehmensgewinnen und Rechtsformneutralität, DStJG 24 (2001), 155 (157ff.) jeweils m. w. Nachw.

Gestaltungswirkungen. Real wird jedoch ein Steuersystem bereits dann als entscheidungsneutral bezeichnet, wenn es lediglich die Vorteilhaftigkeit der einzelnen Handlungsalternativen unverändert lässt.[46] Denn jeder von einem Steuersatz von Null abweichenden Steuer kommt eine willensbeeinflussende Wirkung schon aufgrund dessen zu, dass sie dem Steuerpflichtigen Geldmittel entzieht. Umgekehrt bedeutet das, dass sich als nicht entscheidungsneutral unter anderem jede Besteuerung erweist, die bei wirtschaftlich gleichen Sachverhalten unterschiedliche Besteuerungsfolgen in Abhängigkeit von der Rechtsform oder einer anderen Organisationsform anordnet. Die betriebswirtschaftliche Sichtweise der Rechtsformneutralität hat das Ziel optimal empfundener Ressourcenallokation fest im Blick. Nach den Gründen steuerlicher Ungleichbehandlung fragt sie insoweit nicht.

Art. 9 Abs. 1 GG fordert grundsätzlich auch nicht in gleicher Weise relative Rechtsformneutralität, wie das in der steuerjuristischen Literatur vor allem mit Blick auf den allgemeinen Gleichheitssatz des Art. 3 Abs. 1 GG geschieht. Der für jede Art der Besteuerung geltende Gleichheitssatz findet im Steuerrecht seinen sachgerechten Vergleichsmaßstab in dem Prinzip gleichmäßiger Besteuerung nach der objektiven Leistungsfähigkeit.[47] Die relative Rechtsformneutralität gebietet danach die gleiche Besteuerung bei gleichen ökonomischen Sachverhalten.[48] Für Unterscheidungen nach der Organisationsform müssen hinreichende sachliche Gründe vorliegen. Belastungsunterschiede, die allein in der gewählten Organisationsform angelegt sind und auch nicht in der dieser zugrundeliegenden wirtschaftlichen Wirklichkeit gerechtfertigt werden können, verstoßen gegen den allgemeinen Gleichheitssatz.[49] Das Bundesverfassungsgericht hat in einer Entscheidung zur unterschiedlichen Besteuerung medizinischer Leistungen im Umsatzsteuerrecht anerkannt, dass die Rechtsform allein grundsätzlich keinen sachlichen Grund für eine umsatzsteuerliche Ungleichbehandlung darstellen kann.[50] Der Urteilsbegründung lässt sich verallgemei-

---

[46] Vgl. *Graß*, Unternehmensformneutrale Besteuerung, S. 88; auch *Sieker*, Möglichkeiten rechtsformneutraler Besteuerung von Einkommen, DStJG 25 (2002), 145 (149f.) m. w. Nachw.

[47] Vgl. etwa *Lang*, Reform der Unternehmensbesteuerung auf dem Weg zum europäischen Binnenmarkt und zur deutschen Einheit, StuW 1990, 107 (112ff.), der das Gebot der Entscheidungsneutralität der ökonomischen Handlungsfreiheit zuordnet und diese in die Nähe der Steuergleichheit rückt; dazu auch *Tipke*, Die Steuerrechtsordnung, Bd. II, S. 1170ff.; *Vogt*, Neutralität und Leistungsfähigkeit, S. 97ff. und passim m. w. Nachw.

[48] Vgl. *Lang*, Reform der Unternehmensbesteuerung, StuW 1989, 3 (6f.); *ders.*, Reform der Unternehmensbesteuerung auf dem Weg zum europäischen Binnenmarkt und zur deutschen Einheit, StuW 1990, 107 (115f.); *Graß*, Unternehmensformneutrale Besteuerung, S. 97.

[49] Vgl. *Kirchhof*, Besteuerung im Verfassungsstaat, S. 61.

[50] BVerfGE 101, 151 (156f.); vgl. m. w. Nachw. zu Besprechungen *Pezzer*, Die Besteuerung des Anteilseigners, DStJG 25 (2002), 37 (48f.); vgl. zur Verfassungswidrigkeit der Gewerbesteuerpflicht kraft Rechtsform FG Sachsen-Anhalt v. 12.04.2005 - 4 K 346/02, DStR 2005, 1410ff.

nernd entnehmen, dass eine unterschiedliche Behandlung aufgrund der Rechtsform gegen das Gleichbehandlungsgebot des Art. 3 Abs. 1 GG verstößt, wenn die Unterscheidung im Belastungsgrund des Steuergesetzes keine ausreichende Grundlage findet. Das bedeutet allerdings nicht, dass alle Rechtsformen steuerlich absolut gleich zu behandeln wären. Soweit verschiedene Rechtsformen unterschiedliche Auswirkungen auf die Leistungsfähigkeit haben, sind diese gerade zu beachten.[51] Als Rechtsformgerechtigkeit muss die Rechtsformneutralität steuerlich relevante Unterschiede zwischen den Rechtsformen steuerrechtlich abbilden.[52] Ob eine nicht rechtsformneutrale Besteuerung gleichheitsrechtlich zu beanstanden ist, lässt sich daher nur anhand der durch sie bewirkten Belastungsunterschiede beurteilen. Rechtsformbezogenheit allein verstößt jedenfalls nicht gegen Art. 3 Abs. 1 GG. Zwar lässt sich sagen, dass das Anknüpfen an die Rechtsform oder einer anderen Organisationsform die Gefahr oder den Verdacht einer mit dem allgemeinen Gleichheitssatz kollidierenden Steuerbelastung nährt. Für die relative Rechtsformneutralität entscheidend aber ist die Ungleichbehandlung vergleichbarer, vom Regelungsgehalt der zu prüfenden Steuernorm betroffener Lebenssachverhalte und das Scheitern ihrer verfassungsrechtlichen Rechtfertigung.

Art. 9 Abs. 1 GG jedoch fordert den Steuergesetzgeber auf, diejenigen Ungleichbehandlungen in der Besteuerung zu unterlassen, die dem Grundrechtsberechtigten in der Rechtsform- oder einer anderen Organisationsformwahl jede weitere sinnvolle Handlungsalternative nehmen. Es kommt nicht darauf an, ob die steuerliche Ungleichbehandlung auch gerechtfertigt werden kann, entscheidend ist vielmehr, ob sie das Wollen des Grundrechtsberechtigten fremdbestimmt macht. Die Vereinigungsfreiheit verlangt insofern keine absolute und grundsätzlich auch keine im Sinne des allgemeinen Gleichheitssatzes relative Rechtsformneutralität. Weder wird die von ihr geschützte Entschließungsfreiheit schon durch jede über den bloßen Entzug von Geldmitteln hinausgehende Gestaltungswirkung beeinträchtigt,[53] noch lässt sich davon ausgehen, dass jede nicht gerechtfertigte steuerliche Ungleichbehandlung der Rechtsformen die innerhalb der Rechtsformwahl bestehenden Handlungsmög-

---

[51] Das ist allgemein anerkannt, vgl. etwa *Jachmann*, Steuergesetzgebung zwischen Gleichheit und wirtschaftlicher Freiheit, S. 60ff., 104ff.; *Hey*, Besteuerung von Unternehmensgewinnen und Rechtsformneutralität, DStJG 24 (2001), 155 (167f.); *Balmes*, Rechtsformneutralität der Unternehmensbesteuerung, DStJG Sonderband (2001), 25 (34); *Sieker*, Möglichkeiten rechtsformneutraler Besteuerung von Einkommen, DStJG 25 (2002), 145 (152f.).

[52] Vgl. *Hey*, Besteuerung von Unternehmensgewinnen und Rechtsformneutralität, DStJG 24 (2001), 155 (221); diese Einschränkung macht es aber nicht erforderlich, die verfassungsrechtliche Verankerung und Absicherung der Rechtsformneutralität überhaupt zu verneinen, so aber etwa *Pelka*, Rechtsformneutralität im Steuerrecht, StuW 2000, 389 (396); *Birk*, Das Leistungsfähigkeitsprinzip in der Unternehmenssteuerreform, StuW 2000, 328 (333); *Thiel*, Einheitliche Unternehmensteuer, StbJb 2002/2003, 27 (31f.).

[53] Siehe oben S. 74.

lichkeiten auf eine einzige reduziert. Zwischen der Rechtfertigung von Ungleichheit und der Beeinträchtigung von Freiheit besteht kein derart zwingender Gleichlauf. Mag die Beeinflussung der Entschließungsfreiheit durch die Gestaltungswirkungen steuerlicher Ungleichbehandlung der Rechtsformen auch nicht erwünscht sein, die gestaltungsbegrenzende Wirkung der Vereinigungsfreiheit verbietet nur die Ausübung von Zwang.[54] Nur dann, wenn schon allein die ungleiche Besteuerung gleicher ökonomischer Sachverhalte dazu führt, dass der betroffene Grundrechtsberechtigte gezwungen wird, eine seinen Wünschen konträre, gleichwohl rationale Entscheidung für eine bestimmte Rechtsform zu treffen, deckt sich die Forderung nach relativer Rechtsformneutralität des Art. 3 Abs. 1 GG mit den Anforderungen des Art. 9 Abs. 1 GG. Insoweit kann allerdings durchaus davon gesprochen werden, dass auch Art. 9 Abs. 1 GG eine relative rechtsformneutrale Besteuerung fordert. Das Freiheitsrecht der Vereinigungsfreiheit enthält einen besonderen Gleichheitssatz, der gegebenenfalls den die Rechtsformwahl verzerrenden Belastungsunterschieden entgegengehalten werden kann.[55] Sie schiebt zwar nicht jeder Ungleichbehandlung im Sinne des allgemeinen Gleichheitssatzes den Riegel der Verfassungswidrigkeit vor, wehrt aber den zu einem Verlust sämtlicher Handlungsalternativen führenden Ungleichbehandlungen. Art. 9 Abs. 1 GG gesellt sich damit zu den Freiheitsrechten der Art. 12, 14 und 2 Abs. 1 GG, die neben dem allgemeinen Gleichheitssatz schon länger als Hort verfassungsrechtlicher Absicherung eines Grundsatzes der Rechtsformneutralität gelten.[56]

3. Rechtfertigung von Eingriffen

Im Unterschied zu den genannten anderen Vorschriften verschärft die Anwendung von Art. 9 Abs. 1 GG allerdings die Anforderungen an die Rechtfertigung insbesondere rechtsformabhängiger Belastungsunterschiede deutlich. Jeder Eingriff, jede Einschränkung bedarf der Grundlage der Verfassung selbst, wenn rechtsstaatliche Formentypik noch etwas gelten soll.[57] Das erscheint vergleichsweise unproblematisch dort, wo das Grundrecht ausdrücklich unter einem Gesetzesvorbehalt steht. Die Vereinigungsfreiheit des Grundgesetzes kennt

---

[54] Siehe dazu oben S. 70.

[55] Vgl. *Kirchhof*, Besteuerung im Verfassungsstaat, S. 37; *ders.*, Der Grundrechtsschutz des Steuerpflichtigen, AöR 128 (2003), 1 (28, 36); auch schon *ders.*, Die Widerspruchsfreiheit im Steuerrecht als Verfassungspflicht, StuW 2000, 316 (319).

[56] Vgl., wenn auch mit a. A. hinsichtlich Art. 9 Abs. 1 GG, *Hey*, Besteuerung von Unternehmensgewinnen und Rechtsformneutralität, DStJG 24 (2001), 155 (171ff.) m. w. Nachw.; *Sieker*, Möglichkeiten rechtsformneutraler Besteuerung von Einkommen, DStJG 25 (2002), 145 (155ff.) m. w. Nachw.; zurückhaltend *Graß*, Unternehmensformneutrale Besteuerung, S. 59ff., 93ff.

[57] Vgl. etwa *Böckenförde*, Schutzbereich, Eingriff, verfassungsimmanente Schranken, Der Staat 42 (2003), 165 (168).

jedoch nur die grundrechtsunmittelbare Schranke des Art. 9 Abs. 2 GG, die das Verbot einer Vereinigung bei Vorliegen der dort abschließend genannten Voraussetzungen und unter Beachtung des Grundsatzes der Verhältnismäßigkeit rechtfertigt.[58] Art. 9 Abs. 2 GG stellt die einzige von der Verfassung vorgesehene Begrenzung der Vereinigungsfreiheit dar.[59] Die Vollmacht des Steuergesetzgebers kann daher grundsätzlich nicht weiter gehen, als die Grenze der Reichweite des Schutzbereichs von Art. 9 Abs. 1 GG nachzuziehen. Jeder Versuch einer weiteren Eingriffsrechtfertigung ist insoweit zum Scheitern verurteilt. Zwar sehen das Bundesverfassungsgericht und die offenbar überwiegende Meinung in der Literatur die Grundrechte systematisch derart miteinander und auch mit dem übrigen Verfassungsrecht verschränkt, dass vorbehaltlose Grundrechte wie Art. 9 Abs. 1 GG zumindest durch kollidierendes Verfassungsrecht beschränkt werden können.[60] Aufgrund ihres Ausnahmecharakters unterliegt eine solche Rechtfertigung jedoch ganz erheblichen Anforderungen, die diese Rechtfertigungsmöglichkeit grundsätzlich kaum ins Gewicht fallen lassen.

Wird Art. 9 Abs. 1 GG durch Gestaltungswirkungen verletzt, führt dies grundsätzlich zur Verfassungswidrigkeit der ihnen zugrundeliegenden Steuernorm. Ein solcher Grundrechtsverstoß kann auch nicht unter Berufung auf eine maßstabsgerechte Verteilung der steuerlichen Belastungswirkung oder ihren Zweck gerechtfertigt werden.[61] Schon allgemein kommt es bei der verfassungsrechtlichen Überprüfung von Steuergesetzen zunächst nicht auf die Zweckrichtung der Steuergesetze, sondern allein auf ihre Wirkungsweise an. Der in der Deckung staatlichen Finanzbedarfs bestehende Zweck steuerlicher Belastung vermag einen Grundrechtsverstoß durch Gestaltungswirkungen nicht zu rechtfertigen, weil er sich immer ohne grundrechtsverstoßende Gestaltungswirkungen

---

[58] Inzwischen wird Art. 9 Abs. 2 GG ganz überwiegend als verfassungsrechtliche Rechtfertigung für einen Eingriff und nicht schon als Begrenzung des Schutzbereichs angesehen, vgl. *Höfling*, in: Sachs; Art. 9 Rdnr. 38 m. w. Nachw.; weitere Beispiele für Grundrechte ohne Gesetzesvorbehalt sind etwa Art. 4 Abs. 1 und 2 sowie Art. 5 Abs. 3 GG.

[59] Vgl. BVerfGE 80, 244 (254).

[60] Vgl. *Stern*, Grundrechtskollisionen, in: Das Staatsrecht der Bundesrepublik Deutschland, Bd. III/2, § 82 S. 624f. m. w. Nachw.; zur Entwicklung der Rspr. ausführlich *Sachs*, Die verfassungsunmittelbaren Begrenzungen, in: Das Staatsrecht der Bundesrepublik Deutschland, Bd. III/2, § 81 S. 550ff. m. w. Nachw.

[61] Vgl. *Birk*, Das Leistungsfähigkeitsprinzip als Maßstab der Steuernormen, S. 254ff.; ausgehend von ihrem Zweck werden sogenannte Fiskalzwecknormen, bei denen es dem Gesetzgeber um die Verteilung der Belastungswirkung geht, die mit der Auferlegung der staatlichen Steuerlast verbunden ist, von sogenannten Lenkungsnormen unterschieden, bei denen der Gesetzgeber nicht auf die gerechte Verteilung der Belastungswirkung, sondern auf den Eintritt bestimmter Gestaltungswirkungen zielt; die Gestaltungswirkungen treten bei den Lenkungsnormen regelmäßig gezielt, bei den Fiskalzwecknormen dagegen regelmäßig ungezielt ein.

auf vielfältig andere Weise erreichen lässt.[62] Und der im Gegensatz zu dem Belastungszweck differenzierbare Zweck steuerlicher Gestaltungswirkungen erhält Bedeutung allenfalls als Abwägungskriterium bei der Anwendung des Verhältnismäßigkeitsprinzips, als sachlicher Differenzierungsgrund bei der Anwendung des Gleichheitssatzes oder als Legitimationsgrund für die gegen lastenausteilende Verfassungsnormen wie etwa das Leistungsfähigkeitsprinzip verstoßenden Belastungswirkungen.[63] Dieser Unterschied zwischen rein tatsächlicher Wirkungsebene und wertender Zweckebene darf auch hier nicht verkannt werden.

---

[62] Vgl. dazu *Birk*, Das Leistungsfähigkeitsprinzip als Maßstab der Steuernormen, S. 256f.

[63] Vgl. ausführlich *Birk*, Das Leistungsfähigkeitsprinzip als Maßstab der Steuernormen, S. 199ff.

E. Anwendung des Maßstabs auf das geltende Steuerrecht

Die Steuergewalt in die Grenzen des Grundgesetzes zu weisen, ist Anliegen des freiheitlichen Rechtstaats. Die Verwirklichung der materiellen Gerechtigkeit stellt bei aller Beachtung auch der formalen Rechtstaatsprinzipien seine wichtigste Aufgabe und Verpflichtung dar. Der Steuergesetzgeber muss bei allen steuergesetzlichen Regelungen auch den materiellen Gehalt der Vereinigungsfreiheit des Grundgesetzes vollauf beachten. Anderenfalls laufen deren nicht regelungsidentischen Gestaltungswirkungen Gefahr, einen Eingriff in die von Art. 9 Abs. 1 GG geschützte Entschließungsfreiheit zu bewirken. Dem Grundrechtsberechtigten sichert Art. 9 Abs. 1 GG die Freiheit wie auch die souveräne Entscheidung darüber, sich mit anderen in Vereinigungen zusammenzuschließen oder es nicht zu tun.[1] Diese Entscheidung für oder gegen eine Vereinigung darf auch steuerrechtlich nicht in abwehrrechtlich relevanter Weise verfremdet werden. Das Steuerrecht darf dem Grundrechtsberechtigten seine Entscheidung im Rahmen des Art. 9 Abs. 1 GG nicht so erschweren, dass er nach wirtschaftlicher Vernunft eine Organisationsform der Vereinigung wählen muss, die er eigentlich nicht wählen will.[2] Die Beurteilung des gegenwärtigen Steuerrechts hat daher zunächst vom Sachverhalt her die der Rechtformwahl vorausliegenden ökonomischen und gesellschaftsrechtlichen Bedingungen in den Blick zu nehmen, bevor sich nach der beeinflussenden Wirkung des Steuerrechts in Modell und Rechtswirklichkeit fragen lässt.

---

[1] Siehe oben S. 40f.

[2] Siehe dazu oben S. 72ff.

I. Die rechtliche Form des Unternehmens

In der freiheitlichen Wirtschafts- und Gesellschaftsordnung des Grundgesetzes herrschen Privatautonomie und Vereinigungsfreiheit. Den wirtschaftenden natürlichen Personen ist es selbst überlassen, wie sie ihre gegenseitigen Beziehungen regeln wollen. Sie schließen privatautonom Verträge ab, die sich nicht nur auf direkte Beziehungen zum Markt und den Austausch von Leistung und Gegenleistung beschränken. Sie können sich auch zum Zweck der gemeinsamen wirtschaftlichen Betätigung zusammenschließen. Die gegenwärtige Rechtsordnung kennt jedoch weder einen einheitlichen Begriff des Unternehmens[3] noch ein Unternehmensrecht privater Wirtschaftssubjekte, in dem das Unternehmen als wirtschaftliche Einheit Anknüpfungspunkt für Rechten und Pflichten wäre. Nicht das Unternehmen selbst ist Zuordnungsobjekt von Rechten und Pflichten, sondern der Unternehmensträger bildet die Zentralfigur des Außenprivatrechts der Unternehmen.[4] Als Unternehmensträger kommen neben den natürlichen und juristischen Personen auch die sogenannten Gesamthandsgemeinschaften in Betracht,[5] die herkömmlich, aufgrund ihrer vergleichbaren Subjektqualität aber nicht mehr einhellig von der juristischen Person unterschieden werden.[6] Nur wer Träger von Rechten und Pflichten sein kann, ist ein tauglicher Unternehmensträger. Privatrechtlich[7] lässt sich ein Unternehmen – von der Verselbständigung einer Vermögensmasse in Form der rechtsfähigen Stiftung einmal abgesehen[8] – entweder als Einzelunternehmen oder als Gesellschaft betreiben. Unternehmensträger des Einzelunternehmens ist der Einzelunternehmer als natürliche Person. Die unternehmenstragenden Gesellschaften hingegen sind durch einen numerus clausus gekennzeichnet.[9] Wer ein Rechtsgebilde schaffen möchte, das ein eigenes Vermögen haben, selbständig handeln und haften, möglicherweise sogar klagen und verklagt werden soll, darf dem Rechtsverkehr aus Gründen des Verkehrsschutzes kein Phantasiegebilde vorsetzen, sondern muss gesetzliche Mindestvoraussetzungen erfüllen. Er hat die

---

[3] Das Handelsgesetzbuch spricht vom „Handelsgewerbe", „Gewerbebetrieb", „gewerblichen Unternehmen" und „Handelsgeschäft", das Betriebsverfassungsgesetz vom „Betrieb", das Kartell- und Konzernrecht vom „Unternehmen".

[4] Vgl. *K. Schmidt*, Handelsrecht, § 4 IV 1 u. 2, S. 78ff.

[5] Vgl. dazu *K. Schmidt*, Handelsrecht, § 5 I 1-3, S. 89ff., 98ff., 102ff. m. w. Nachw.

[6] Vgl. *K. Schmidt*, Die BGB-Außengesellschaft: rechts- und parteifähig, NJW 2001, 993 (996); *K. Schmidt*, Gesellschaftsrecht, § 8 I 2, 3 u. 5, S. 182f., 184f., 206 m. w. Nachw.

[7] Die von dem öffentlichen Recht für Bund, Länder und Gemeinden zur Verfügung gestellten Organisationsformen können hier außer Acht gelassen werden, weil sie nicht zu den „Vereinigungen und Gesellschaften" des Art. 9 Abs. 1 GG gehören.

[8] Diese setzt ein „Stiftungsgeschäft" zu Lebzeiten oder von Todes wegen und eine staatliche Genehmigung voraus (vgl. §§ 80ff. BGB).

[9] Vgl. *K. Schmidt*, Gesellschaftsrecht, § 5 II 1, S. 96ff.

Wahl zwischen vorgegebenen Rechtsformen, deren Organisation und Haftungsverfassung vom objektiven Recht geordnet ist. Dabei wird herkömmlicherweise nach ihrer Rechtsfähigkeit zwischen Körperschaften und Personengesellschaften unterschieden.[10] Die Körperschaften sind mit Ausnahme des nichtrechtsfähigen Vereins[11] juristische Personen und von überindividueller Verselbständigung geprägt. Die Personengesellschaften bis auf die stille Gesellschaft[12] sind hingegen Gesamthandsgemeinschaften und von der Individualität ihrer Gesellschafter abhängig. Diese Unterscheidung von Körperschaften und Personengesellschaften ist für das Verständnis der gesetzlichen Rechtsformen unentbehrlich, auch wenn damit nur die vom Gesetz unterstellte Idealstruktur, nicht aber in jedem Fall auch die tatsächlich vorgefundene Realstruktur benannt ist.

1. Rechtsform als Rechtskleid

Weil die Gründe des Verkehrsschutzes ein Maßschneidern nicht zulassen, ist jedem Unternehmen das möglichst passende Rechtskleid aus der Konfektion der gesetzlichen Rechtsformen auszuwählen. Die Wahl der geeigneten Rechtsform ist schon bei der Gründung eines Unternehmens als konstitutive Entscheidung zu treffen. Auch wenn der wirtschaftliche Erfolg des Unternehmens nicht allein von ihr abhängt, sondern hierfür in erster Linie der wirtschaftliche und technische Sachverstand des Unternehmers und seine richtige Einschätzung des Marktes maßgebend ist, stellt doch die Rechtsform eine wichtige Rahmenbedingung für ein erfolgreiches unternehmerisches Engagement dar. Die Entscheidung für eine Rechtsform ist daher auch bei bestehenden Unternehmen neu zu überdenken, wenn sich wesentliche Bedingungen der Innenstruktur des Unternehmens oder seiner Umwelt verändern. Das kann der Fall sein, wenn sich die Zielvorstellungen der Gesellschafter beispielsweise durch Eintritt oder Austritt von Gesellschaftern oder durch Erwerb oder Veräußerung von Unternehmensteilen ändern. Ebenso können Änderungen der gesetzlichen Rahmenbedingungen insbesondere des Gesellschafts-, Arbeits- oder Steuerrechts als auch veränderte Marktbedingungen eine Überprüfung der getroffenen Rechtsformwahl erfordern.[13] Allerdings ist ein Wechsel der einmal gewählten Rechtsform immer auch mit hohen Kosten verbunden. Es ist daher schon bei der Gründung

---

[10] Von der Behandlung der Sonderformen für bestimmte Wirtschaftsbereiche wird hier abgesehen: Reederei, Versicherungsverein auf Gegenseitigkeit (VVaG), Europäische Wirtschaftliche Interessenvereinigung (EWIV) und die Partnerschaftsgesellschaft.

[11] Der nicht eingetragene und damit nicht rechtsfähige Verein wird nach § 54 Abs. 1 BGB dem Recht der §§ 705ff. BGB unterstellt; gleichwohl ist die Vorschrift als historisch überholt zu verstehen, so dass heute gewohnheitsrechtlich auch auf den nichtsrechtsfähigen Verein weitgehend die Vorschriften über den rechtsfähigen Verein Anwendung finden.

[12] Das Wesen der stillen Gesellschaft als Innengesellschaft liegt gerade darin, dass die Leistung des Stillen in das Vermögen des Geschäftsinhabers übergeht.

[13] Vgl. hierzu *Wöhe/Bieg*, Grundzüge der betriebswirtschaftlichen Steuerlehre, S. 343f.

darauf zu achten, dass das gewählte Rechtskleid flexibel geschneidert ist, so dass es zumindest den vorhersehbaren Veränderungen im Leben des Unternehmens Rechnung tragen kann. Das in der Praxis gleichwohl zu beobachtende Hin und Her auf der Jagd nach kurzfristigen rechtlichen Vorteilen veranlasst vor diesem Hintergrund dagegen durchaus die Frage, wer da wen eigentlich zum Jagen trägt.

Welche Rechtsformen für den Zweck des Unternehmens zur Wahl stehen, ergibt sich aus dem Gesellschaftsrecht und zum Teil auch aus Bestimmungen des öffentlichen Rechts. Neben universell verwendbaren Rechtsformen gibt es Rechtsformen, die nur auf bestimmte Zwecke beschränkt sind.[14] Die sich aus dem öffentlichen Recht ergebenden Beschränkungen der Rechtsformwahl rühren meistens von der Wirtschaftsaufsicht oder dem beruflichen Standesrecht her.[15] Die Auswahl der zur Verfügung stehenden Rechtsformen, die im Unterschied zur Rechtsformwahl nur die objektiv-rechtliche Seite der von Art. 9 Abs. 1 GG geschützten Vereinigungsfreiheit betrifft,[16] ist regelmäßig groß. In der konkreten Entscheidungssituation einer Rechtsformwahl kann in der Regel schon frühzeitig mittels wesentlicher Unterscheidungsmerkmale die Rechtsformwahl auf wenige Alternativen eingegrenzt werden. Es macht einen erheblichen Unterschied, ob das Unternehmen beispielsweise als Ein- oder Mehr-Personen-Unternehmen betrieben werden soll oder ob eine Begrenzung der Haftung auf das Unternehmensvermögen für notwendig erachtet wird.[17] Die Wahl der Rechtsform ist dennoch ein nicht völlig eindeutig strukturiertes Entscheidungsproblem.[18] Die erwarteten Folgen der bestehenden Rechtsformalternativen müssen im Licht der gesetzten Ziele bewertet werden, bevor der rational handelnde Entscheidungsträger die optimale Rechtsform wählen kann. Schon die Frage nach den Zielvorstellungen der Entscheidungsträger aber ist regelmäßig äußerst komplexer Natur.

---

[14] Z. B. muss der gemeinsame Zweck bei einer Partnerschaftsgesellschaft auf den gemeinsamen Betrieb einer freiberuflichen Praxis gerichtet sein und die eingetragene Genossenschaft muss die Förderung des Erwerbes oder der Wirtschaft ihrer Mitglieder mittels gemeinschaftlichen Geschäftsbetriebes bezwecken.

[15] Vgl. *K. Schmidt*, Gesellschaftsrecht, § 5 II 2 a, S. 98f. m. w. Nachw.

[16] Siehe oben S. 91ff.

[17] Für ein Ein-Personen-Unternehmen kommt das Einzelunternehmen, die GmbH und die AG sowie auch die GmbH & Co. KG in Frage; für die Haftungsbegrenzung stehen grundsätzlich nur die GmbH & Co. KG, die GmbH, die AG und die Betriebsaufspaltung zur Auswahl.

[18] Vgl. dazu *Brönner*, Die Besteuerung der Gesellschaften, S. 1718ff. m. w. Nachw.; ausführlich *Kastner*, Entscheidungsansätze zur Rechtsformwahl, S. 17ff.

2. Merkmale mittelständischer Rechtsformen

Die einzelnen Rechtsformen lassen sich durch eine Vielzahl unterschiedlicher Merkmale beschreiben,[19] die bei der Entscheidung bewertet werden müssen. In die Wahl des passenden Rechtskleides fließen nicht nur zivilrechtliche und wirtschaftliche Merkmale der einzelnen Rechtsformen ein. Allerdings verdienen weniger die Fragen des guten Geschmacks besondere Beachtung, als vor allem diejenigen Eigenheiten der Rechtsformen, die sich nicht noch durch entsprechende vertragliche Gestaltung abändern lassen. Neben den Voraussetzungen für die Gründung fällt der Blick dabei zunächst auf Fragen der Rechtsfähigkeit und der Haftung, der Vertretungs- und Geschäftsführungsbefugnis, der Ergebnisverteilung und der Finanzierungsmöglichkeiten, der Publizitätspflichten, der Mitbestimmung sowie der rechtsformspezifischen Aufwendungen. Gleichwohl gleicht kein Unternehmen dem anderen, bestehen in der unternehmerischen Zielsetzung teilweise beachtliche Unterschiede und sind die Einflussgrößen zu vielfältig, als dass sich eine allgemein gültige Formel der Vorteilhaftigkeit bestimmter Rechtsformen für bestimmte Unternehmen angeben ließe. Entsprechend zahl- und umfangreich sind die von der Literatur zur Rechtsformwahl angebotenen Entscheidungshilfen, die das ganze Panorama nicht nur organisations- und haftungsrechtlicher Erwägungen in den Blick nehmen.[20]

Solche Darstellungen kann zwar der nachfolgende vergleichsweise kurze Überblick über die wesentlichsten Kriterien bei der Rechtsformwahl nicht ersetzen, er muss jedoch an dieser Stelle genügen. Zudem lässt er sich auf die gebräuchlichsten Rechtsformen sogenannter mittelständischer Unternehmen beschränken.[21] Mittelständische Unternehmen sind im Gegensatz zu den ganz großen Unternehmen regelmäßig personenbezogen, die individuellen Verhältnisse der beteiligten Unternehmer beeinflussen die Rechtsformwahl in erheblichem Maße. Die Rechtsformwahl muss daher letztlich nicht nur die Verhältnisse des Unternehmens, sondern auch die der Gesellschafter mit in die Betrachtung einbeziehen. Demgegenüber erübrigt sich bei ganz großen Unternehmen in der Regel die Rechtsformwahl, da für sie aus Gründen der Kapitalbeschaffung, der Haftung und der notwendigen Unabhängigkeit von den Gesellschaftern selten eine Alternative zur Kapitalgesellschaft, insbesondere zur Aktiengesellschaft besteht.

---

[19] Vgl. stellvertretend den Überblick über die Entscheidungskriterien bei *Kessler/ Schiffers/Teufel*, Rechtsformwahl – Rechtsformoptimierung, S. 16f. m. w. Nachw.

[20] Vgl. stellvertretend die Nachweise bei *Kessler/Schiffers/Teufel*, Rechtsformwahl – Rechtsformoptimierung, S. 1ff.

[21] Nach einer Definition des Institut für Mittelstandsforschung in Bonn werden unter Mittelstand solche Unternehmen zusammengefasst, deren Mitarbeiterzahl 500 nicht übersteigt und deren Jahresumsatz unter 0,5 Mio. EUR (Kleinunternehmen) bzw. unter 50 Mio. EUR (mittlere Unternehmen) liegt.

a) Einzelunternehmen

Der Begriff des Einzelunternehmens ist gesetzlich nicht definiert. Allgemein wird unter einem Einzelunternehmen ein Unternehmen verstanden, das von einer einzelnen natürlichen Person geführt wird. Als Unternehmen gilt jede gewerbliche oder wirtschaftliche Betätigung, die selbständig, auf Dauer und mit Gewinnstreben ausgeübt wird. Der Unternehmensbegriff umfasst nicht nur die Industrieproduktion, das Handwerk und den Handel als gewerbliche Tätigkeiten, sondern auch die Land- und Forstwirtschaft sowie die freien Berufe. Innerhalb der gewerblichen Tätigkeiten entscheidet die Kaufmannseigenschaft über die Frage, ob das Handelsrecht Anwendung findet, dessen Wurzeln etwa im 16. Jahrhundert lokalisiert werden können.[22] Kaufmann ist kraft Gesetz, wer ein Gewerbe betreibt, das nach Art und Umfang einen in kaufmännischer Weise eingerichteten Geschäftsbetrieb erfordert (§ 1 Abs. 2 HGB). Daneben besteht für Kleinunternehmer die Möglichkeit, durch Eintragung in das Handelsregister die Kaufmannseigenschaft zu erlangen. Die handelsrechtlichen Vorschriften gelten hingegen nicht auch für die nichtgewerblichen Tätigkeiten der freien Berufe sowie der Land- und Forstwirte, sofern letztere nicht ausnahmsweise als Kannkaufmann zu betrachten sind. Die Erscheinungsformen der Einzelunternehmen sind vielfältig und ausgesprochen zahlreich. Die letzte Umsatzsteuerstatistik weist in der Form des Einzelunternehmens insgesamt 2.029.784 Steuerpflichtige aus.[23]

Die Gründung eines Einzelunternehmens ist formlos durch jede natürliche Person möglich. Es sind bestimmte Meldepflichten zu erfüllen, wenn ein Gewerbe betrieben wird. Ein Kaufmann hat die Firma, das heißt, den Namen, unter dem er sein Geschäft betreibt, dem Handelsregister anzumelden. Charakteristisches Merkmal eines Einzelunternehmens ist seine fehlende rechtliche Verselbständigung. Nur der Inhaber, nicht aber sein Einzelunternehmen selbst kann Träger von Rechten und Pflichten sein. Schuldrechtliche Vertragsbeziehungen zwischen dem Inhaber und seinem Unternehmen sind deswegen ausgeschlossen. Für sämtliche Zahlungsverpflichtungen, die sich aus dem Einzelunternehmen ergeben, haftet der Inhaber uneingeschränkt und persönlich. Eine Trennung zwischen Geschäfts- und Privatvermögen ist aus Sicht des Gläubigerschutzes ohne Bedeutung, weshalb eine Mindestkapitalausstattung auch nicht vorgeschrieben ist.

Zur Vertretung und Geschäftsführung des Unternehmens gegenüber Dritten ist der Inhaber allein befugt. Er kann diese Befugnis jedoch teilweise delegieren. Dem Kaufmann steht dafür die sehr weitgehende und in das Handelsregister

---

22 Vgl. zur handelsrechtlichen Kodifikationsgeschichte *K. Schmidt*, Handelsrecht, § 2 II, S. 42ff. m. w. Nachw.

23 Anzahl der Steuerpflichtigen mit Lieferungen und Leistungen über 17.500 EUR, vgl. *Statistisches Bundesamt*, Umsatzsteuerstatistik 2003, Fachserie 14 / Reihe 8, Tabelle 4.2.

einzutragende Erteilung von Prokura als auch die in der Regel auf Rechtsgeschäfte, die das betriebene Handelsgewerbe gewöhnlich mit sich bringt, beschränkte Handlungsvollmacht zur Verfügung. Die in seinem Einzelunternehmen erzielten Gewinne stehen dem Inhaber allein zu, entsprechend treffen ihn auch die Verluste in vollem Umfang. Neben einer Nichtentnahme der Gewinne kann er seinem Einzelunternehmen jederzeit Eigenkapital in beliebiger, wirtschaftlich nach oben durch sein Privatvermögen begrenzter Höhe zuführen. Die Möglichkeiten zur Aufnahme von Fremdkapital sind aufgrund der unbeschränkten Haftung ebenfalls durch das Privatvermögen des Inhabers begrenzt. Eine Publizitätspflicht besteht grundsätzlich nicht. Auch die Mitbestimmung ist ausgeschlossen, zur Anwendung kommen allenfalls die Vorschriften des Betriebsverfassungsgesetzes[24] und des Gesetzes über Sprecherausschüsse der leitenden Angestellten[25]. Rechtsformspezifische Aufwendungen schließlich fallen bei einem Einzelunternehmen gewöhnlich nur einmalig an, wenn etwa eine Handelsregistereintragung notwendig ist oder notarielle Beglaubigungen und Beurkundungen vorzunehmen sind.

b) Personengesellschaften

Neben dem Einzelunternehmer können auch Gesellschaften Unternehmensträger sein. Der wesentliche Unterschied zwischen Personengesellschaften und den als juristischen Personen organisierten Körperschaften wurde dabei früher darin gesehen, dass die Personengesellschaften keine Rechtsfähigkeit besitzen sollten. Nachdem jedoch der Bundesgerichtshof die Rechtsfähigkeit auch der Gesellschaft bürgerlichen Rechts inzwischen grundsätzlich bejaht hat, hat dieses Merkmal an Unterscheidungskraft verloren. Personengesellschaften und Körperschaften unterscheiden sich dennoch weiterhin vor allem dadurch, dass es Personengesellschaften mit nur einem Gesellschafter nicht gibt und die Gesellschaftsanteile bei ihnen grundsätzlich nicht frei übertragbar sind. Die wichtigsten Personengesellschaften sind die Gesellschaft bürgerlichen Rechts, die offene Handelsgesellschaft und die Kommanditgesellschaft. Zwar zählt auch die stille Gesellschaft[26] zu den Personengesellschaften; aufgrund der rein schuldrechtlichen Beteiligung am Vermögen des Hauptgesellschafters ist sie jedoch

---

[24] Betriebsverfassungsgesetz v. 15.1.1972, BGBl I 1972, 13, i. d. F. der Bekanntmachung v. 25.9.2001, BGBl I 2001, 2518.

[25] Gesetz über Sprecherausschüsse der leitenden Angestellten (Sprecherausschussgesetz – SprAuG) v. 20.12.1988, BGBl I 1988, 2312 (2316).

[26] Bei der stillen Gesellschaft beteiligt sich eine Person (stiller Gesellschafter) am Handelsgewerbe eines anderen (Hauptgesellschafter) in der Weise, dass ihre Einlage in das Vermögen des Hauptgesellschafters übergeht und der stille Gesellschafter am Erfolg des Unternehmens beteiligt ist (vgl. §§ 230-237 HGB).

keine Gesamthandsgemeinschaft, sondern kann weitgehend als ein nur kapitalmäßiges Engagement verstanden werden.

aa) Gesellschaft des bürgerlichen Rechts (GbR)[27]

Die Gesellschaft bürgerlichen Rechts, die auch als BGB-Gesellschaft bezeichnet wird, ist ein auf einem Gesellschaftsvertrag beruhender Zusammenschluss mehrerer Personen mit dem Ziel, durch gemeinsame Leistungen auf der Grundlage des persönlichen Zusammenwirkens der Mitglieder einen gemeinsamen Zweck zu erreichen (§ 705 BGB).[28] Das Gesetzesrecht der GbR liefert der Rechtsanwendung nur einen losen Rahmen. Es liegt auf der Hand, dass ihre Voraussetzungen von den unterschiedlichsten Gesellschaften erfüllt werden. Der gemeinschaftliche Kauf eines Lotterieloses kann ebenso Gesellschaftsgegenstand sein wie ein auf Jahrzehnte geschlossener Kooperationsvertrag unter Großunternehmen. Da die GbR keine wirtschaftliche Zielsetzung erfordert und somit eine Vielzahl von Zwecken auch ideeller Art fördern kann, ist ihre Bedeutung in der Praxis entsprechend groß. Schon im 19. Jahrhundert wurde mit dem Begriff der „Erwerbsgesellschaft" eine GbR bezeichnet, die als Außengesellschaft Trägerin eines Unternehmens ist.[29] Doch erst im Jahr 2001 wurde die rechtliche Verselbständigung der GbR durch Entscheidung des Bundesgerichtshofs anerkannt.[30] Die unternehmenstragende GbR erscheint vor allem im Bereich der nicht im Handelsregister eingetragenen kleinen und deshalb nichtkaufmännischen Gewerbebetriebe, beispielsweise als kleinhandwerklicher Betrieb, als Dienstleistungsbetrieb, im Bauwesen, als Warenhandlung, in der Urproduktion, im Bereich der Gastronomie oder des Freizeitgewerbes. Darüber hinaus spielen neben land- und forstwirtschaftlichen Unternehmen insbesondere die nichtgewerblichen Gesellschaften der Freiberufler eine größere Rolle. Nach der letzten Umsatzsteuerstatistik sind in der Rechtsform der GbR insgesamt 182.937 Steuerpflichtige zu verzeichnen.[31]

Die GbR entsteht durch den ausdrücklichen oder stillschweigenden vertraglichen Zusammenschluss mehrer Gesellschafter. Eine bestimme Form ist nicht vorgeschrieben. Gesellschafter kann jede natürliche und juristische Person oder andere Personengesellschaft sein. Allerdings darf der gemeinsame Zweck nicht

---

[27] Vgl. stellvertretend *K. Schmidt*, Gesellschaftsrecht, § 58ff., S. 1689ff. m. w. Nachw.

[28] Gesetzlich geregelt ist das Recht der GbR in den weitestgehend dispositiven §§ 705ff. BGB.

[29] Vgl. *K. Schmidt*, Gesellschaftsrecht, § 58 II 4, S. 1698f. m. w. Nachw.

[30] BGH v. 29.1.2001 – II ZR 331/00, BGHZ 146, 341 = NJW 2001, 1056; diese Frage war – jedenfalls in der praktischen Auswirkung – für die oHG und die KG aufgrund von § 124 HGB ohne Bedeutung.

[31] Anzahl der Steuerpflichtigen mit Lieferungen und Leistungen über 17.500 EUR, vgl. *Statistisches Bundesamt*, Umsatzsteuerstatistik 2003, Fachserie 14 / Reihe 8, Tabelle 4.2.

auf den Betrieb eines Handelsgewerbes gerichtet sein, da ein solcher als Personenvereinigung nur in der Rechtsform der offenen Handelsgesellschaft oder der Kommanditgesellschaft möglich ist. Zur Führung einer im Handelsregister eingetragenen Firma ist die GbR nicht berechtigt. Zwar ist die GbR keine juristische Person, sie ist aber wie diese ein eigenständiges Rechtssubjekt und besitzt eine nach außen bestehende beschränkte Rechtsfähigkeit. Als Gesamthandsgemeinschaft ihrer Gesellschafter kann sie am allgemeinen Rechtsverkehr teilnehmen und eigene Rechten und Pflichten begründen. Für die Schulden der Gesellschaft haften neben der Gesellschaft mit dem Gesellschaftsvermögen auch die Gesellschafter mit ihrem Privatvermögen als Gesamtschuldner. Die persönliche Haftung der Gesellschafter kann nur durch eine entsprechende, jeweils individualvertragliche Vereinbarung erreicht werden, ein einseitiger Haftungsausschluss durch einen Gesellschafter bei Vertragsschluss ohne Zustimmung des Vertragspartners ist nicht möglich.

Die Führung der Geschäfte der GbR steht den Gesellschaftern nach dem sogenannten positiven Konsensprinzip gemeinschaftlich zu. Die Geschäftsführung verknüpft das Gesetz mit der Vertretung. Soweit einem Gesellschafter nach dem Gesellschaftsvertrag die Befugnis zur Geschäftsführung zusteht, ist er im Zweifel auch ermächtigt, die Gesellschaft Dritten gegenüber zu vertreten. Durch Gesellschaftsvertrag können allerdings Geschäftsführung und Vertretung abweichend geregelt werden. Durch Erteilung von Vollmachten kann die Vertretungsbefugnis auch auf andere Personen übertragen werden. Nach den gesetzlichen Vorschriften hat jeder Gesellschafter ohne Rücksicht auf Art und Größe seines Beitrags einen gleichen Anteil am Gewinn und Verlust. Auch diese Regelungen sind jedoch dispositiver Natur und greifen selten und nur dort ein, wo eine vertragliche Vereinbarung nicht besteht. Die Finanzierung der GbR erfolgt vornehmlich durch die Einlagen der Gesellschafter und durch die in der Gesellschaft erzielten Gewinne. Es besteht keine Verpflichtung zur Publizität und rechtsformspezifische Aufwendungen schließlich fallen auch nicht an.

bb) Offene Handelsgesellschaft (oHG)[32]

Die offene Handelsgesellschaft ist eine Personengesellschaft, deren Zweck auf den Betrieb eines Handelsgewerbes unter gemeinschaftlicher Firma gerichtet ist und die keine Haftungsbeschränkung der Gesellschafter gegenüber den Gesellschaftsgläubigern kennt (§ 105 Abs. 1 HGB). Ihre Gründung zu kleingewerblichen oder sogar zu nichtgewerblichen Zwecken ist inzwischen möglich, setzt aber die Eintragung in das Handelsregister voraus (§ 105 Abs. 2 HGB). Sie

---

[32] Vgl. stellvertretend *K. Schmidt*, Gesellschaftsrecht, § 46ff., S. 1355ff. m. w. Nachw.

ist eine besondere Form der Gesellschaft bürgerlichen Rechts.[33] Die Ursprünge der oHG liegen in dem norditalienischen Handelsverkehr des Spätmittelalters und der Renaissancezeit.[34] Der Gedanke einer Arbeits-, Kapital- und Risikogemeinschaft von Mitunternehmern war in arbeitsteilig betriebenen Unternehmen nur zu naheliegend. Im 19. Jahrhundert wurde die oHG dann zur Grundform der Personenhandelsgesellschaften, stellte sie doch im damaligen Rechtsalltag schlichtweg die Normalform dar. Die Besonderheit der persönlichen Haftung aller Gesellschafter verleiht der oHG nach wie vor ein hohes Maß an Seriosität, doch hat sich seit dem 20. Jahrhundert der Wind in dieser Hinsicht gedreht. Dem Trend zur Flucht aus der unbeschränkten Haftung folgend ist die Gründung von Unternehmen in der Rechtsform der oHG in den letzten Jahrzehnten vielmehr zur seltenen Ausnahme geworden. Als typische Rechtsform für kleinere und mittlere Unternehmen ist sie vor allem im engeren Bereich des Groß- und Einzelhandels als auch in der Fertigungswirtschaft verbreitet. Die letzte Umsatzsteuerstatistik weist als in der Rechtsform der oHG organisiert gerade einmal 17.130 Steuerpflichtige aus.[35]

Der Vertragsschluss zu ihrer Gründung muss keiner besonderen Form entsprechen, es gelten vielmehr die allgemeinen Regeln des bürgerlichen Rechts für Rechtsgeschäfte. Danach bedarf es mindestens zweier Vertragspartner, wobei als Gesellschafter natürliche und juristische Personen als auch Personengesellschaften in Frage kommen. Die Gesellschafterstellung selbst ist an die Person gebunden und kann nicht übertragen werden. Es muss eine entsprechende Eintragung in das Handelsregister erfolgen. Wie die GbR ist die oHG nach traditionellem Verständnis keine juristische Person, sondern eine Gesamthandsgemeinschaft, bei welcher Rechtsträger der Gesellschaft die Gesellschafter in ihrer gesamthänderischen Verbundenheit sind. § 124 Abs. 1 HGB räumt der oHG jedoch abweichend von dem Recht der GbR eine teilweise Rechtsfähigkeit ein, so dass Zuordnungsobjekt von Rechten und Pflichten nicht die Verbundenheit der Gesellschafter, sondern die Gesellschaft selbst ist. Für die oHG charakteristisch ist, dass alle ihre Gesellschafter den Gesellschaftsgläubigern persönlich und gesamtschuldnerisch unbeschränkt für die Verbindlichkeiten der Gesellschaft haften; eine entgegenstehende Vereinbarung ist Dritten gegenüber unwirksam. Ein ausscheidender Gesellschafters haftet noch fünf Jahre für die im Zeitpunkt seines Ausscheidens bestehenden Verbindlichkeiten, ein neu eintretender hingegen haftet auch für die vor seinem Eintritt begründeten Verbindlichkeiten.

---

[33] Gesetzlich geregelt ist das Recht der oHG in den §§ 105ff. HGB; soweit diese keine Sonderregelungen im Verhältnis zu den §§ 705ff. BGB enthalten, findet ergänzend das Recht der GbR Anwendung.

[34] Vgl. zur Geschichte der oHG *K. Schmidt*, Gesellschaftsrecht, § 46 I 2, S. 1360f. m. w. Nachw.

[35] Anzahl der Steuerpflichtigen mit Lieferungen und Leistungen über 17.500 EUR, vgl. *Statistisches Bundesamt*, Umsatzsteuerstatistik 2003, Fachserie 14 / Reihe 8, Tabelle 4.2.

Die Geschäftsführung bei der oHG obliegt den Gesellschaftern und nur ihnen. Die Geschäftsführer werden nach dem Prinzip der Selbstorganschaft nicht bestellt, der Geschäftsführerstatus ist vielmehr Bestandteil der Mitgliedschaft. Alle Gesellschafter sind grundsätzlich zur Führung der Geschäfte berechtigt und verpflichtet und besitzen ebenso Einzelvertretungsbefugnis, doch können bis zu geringen Grenzen in dem Gesellschaftsvertrag abweichende Vereinbarungen getroffen werden. Sowohl Vertretungs- als auch Geschäftsführungsbefugnis lassen sich zudem durch Vollmacht auf andere übertragen. Für die Gewinn- und Verlustbeteiligung sieht die ebenfalls durch den Gesellschaftsvertrag modifizierbare gesetzliche Regelung zunächst eine 4%-ige Verzinsung des Kapitalanteils vor, bevor der verbleibende Gewinn oder Verlust nach Köpfen zu verteilen ist. Die Beschaffung von Eigenkapital erfolgt im wesentlichen durch Erhöhung der Kapitaleinlage der Gesellschafter, möglich ist aber auch die Aufnahme eines stillen oder eines neuen Gesellschafters sowie die Nichtentnahme der in dem Unternehmen erwirtschafteten Gewinne. Die Grenzen der Fremdkapitalbeschaffung sind demgegenüber durch die Höhe des gesamten, als Haftungsmasse dienenden Vermögens der Gesellschafter abgesteckt. Eine Pflicht zur Publizität besteht nicht, solange es sich bei der oHG nicht um ein Großunternehmen nach dem Publizitätsgesetz[36] handelt. Für Fragen der Mitbestimmung und der rechtsformspezifischen Aufwendungen schließlich gilt das gleiche wie für die Einzelunternehmen.

cc) Kommanditgesellschaft (KG)[37]

Die Kommanditgesellschaft ist eine besondere Form der Offenen Handelsgesellschaft. Sie unterscheidet sich nach § 161 HGB von dieser dadurch, dass bei einem oder mehreren Gesellschaftern die Haftung gegenüber den Gläubigern der Gesellschaft auf den Betrag der Kapitaleinlage beschränkt ist (Kommanditist), während bei den übrigen Gesellschaftern eine Beschränkung der Haftung nicht stattfindet (Komplementär).[38] Die Wurzeln der KG reichen bis in das mittelalterliche Recht zurück, das bereits dem Bedürfnis nach unterschiedlicher Verteilung von Herrschaft und Haftung unter den Gesellschaftern personengesellschaftlicher Unternehmen Rechnung trug.[39] Auch lange bevor der Gesetzgeber das Aktienrecht endgültig ordnete, kam der kapitalistisch strukturierten

---

[36] Gesetz über die Rechnungslegung von bestimmten Unternehmen und Konzernen (Publizitätsgesetz – PublG) v. 15.8.1969, BGBl I 1969, 1189, ber. BGBl I 1970, 1113.

[37] Vgl. stellvertretend *K. Schmidt*, Gesellschaftsrecht, § 53ff., S. 1529ff. m. w. Nachw.

[38] Gesetzlich geregelt ist das Recht der KG in den §§ 161ff. HGB; sofern sich aus diesen nichts anderes ergibt, kommt ergänzend das Recht der oHG (§§ 105ff. HGB) und der GbR (§§ 705ff. BGB) zur Anwendung.

[39] Vgl. zur Geschichte der KG *K. Schmidt*, Gesellschaftsrecht, § 53 I 2, S. 1531f. m. w. Nachw.

KG mit großer Mitgliederzahl eine erhebliche Bedeutung zu. Die praktische Bedeutung der KG im Wirtschaftsleben heute ist nach wie vor groß. Ihr Erscheinungsbild reicht von der kleinen Familiengesellschaft und sonstigen, personalistischen, meist mittelständischen Mitunternehmerschaften bis hin zu der sogenannten Publikums-KG mit aufgrund der Vielzahl ihrer Kommanditisten körperschaftlichen Strukturen. Dem Gesetzesrecht der KG liegt zwar das Leitbild einer personalistischen und nicht körperschaftlich strukturierten KG zugrunde. Doch die Dehnbarkeit der Rechtsform insbesondere aufgrund der Gestaltungsfreiheit im Innenverhältnis hat gezeigt, dass die KG das eine wie das andere Modell zu tragen vermag. Vor allem mit der Zulassung der juristischen Person als Komplementärin zu Beginn des 20. Jahrhunderts ist der Beliebtheitsgrad der KG enorm angestiegen. In der gesellschaftsrechtlichen Praxis ist sie inzwischen zu einer gleichwertigen Rechtsform neben der GmbH geworden. Die letzte Umsatzsteuerstatistik zählt in der Rechtsform der KG insgesamt 112.671 Steuerpflichtige, wovon allerdings bei nur 22.087 Steuerpflichtigen der Komplementär keine juristische Person ist.[40]

Die KG bedarf zu ihrer Gründung regelmäßig eines Gesellschaftsvertrags von mindestens zwei Gesellschaftern, von denen mindestens einer Komplementär und mindestens einer Kommanditist sein muss. Im übrigen entsprechen ihre Gründungsvoraussetzungen weitestgehend denen der oHG. Auch bei ihr ist der Vertragsschluss grundsätzlich formlos möglich, können natürliche und juristische Personen wie auch Personengesellschaften Gesellschafter sein und besteht eine Pflicht zur Eintragung in das Handelsregister. Auch die KG ist nach der traditionellen Systematik eine Gesamthandsgemeinschaft, eine zur Rechtsträgerin verselbständigte Personengesellschaft, die unter ihrem Namen Rechte erwerben und Verbindlichkeiten eingehen, vor Gericht klagen und verklagt werden kann. Das entscheidende Abgrenzungsmerkmal der KG gegenüber den anderen Personengesellschaften besteht in der Unterscheidung zwischen dem persönlich haftenden Gesellschafter einer- und dem beschränkt haftenden Kommanditisten andererseits. Die Haftung des Komplementärs entspricht der eines Gesellschafters einer oHG, während der Kommanditist den Gläubigern der Gesellschaft neben dieser grundsätzlich nur beschränkt nach Maßgabe der in das Handelsregister einzutragenden Haftsumme und auch nur insoweit haftet, soweit er seine Einlage nicht erbracht oder zurückerhalten hat.

Für Geschäftsführung und Vertretung der KG ist nach dem Gesetzesrecht grundsätzlich der Komplementär zuständig, während die Kommanditisten von der Geschäftsführung und der Vertretung ausgeschlossen sind. Letztere steht nur bei ungewöhnlichen Geschäften ein Widerspruchsrecht zu. Jedoch kann der Gesellschaftsvertrag hiervon abweichend dem Kommanditisten Geschäftsführungsrechte, nicht jedoch organschaftliche Vertretungsmacht verleihen. Die

---

[40] Anzahl der Steuerpflichtigen mit Lieferungen und Leistungen über 17.500 EUR, vgl. *Statistisches Bundesamt*, Umsatzsteuerstatistik 2003, Fachserie 14 / Reihe 8, Tabelle 4.2.

Kommanditisten können gleichwohl zu Prokuristen oder Handlungsbevollmächtigten bestellt werden. Die ebenfalls dispositive gesetzliche Regelung für die Gewinn- und Verlustbeteiligung sieht zunächst eine 4%-ige Verzinsung des Kapitalanteils vor, bevor ein darüber hinausgehender Gewinn oder Verlust „angemessen", das heißt, dem unterschiedlichen Haftungsumfang Rechnung tragend, zu verteilen ist. Neben der Erhöhung von Einlagen und dem Einbehalten erzielter Gewinne besitzt die KG die Möglichkeit, Eigenkapital durch die Aufnahme neuer Kommanditisten zu beschaffen, deren Haftung auf die Einlage beschränkt und deren Bindung wegen der fehlenden Leistungsbefugnis gewöhnlich schwächer ist als die der Komplementäre. Die Möglichkeiten zur Beschaffung von Fremdkapital sind dagegen durch die Höhe des als Haftungsmasse dienenden Vermögens begrenzt. Eine Pflicht zur Publizität besteht auch für die KG nur als Großunternehmen im Sinne des Publizitätsgesetzes. Die Kommanditisten können eine Abschrift des Jahresabschlusses verlangen und Einsicht in die Geschäftsbücher nehmen. Für Fragen der Mitbestimmung und der rechtsformspezifischen Aufwendungen schließlich gilt auch hier das gleiche wie für ein Einzelunternehmen.

c) Körperschaften

Die Körperschaften sind, von dem nichtrechtsfähigen Verein einmal abgesehen, nach der Definition juristischer Personen zweckgebundene Organisationen, denen die Rechtsordnung die Rechtsfähigkeit verliehen hat.[41] Als Gesellschaftsform sind sie vor allem deshalb attraktiv, weil grundsätzlich nur die juristischen Person haftet und nicht ihre Gesellschafter. Die im handelsrechtlichen Alltag wichtigsten juristischen Personen sind die Gesellschaft mit beschränkter Haftung und die Aktiengesellschaft. Zusammen mit der Kommanditgesellschaft auf Aktien[42], deren Bedeutung im Wirtschaftleben zahlenmäßig gering ist,[43] werden sie auch Kapitalgesellschaften genannt, weil bei ihnen in der Regel die Höhe der eingezahlten Kapitalbeträge die Grundlage für die Entscheidungsbefugnisse und die Gewinnverteilung der Gesellschaft bildet.[44] Zu den Körperschaften zählen ferner die rechtsfähigen Vereine und die Genossenschaften, die hier jedoch nicht weiter betrachtet werden.

---

[41] Vgl. *Reuter*, in: Münchener Kommentar, Vor § 21 Rdnr. 2 m. w. Nachw.

[42] Zum Begriff der KGaA vgl. § 278 Abs. 1 AktG; die KGaA verbindet den persönlichen Kredit und die Selbstorganschaft der Komplementäre mit der Kapitalausstattung der AG und der Börsengängigkeit ihrer Anteile.

[43] Die letzte Umsatzsteuerstatistik zählte in der Rechtsform der KGaA insgesamt 88 Steuerpflichtige mit Lieferungen und Leistungen über 17.500 EUR, vgl. *Statistisches Bundesamt*, Umsatzsteuerstatistik 2003, Fachserie 14 / Reihe 8, Tabelle 4.2.

[44] Vgl. §§ 264ff. HGB.

aa) Gesellschaft mit beschränkter Haftung (GmbH)[45]

Die Gesellschaft mit beschränkter Haftung ist gesetzlich nicht definiert. Aus §§ 1, 5, 13 GmbHG lässt sie sich aber in Anlehnung an § 1 AktG als eine aus einem oder mehreren Gesellschaftern bestehende Gesellschaft mit eigener Rechtspersönlichkeit verstehen, deren Stammkapital von den Gesellschaftern in Form von Stammeinlagen zur Verfügung gestellt wird.[46] Bei ihr steht die Haftungsbeschränkung im Vordergrund. Die GmbH ist eine Kunstschöpfung des Gesetzgebers aus dem Jahr 1892. Sie hat kein historisches Vorbild, sondern beruhte seinerzeit auf der Überlegung, dass die Rechtsformen von Aktiengesellschaft und Personengesellschaften allein den praktischen Bedürfnissen nicht genügten und dass zwischen diesen noch eine Gesellschaft mit dem Vorzug der Haftungsbeschränkung angelegt werden müsse.[47] Von der gesetzlichen Konzeption her ist sie eine eher personalistisch ausgerichtete Gesellschaft, was in der Redewendung zum Ausdruck kommt, die GmbH sei nach außen hin Aktiengesellschaft, nach innen aber oHG. Ob beispielsweise als kleine oder mittlere Kapitalgesellschaft, Ein- oder Mehrpersonengesellschaft, Familiengesellschaft, Konstruktionselement in Konzerngefügen oder Mantel für öffentliche Unternehmen, die GmbH ist mit Abstand zur beliebtesten und erfolgreichsten Rechtsform geworden. Allerdings hält das Renommé der GmbH im Rechtsverkehr nicht mit ihrer Verbreitung Schritt. Ihr wird vielfach Misstrauen entgegengebracht, weil sie nicht selten von unseriösen Geschäftsleuten als Mittel der Haftungsbeschränkung zum Billigtarif benutzt worden ist. Die zahlenmäßige Bedeutung der Rechtsform der GmbH ist aus den Angaben der letzten Umsatzsteuerstatistik mit insgesamt 451.414 Steuerpflichtigen ablesbar.[48]

Die Gründung einer GmbH erfolgt durch Abschluss eines notariell beurkundeten Gesellschaftsvertrages einer oder mehrerer Gesellschafter. Gesellschafter können natürliche und juristische Personen als auch Personengesellschaften sein. Sie kann zu jedem zulässigen, auch nicht gewerblichen Zweck gegründet werden und muss in das Handelsregister eingetragen werden. Für den Gesellschaftsvertrag schreibt das Gesetz nur einen bestimmten Mindestinhalt vor. Die Gründer übernehmen die Stammeinlagen von mindestens jeweils 100 EUR, die zusammen den Betrag des Stammkapitals von mindestens 25.000 EUR ausmachen müssen. Ihre Anteile sind nicht teilbar, werden nicht an der Börse gehandelt und können nur durch in notarieller Form abgeschlossene Verträge

---

[45] Vgl. stellvertretend *K. Schmidt*, Gesellschaftsrecht, § 33ff., S. 983ff. m. w. Nachw.

[46] Gesetzlich geregelt ist das Recht der GmbH im wesentlichen in dem GmbH-Gesetz von 1892.

[47] Vgl. zur Geschichte der GmbH und des GmbH-Rechts *K. Schmidt*, Gesellschaftsrecht, § 33 II, S. 986ff. m. w. Nachw.

[48] Anzahl der Steuerpflichtigen mit Lieferungen und Leistungen über 17.500 EUR, vgl. *Statistisches Bundesamt*, Umsatzsteuerstatistik 2003, Fachserie 14 / Reihe 8, Tabelle 4.2.

übertragen werden. Die GmbH als juristische Person und ihr(e) Gesellschafter stehen sich als eigenständige Rechtssubjekte gegenüber. Die GmbH, auch die sogenannte Ein-Mann-GmbH, kann Träger von Rechten und Pflichten sein, klagen und verklagt werden. Sie besteht unabhängig von dem persönlichen Schicksal der Gesellschafter, Veränderungen in der Person oder im Vermögen der Gesellschafter haben auf sie keinen Einfluss. Für die Verbindlichkeiten der GmbH haftet gegenüber den Gläubigern ausschließlich die Gesellschaft, die Haftung der Gesellschafter ist hingegen grundsätzlich auf die von ihnen geleistete Einlage beschränkt.

Jede GmbH hat mindestens zwei notwendige Organe: die in der Gesellschafterversammlung zusammengefasste Gesamtheit der Gesellschafter als oberstes Willensbildungsorgan und den oder die Geschäftsführer als Handlungsorgan. Die Gesellschafterversammlung setzt einen oder mehrere Gesellschafter oder fremde Dritte als Geschäftsführer ein, denen sowohl die Geschäftsführung als auch die Vertretung obliegt. In der Regel besteht Gesamtvertretung und Gesamtgeschäftsführung. Während die Geschäftsführer hinsichtlich der Geschäftsführung weisungsgebunden sind, ist die Vertretungsmacht unbeschränkbar. Letztere ist jedoch für einen geschäftsführenden Gesellschafter im Fall des Selbstkontrahierens begrenzt. Die nach der gesetzlichen Regelung grundsätzlich vorgesehene Verteilung von Gewinn und Verlust nach den Geschäftsanteilen kann durch Gesellschaftsvertrag abweichend vereinbart werden. Die Eigenkapitalbasis kann von innen durch die Einbehaltung von Gewinnen und von außen durch eine effektive Erhöhung des Stammkapitals erhöht werden. Für eine Fremdkapitalbeschaffung stellt das Vermögen der GmbH die Haftungsmasse dar. Zudem wird eine Darlehensvergabe insbesondere bei kleinen und mittleren Gesellschaften in der Rechtsform einer GmbH häufig von der Besicherung durch das Privatvermögen der Gesellschafter abhängig gemacht. Die GmbH ist zur Publizierung ihres Jahresabschlusses verpflichtet, das heißt, dieser ist zumindest bei dem Handelsregister einzureichen. Bei entsprechender Größe der GmbH finden die Regelungen des Publizitätsgesetzes Anwendung. Der Umfang der Mitbestimmung hängt von der Anzahl der Beschäftigten und dem Wirtschaftszweig ab, in dem das Unternehmen tätig ist. Neben einmaligen Aufwendungen, wie zum Beispiel die Beglaubigung und Beurkundung von Gesellschaftsverträgen, fallen bei der GmbH schließlich etwa für Pflichtprüfungen oder die Veröffentlichung des Jahresabschlusses auch laufende Aufwendungen an.

bb) Aktiengesellschaft (AG)[49]

Die Aktiengesellschaft ist in § 1 AktG definiert als eine Gesellschaft mit eigener Rechtspersönlichkeit und mit einem in Aktien zerlegten Grundkapital, für deren Verbindlichkeiten den Gläubigern nur das Gesellschaftsvermögen haftet.[50] Bei ihr steht die Kapitalbeschaffung im Vordergrund. Als Kind der Neuzeit, des Kolonialismus und der industriellen Revolution, ist das Aktienwesen ein Produkt des Wirtschaftslebens.[51] Die im 19. Jahrhundert für sie vielfach benutzte Bezeichnung „Aktienverein" zeugt von der rechtssystematischen Zugehörigkeit der AG in die Kategorie der Vereine. Der Gesetzgeber ist ihrer Entstehung jedoch erst nachgefolgt, hat dann aber auf die nachfolgende Entwicklung des Aktienwesens entscheidenden Einfluss nehmen können. Bis Ende des 20. Jahrhunderts stellte die AG dann die typische Rechtsform der Großunternehmen dar. Um die AG auch für andere Unternehmen attraktiv zu machen, hat der Gesetzgeber jedoch im Zuge einer Novellierung des Aktienrechts in 1999 eine Reihe von im wesentlichen erleichternden Sonderregelungen für personalistisch strukturierte und nicht börsennotierte Aktiengesellschaften eingeführt. Vor allem den bis dahin in der Rechtsform der GmbH organisierten mittelständischen Unternehmen sollte auf diese Weise die Möglichkeit der Eigenkapitalbeschaffung erleichtert werden. Dem repräsentierten Grundkapital entsprechend spielt die AG im heutigen Wirtschaftsleben eine überragende Rolle. Allerdings ist ihre zahlenmäßige Bedeutung aufgrund der GmbH als Rechtsformalternative nicht so groß wie in anderen europäischen Ländern, wo die AG zu „der" Kapitalgesellschaft schlechthin geworden ist. Die letzte Umsatzsteuerstatistik zählt in der Rechtsform der AG gleichwohl inzwischen wieder 7.041 Steuerpflichtige.[52]

Die AG entsteht seltener durch Neugründung, häufiger durch Formwechsel bestehender Gesellschaften. Zur Gründung muss eine Satzung mit gesetzlich vorgegebenem Mindestinhalt durch notarielle Beurkundung festgestellt werden. Diese Feststellung erfolgt durch eine oder mehrere Personen als Gründer, die das gesamte Grundkapital von mindestens 50.000 EUR übernehmen müssen. Das in Nennwert- oder Stückaktien mit einem Mindestbetrag von 1 EUR zerlegte Grundkapital wird in der Regel als Inhaberpapier, seltener als Namensaktie ausgegeben und kann als sogenannte Vorzugsaktie mit bestimmten Vorrechten und Einschränkungen gegenüber einer Stammaktie ausgestattet sein. Die AG

---

[49] Vgl. stellvertretend *K. Schmidt*, Gesellschaftsrecht, § 26ff., S. 755ff. m. w. Nachw.

[50] Gesetzlich geregelt ist das Recht der AG im wesentlichen im Aktiengesetz von 1965; vereinzelt ist ergänzend das Vereinsrecht des BGB anzuwenden.

[51] Vgl. zur Geschichte und Bedeutung der AG *K. Schmidt*, Gesellschaftsrecht, § 26 II, S. 758ff. m. w. Nachw.

[52] Anzahl der Steuerpflichtigen mit Lieferungen und Leistungen über 17.500 EUR, vgl. *Statistisches Bundesamt*, Umsatzsteuerstatistik 2003, Fachserie 14 / Reihe 8, Tabelle 4.2.

entsteht mit der Eintragung in das Handelsregister. Sie besitzt als juristische Person gegenüber ihren Mitgliedern eigene Rechtspersönlichkeit, infolge dessen sie selbst als Träger von Rechten und Pflichten am Rechtsverkehr teilnehmen kann. Für ihre Verbindlichkeiten haftet lediglich das Gesellschaftsvermögen, eine Haftung der Aktionäre findet hingegen über die geleistete Einlage hinaus nicht statt.

Jede AG hat zwingend drei Organe: den Vorstand als Geschäftsführungs- und Vertretungsorgan, den Aufsichtsrat als Kontrollorgan und die in der Hauptversammlung zusammengefasste Gesamtheit der Aktionäre als oberstes Organ. Das Verhältnis dieser Organe untereinander, insbesondere ihre Entscheidungs-, Handlungs- und Überwachungsaufgaben, ist durch eine weitgehende Zuständigkeitsordnung bestimmt, die man als ein System der Gewaltenteilung bezeichnen kann. Sofern die Satzung nichts anderes bestimmt, besteht bei einem mehrere Personen umfassenden Vorstand Gesamtvertretung und Gesamtgeschäftsführung. Bestellt und abberufen wird der Vorstand vom Aufsichtsrat, der die AG gegenüber dem Vorstand vertritt, den Gewinnverwendungsbeschluss prüft und den Jahresabschluss auch feststellt. Die Hauptversammlung fasst dagegen Beschlüsse grundlegender Entscheidungen und wählt die Vertreter der Aktionäre im Aufsichtsrat. Nach den bis zu einem bestimmten Maß durch die Satzung abänderbaren gesetzlichen Regelungen sind von dem festgestellten Jahresüberschuss zunächst 5% in die gesetzliche Rücklage einzustellen, bis diese 10% des Grundkapitals erreicht. Von dem verbleibenden Gewinn können Vorstand und Aufsichtsrat grundsätzlich bis zur Hälfte in die anderen Gewinnrücklagen einstellen, bevor über die Verwendung des Restgewinns die Hauptversammlung auf Vorschlag des Vorstandes entscheidet. Die Zuführung von Eigenkapital erfolgt bei der AG von außen in der Regel durch eine effektive Kapitalerhöhung oder von innen durch die Einbehaltung von Gewinnen, die in die anderen Gewinnrücklagen einzustellen sind. Im Zuge einer nominellen Kapitalerhöhung können Kapital- und Gewinnrücklagen auch in Grundkapital umgewandelt werden. Insbesondere den größeren börsennotierten Aktiengesellschaften stehen zudem spezielle Möglichkeiten der langfristigen Fremdfinanzierung wie etwa Obligationen, Gewinn- und Wandelschuldverschreibungen offen. In Erfüllung ihrer weitgehenden Publizitätspflicht hat die AG ihren Jahresabschluss bei dem Handelsregister einzureichen und, wenn ihre Aktien zum Handel an einer inländischen Börse zugelassen sind, nach dem Wertpapierhandelsgesetz jedwede Tatsache aus ihrem Tätigkeitsbereich zu veröffentlichen, die geeignet ist, den Börsenpreis der Aktien erheblich zu beeinflussen. Demgegenüber entspricht der Umfang der Mitbestimmung weitgehend dem in der GmbH. An zusätzlichen einmaligen Aufwendungen fallen Kosten etwa für Druck und Ausgabe der Aktien, Gründungsprüfung und Prospekterstellung an. Laufende Aufwendungen schließlich entstehen durch die Pflichtprüfung, Veröffentlichung des Jahresabschlusses, Aufsichtsratssitzungen und Hauptversammlungen.

d) Mischformen

Die Zahl der zulässigen Gesellschaftsformen ist abschließend, schließt aber die Bildung von Mischformen nicht aus. Die Motivation dafür entspringt so gut wie allein dem Versuch, steuerliche Vorteile der von dem Gesetzgeber vorgegebenen Rechtsformen zu kombinieren und gleichzeitig ihre Nachteile zu vermeiden. Sie findet ihren Niederschlag in Unternehmensformen, die nicht mit dem zivilrechtlichen Ordnungsrahmen einer Rechtsform übereinstimmen, sondern sich aus mehreren Rechtsformen zusammensetzen. Aufgrund von Unterschieden in der Besteuerung von Personen- und Kapitalgesellschaften ist eine besonders bedeutsame Gestaltung hierbei nach wie vor die Beteiligung einer Kapitalgesellschaft an einer Personengesellschaft, deren am weitesten verbreitete Form die Beteiligung einer GmbH als persönlich haftende Gesellschafterin an einer KG darstellt. Die Gestaltungen der AG & Co. KG, der GmbH & Co. OHG und der AG & Co. OHG sind dagegen vergleichsweise selten.[53] Neben der GmbH & Co. KG bildet in der betrieblichen Praxis die auch als Doppelgesellschaft bezeichnete Betriebsaufspaltung eine weitere wichtige Mischform.

aa) GmbH & Co. KG[54]

Die GmbH & Co. KG ist eine KG, deren in der Regel einziger Komplementär eine GmbH ist.[55] Sind die Gesellschafter dieser GmbH gleichzeitig Kommanditisten der KG und stimmen die Beteiligungsverhältnisse am Stammkapital der GmbH und am Kommanditkapital überein, liegt eine GmbH & Co. KG im engeren Sinn vor. Fehlt es dagegen an der Personen- oder an der Beteiligungsidentität, wird von einer GmbH & Co. KG im weiteren Sinn gesprochen. Hinsichtlich ihrer vielfältigen Ausprägungen haben sich die besonderen Erscheinungsformen der Einheitsgesellschaft, der Ein-Mann-GmbH & Co. KG, der mehrstufigen GmbH & Co. KG sowie der Publikums-GmbH & Co. KG herausgebildet. Die GmbH & Co. KG ist ein Fall der Grundtypenvermischung und ein künstliches Gebilde, bei dem zwei Handelsgesellschaften für die Organisation eines Unternehmens verwendet werden. Schon im 19. Jahrhundert wurde darüber gestritten, ob eine Kapitalgesellschaft Gesellschafter oder sogar geschäftsführender Gesellschafter einer Personengesellschaft sein könne. Doch erst mit der Einführung der steuerlichen Doppelbelastung der Kapitalgesell-

---

[53] Die letzte Umsatzsteuerstatistik zählte in der Ausprägung der AG & Co. KG 424, der GmbH & Co. OHG 684 und der AG & Co. OHG 586 Steuerpflichtige mit Lieferungen und Leistungen über 17.500 EUR, vgl. *Statistisches Bundesamt*, Umsatzsteuerstatistik 2003, Fachserie 14 / Reihe 8, Tabelle 4.2; ebenfalls zulässig wäre nach BGH v. 24.2.1997 – II ZB 11/96, BGHZ 134, 392 eine GmbH & Co. KGaA.

[54] Vgl. stellvertretend *K. Schmidt*, Gesellschaftsrecht, § 56, S. 1621ff. m. w. Nachw.

[55] Grundsätzlich findet daher auf die GmbH & Co. KG das Recht der KG Anwendung.

schaften und ihrer Mitglieder gewann diese Frage große Bedeutung.[56] Personengesellschaften, an der eine GmbH als geschäftsführende Gesellschafterin beteiligt ist, verbinden nämlich die haftungsbeschränkenden Vorteile einer Kapitalgesellschaft ohne deren Formzwänge mit den Vorteilen unmittelbarer steuerlicher Vermögens- und Ergebniszurechnung bei ihren Gesellschaftern. Sie wurden zuerst 1912 vom BayObLG, dann auch vom Kammergericht und schließlich 1922 gegen den Widerstand des OLG Hamburg auch vom Reichsgericht anerkannt.[57] Nach dem Zweiten Weltkrieg mauserte sich die GmbH & Co. KG vom „Kind der Gesetzesumgehung" zur unangefochten attraktivsten Ausprägung einer KG und der GmbH gleichwertigen Rechtsform. Ob von den Gesellschaftern die eine oder andere Rechtsform gewählt wird, hängt je nach Stand der Steuer-, Bilanz- und Mitbestimmungsgesetzgebung vielfach nur von dem Gutdünken steuerlicher und notarieller Berater ab. Nach der letzten Umsatzsteuerstatistik sind von den insgesamt 112.671 in der Rechtsform der KG organisierten Steuerpflichtigen 90.160 in der Ausprägung der GmbH & Co. KG organisiert.[58]

Die Gründung der GmbH & Co. KG verläuft naturgemäß gewöhnlich in zwei Stufen, da sie die Entstehung der GmbH voraussetzt. Die GmbH & Co. KG erreicht eine umfassende Abschwächung des Haftungsrisikos, da die GmbH als Komplementärin formell zwar unbeschränkt haftet, die Realisierung des Gläubigerzugriffs jedoch faktisch auf das Gesellschaftsvermögen der GmbH beschränkt ist. Bei keinem Gesellschafter steht den Gläubigern das Privatvermögen als Haftungsmasse zur Verfügung. Vertretung und Geschäftsführung der GmbH & Co. KG liegen bei der GmbH als Komplementärin und werden durch deren Geschäftsführer ausgeübt. Die Vorschriften über Rechnungslegung, Prüfung und Offenlegung für Kapitalgesellschaften wurden für die GmbH & Co. KG durch das Kapitalgesellschaften- und Co.-Richtlinien-Gesetz[59] übernommen. Hinsichtlich der übrigen Kriterien kann dagegen weitestgehend auf die KG verwiesen werden.

---

[56] Ein reichseinheitliches Körperschaftssteuerrecht gab es zwar erst ab 1920, doch begann die Entwicklung schon dann, als 1906 von Preußen und 1910 von Bayern aus die Einkommensteuerregelungen im Sinne einer Doppelbelastung geändert wurden.

[57] Vgl. RG v. 4.7.1922 – II B 2/22, RGZ 105, 101; vgl. zur Herausbildung und zivilrechtlichen Anerkennung der GmbH & Co. *K. Schmidt*, Gesellschaftsrecht, § 56 I 2, S. 1623 m. w. Nachw.; auch *Knobbe-Keuk*, Das Steuerrecht – eine unerwünschte Rechtsquelle des Gesellschaftsrechts?, S. 6f.

[58] Anzahl der Steuerpflichtigen mit Lieferungen und Leistungen über 17.500 EUR, vgl. *Statistisches Bundesamt*, Umsatzsteuerstatistik 2003, Fachserie 14 / Reihe 8, Tabelle 4.2.

[59] Gesetz zur Durchführung der Richtlinie des Rates der Europäischen Union zur Änderung der Bilanz- und der Konzernbilanzrichtlinie hinsichtlich ihres Anwendungsbereichs (90/605/EWG), zur Verbesserung der Offenlegung von Jahresabschlüssen und zur Änderung anderer handelsrechtlicher Bestimmungen (Kapitalgesellschaften- und Co-Richtlinie-Gesetz – KapCoRiLiG) v. 24.2.2000, BGBl I 2000, 154.

bb) Betriebsaufspaltung (Doppelgesellschaft)[60]

Die auch als Doppelgesellschaft bezeichnete Betriebsaufspaltung kennzeichnet keine eigenständige zivilrechtliche Rechtsform, sondern die Aufteilung von betrieblichen Funktionen eines Unternehmens in mindestens zwei rechtlich selbständige Gesellschaften, die trotz ihrer rechtlichen Trennung eine wirtschaftliche Einheit bilden. Beide Gesellschaften können prinzipiell in jeder Rechtsform geführt werden. Bei der am weitesten verbreiteten Gestaltung einer Betriebsaufspaltung übernimmt eine Betriebskapitalgesellschaft die wichtigsten betrieblichen Funktionen, während das benötigte Anlagevermögen ihr zum Teil oder vollständig von einer Besitzpersonengesellschaft im Rahmen von Miet- und Pachtverträgen oder eines Betriebsüberlassungsvertrages zur Verfügung gestellt wird. Die Betriebskapitalgesellschaft trägt somit den wesentlichen Teil des Geschäftsrisikos, während das Anlagevermögen der Haftungsmasse weitgehend entzogen ist. Unbesehen dessen ist die Betriebsaufspaltung jedoch ein Kind des Steuerrechts und wird gerade deswegen nicht nur mit Beifall bedacht. Der Gedanke der Betriebsaufspaltung lässt sich bis in die zwanziger Jahre des letzten Jahrhunderts zurückverfolgen, wo als gutes Mittel zur Steuerersparnis zur Aufteilung des Betriebs geraten wurde.[61] Das geschah zwar zunächst vor dem Hintergrund des Einkommensteuertarifs, doch ist die Motivation dieselbe geblieben, nachdem auch die Gewerbesteuer mit in den Blickpunkt des Interesses rückte. Die Finanzrechtsprechung hat die gesellschaftsrechtlich unanfechtbare Betriebsaufspaltung im Steuerrecht zwar grundsätzlich anerkannt, doch ist im einzelnen vieles nach wie vor umstritten, was nicht zuletzt daran liegt, dass eine steuergesetzliche Regelung der Grundsätze der Betriebsaufspaltung bislang nicht erfolgt ist. Da es sich bei der Betriebsaufspaltung nicht um eine eigenständige zivilrechtliche Rechtsform handelt, orientieren sich unter anderem die Haftung, Geschäftsführung, Vertretung, Gewinn- und Verlustverteilung, Publizitäts- und Mitbestimmungspflichten an den für die jeweilige selbständige Gesellschaft geltenden Normen des Gesellschaftsrechts.

3. Dispositivität des Gesellschaftsrechts

Der entscheidende Unterschied zwischen dem Einzelunternehmen und den Personengesellschaften auf der einen und den Kapitalgesellschaften auf der anderen Seite liegt darin, dass die Kapitalgesellschaften als juristische Personen unabhängig von ihren Gesellschaftern bestehen. Schuldrechtliche Beziehungen zwischen der Kapitalgesellschaft und ihren Gesellschaftern werden aus recht-

---

[60] Vgl. stellvertretend etwa *Knobbe-Keuk*, Bilanz- und Unternehmenssteuerrecht, S. 862ff. m. w. Nachw.

[61] Vgl. zur geschichtlichen Entwicklung der Betriebsaufspaltung *Knobbe-Keuk*, Bilanz- und Unternehmenssteuerrecht, S. 866ff. m. w. Nachw.

licher Sicht grundsätzlich wie zwischen fremden Dritten vollzogen, die Übernahme der Gesellschaftsanteile stellt eine Kapitalbeteiligung dar. Bei den Personengesellschaften wird demgegenüber eine enge persönliche Beziehung vorausgesetzt, bei dem Einzelunternehmen ist aufgrund des Fehlens jeglicher rechtlicher Verselbständigung sogar eine vollständige Identität gegeben. Zwischen diesen beiden Grundtypen ordnen sich die Mischformen der GmbH & Co. KG und der Betriebsaufspaltung ein, wenn sie die Grundsätze der Personen- und der Kapitalgesellschaft durch die Gründung von zwei rechtlich selbständigen Gesellschaften miteinander verbinden. Alle weiteren Unterschiede zwischen den Rechtsformen können mehr oder weniger auf diesen grundlegenden Unterschied zurückgeführt werden. Wie das Entstehen von kapitalistischen Personengesellschaften und personalistischen Kapitalgesellschaften zeigt, verlieren sie im Einzelfall jedoch stark an Bedeutung, wenn der im deutschen Zivilrecht geltende Grundsatz der Vertragsfreiheit einbezogen wird und die nicht dispositiven rechtlichen Vorschriften an ihrem wirtschaftlichen Gehalt gemessen werden.

Die Rechtssicherheit gebietet, dass diejenigen gesetzlichen Vorschriften nicht zur Disposition der Gesellschafter gestellt werden, die außenstehende Dritte berühren, weil anderenfalls deren Rechte erheblich gefährdet wären. Sie sind bei den Personengesellschaften im wesentlichen und bei den Kapitalgesellschaften vollumfänglich zwingendes Recht. Grundsätzlich besteht hingegen Gestaltungsfreiheit bei den das Innenverhältnis betreffenden Regelungen, die allerdings im Vergleich zu den Personengesellschaften bei den Kapitalgesellschaften deutlich eingeschränkt ist.[62] Vor diesem Hintergrund bleibt in erster Linie der unterschiedliche Haftungsumfang der Gesellschaften bestehen. Gleichwohl darf nicht übersehen werden, dass zum einen sich die haftungsbeschränkenden Vorteile einer Kapitalgesellschaft durch Beteiligung einer solchen als geschäftsführende Gesellschafterin auch für Personengesellschaften erreichen lassen und dass zum anderen die Haftungsbeschränkung häufig von potentiellen Gläubigern durch die Forderung nach Sicherheiten aus dem Privatvermögen der Gesellschafter umgangen wird. Die gesetzlichen Regelungen hinsichtlich Vertretung und Geschäftsführung sowie der Gewinn- und Verlustbeteiligung sind von der Rechtsform unabhängig, weil sie weitgehende individuelle Gestaltungsmöglichkeiten erlauben. Die Möglichkeiten zur Beschaffung von Eigenkapital sprechen auf den ersten Blick eher für die Rechtsformen mit eingeschränktem Haftungsumfang, doch dürfte die Beteiligungsneigung eines potentiellen Kapitalgebers eher vom Ausmaß der Bindung zwischen Gesellschafter und Gesellschaft geprägt sein. Auch für die Möglichkeiten der Fremdfinanzierung scheint weniger die Rechtsform als vielmehr die Unternehmensgröße und die aus ihr resultierenden möglichen Sicherheiten entscheidend zu sein. Publizitätspflicht, unternehmerische

[62] Zur Gestaltungsfreiheit und ihren Grenzen vgl. *K. Schmidt*, Gesellschaftsrecht, § 5 III, S. 109ff. m. w. Nachw.

Mitbestimmung und rechtsformbezogene Aufwendungen schließlich betreffen wiederum weniger die Personen- als vielmehr die Kapitalgesellschaften.

Im Ergebnis erscheinen bei der Rechtsformwahl die zivilrechtlichen und wirtschaftlichen Eigenheiten aufgrund der Dispositivität des Gesellschaftsrechts weniger gravierend, als es zunächst den Anschein hat. Ihre Bedeutung wird sogar noch dadurch verringert, dass die verbleibenden Unterschiede gegenläufig sind. Eine weitgehende Haftungsbegrenzung lässt sich beispielsweise nur zum Preis entsprechender Publizitätspflichten erreichen. Wenn jedoch die Wahl der Rechtsform vergleichbare rechtliche und wirtschaftliche Folgen nach sich zieht, wird deutlich, dass der Einfluss eines rechtsformabhängigen Steuerrechts auf die Rechtsformwahl ganz erheblich sein kann.[63] Dennoch dürfte eine Rechtsform, die nur um des steuerlichen Vorteils willen ohne Berücksichtigung der übrigen Vor- und Nachteile gewählt wird, fast immer die falsche sein.

---

[63] Vgl. auch *K. Schmidt*, Gesellschaftsrecht, § 1 II 6 c, S. 23.

II. Die verschiedenen Besteuerungssysteme

Der freiheitliche Rechtsstaat deckt seinen Finanzbedarf durch die Erhebung von Steuern, mittels derer er am Erfolg der privaten Wirtschaftssubjekte teilnimmt.[64] Die Besteuerung von Unternehmen sieht sich dabei materiell zahlreichen Anforderungen ausgesetzt. Sie soll gerecht und auch sonst verfassungskonform ausgestaltet sein, das Leistungsfähigkeitsprinzip berücksichtigen, dem Europarecht entsprechen, möglichst standort- und wettbewerbsneutral, finanzierungs- und verwendungsneutral und nicht zuletzt auch ergiebig und praktikabel sein.[65] Daran gemessen verlangt die Vereinigungsfreiheit nicht viel. Im Gegensatz zu organisationsformneutralen Besteuerungssystemen droht jedoch vor allem eine rechtsformabhängige Besteuerung, gegen Art. 9 Abs. 1 GG zu verstoßen. Der Zugriffsgegenstand der Besteuerung ist durch das Prinzip steuerlicher Teilhabe am Erfolg der privaten Wirtschaftssubjekte vorgezeichnet. Die Steuer kann auf die Zahlungsfähigkeit des einzelnen in den Phasen des Einkommenserwerbs, des Vermögensbestandes und der Vermögensverwendung zugreifen.[66] Weniger deutlich zeigt sich hingegen, wer als Steuersubjekt in Frage kommt. Am konsequentesten wäre es, die wirtschaftliche Einheit des Unternehmens als Rechtssubjekt und damit auch als Steuersubjekt anzuerkennen. Das Verfassungsrecht lässt in Art. 19 Abs. 3 GG erkennen, dass Grundrechtsträger und damit Steuersubjekt neben der natürlichen Person auch die juristische Person sein kann. Der Tatbestand der juristischen Person aber muss dabei nicht notwendig an die zivilrechtliche Verselbständigung eines betrieblichen Organismus anknüpfen, sondern kann auch Mitunternehmerschaften oder andere weniger formalisierte Betriebseinheiten umfassen.[67]

Diese Grundzüge, die das Zivilrecht in der Unterscheidung zwischen dem Unternehmen und seinem Unternehmensträger aufnimmt, setzt sich für gewöhnlich bei der Besteuerung von Unternehmen fort. Die Besteuerung knüpft regelmäßig nicht an das Unternehmen als solches, sondern an seinen Rechtsträger an. Dabei wird von einem weiten Unternehmensbegriff ausgegangen, der sämtliche Organisationen umschließt, die wirtschaftlich selbständig sind und der Fremdbedarfsdeckung dienen.[68] Keine größeren Schwierigkeiten bereiten insoweit die Einzelunternehmen, bei denen der Unternehmensträger jeweils eine natürliche Person ist. Bei den übrigen Unternehmen steht das Steuerrecht hinge-

---

[64] Siehe auch oben S. 19.

[65] Vgl. die Aufzählung bei *Tipke*, Die Steuerrechtsordnung, Bd. II, S. 1192.

[66] Vgl. *Kirchhof*, Staatliche Einnahmen, in: HbStR IV, § 88 Rdnr. 68ff.

[67] *Kirchhof*, Besteuerung im Verfassungsstaat, S. 60f.; *ders.*, Maßstäbe für die Ertragsbesteuerung von Unternehmen, DStJG 25 (2002), 1 (5) jeweils m. w. Nachw.

[68] Mit dem Merkmal der Fremdbedarfsdeckung werden neben dem privaten Haushalt die politischen und sozialkulturellen Verbände aus dem Unternehmensbegriff ausgenommen.

gen vor der Aufgabe, in der Unternehmensbesteuerung zu berücksichtigen, dass es zwei selbständige Rechtssubjekte gibt, die zwar nicht losgelöst voneinander betrachtet, aber auch nicht miteinander vermischt werden dürfen. Der wirtschaftlichen Vereinigung in Form der juristischen Person oder nach traditionellem Verständnis auch der Gesamthandsgemeinschaft als Unternehmensträger auf Ebene des Unternehmens stehen auf Ebene der Unternehmer die beteiligten natürlichen Personen gegenüber.

Rechtstechnisch gibt es zwei Möglichkeiten der Besteuerung wirtschaftlich verselbständigter Organismen, die verfassungsrechtlich in verschiedenen Organisationsformen organisiert sein können: Entweder werden nach dem sogenannten Einheitsprinzip bei allen Unternehmen nur die hinter dem jeweiligen Unternehmen(sträger) stehenden natürlichen Personen besteuert. Oder das Unternehmen wird nach dem sogenannten Trennungsprinzip losgelöst von den natürlichen Personen betrachtet, indem strikt zwischen der Ebene des Unternehmens(trägers) und der Ebene des Unternehmers unterschieden wird. Die Frage nach der Organisationsformneutralität, insbesondere nach der Rechtsformneutralität möglicher Besteuerungssysteme, trennt für die Beurteilung eines Eingriffs in die Vereinigungsfreiheit des Grundgesetzes die Spreu vom Weizen. Das Panorama möglicher Besteuerungssysteme lässt sich hierbei nach singularen und dualen Systemen unterscheiden.

1. Singulare Systeme

Singulare Systeme zeichnen sich dadurch aus, dass im gesamten System der Besteuerung von Unternehmen grundsätzlich nur ein Besteuerungsprinzip Anwendung findet. Wird bei einer einheitlichen Gesamtkonzeption das Unternehmen als eigenständiger Steuergegenstand angesehen, liegt der Besteuerung das Trennungsprinzip, im anderen Fall das Einheitsprinzip zugrunde. Weil auf diese Weise eine Differenzierung zwischen den Unternehmen insoweit vermieden wird, scheinen Organisations- oder gar Rechtsformunterschiede bei den singularen Besteuerungsmodellen grundsätzlich ausgeschlossen.

a) Teilhabersteuer

Eine in jeder Hinsicht rechtsformneutrale Besteuerung verwirklicht das auf dem Einheitsprinzip fußende Modell der sogenannten „Teilhabersteuer". Nach diesem in Deutschland insbesondere auf einen Vorschlag der Ökonomen *Engels* und *Stützel* zurückgehenden Besteuerungsmodell[69] ist das Unternehmen selbst nicht steuerpflichtig. Der gesamte Erfolg des Unternehmens wird vielmehr den einzelnen Beteiligten ihrer Beteiligung entsprechend zugerechnet und bei ihnen

[69] *Engels/Stützel*, Teilhabersteuer, S. 1ff.

der individuellen Einkommensbesteuerung unterworfen. Die Schwierigkeiten, die sich hierbei aus der Ergebniszurechnung bei einer Vielzahl wechselnder Beteiligter sowie der fehlenden Liquidität bei der Besteuerung zugerechneter aber nicht ausgeschütteter Gewinne ergeben, werden gelöst durch die Erhebung einer Teilhabersteuer auf Ebene des Unternehmens, die der Beteiligte auf seine Einkommensteuer anrechnen kann. Durch das ausschließliche Anknüpfen an die individuellen Verhältnisse der Beteiligten führt die Teilhabersteuer zu einer von der Rechtsform der Vereinigung gänzlich unabhängigen Besteuerung.[70] Nicht verschwiegen werden soll an dieser Stelle, dass die Teilhabersteuer zwar auch die Einmalbesteuerung erreicht, sich jedoch im übrigen erheblichen systematischen und praktischen Bedenken ausgesetzt sieht.[71]

b) Betriebsteuer

Dass die Höhe der Steuerbelastung nicht von der gewählten Rechtsform beeinflusst wird, kann auch mittels des dem Trennungsprinzip folgenden Modells der sogenannten „Betriebsteuer" erreicht werden. Nach diesem ursprünglich bis auf das Jahr 1924 zurückgehenden und später insbesondere von *Flume* und nachfolgend von *Knobbe-Keuk* vertretenen Besteuerungsmodell[72] knüpft die Besteuerung an das Unternehmen selbst an. Kapitalgesellschaften, Personengesellschaften und sogar auch Einzelunternehmen sind gleichermaßen steuerpflichtig, ihre zivilrechtliche Rechtsfähigkeit spielt keine Rolle. Der in den Unternehmen jeweils erwirtschaftete Erfolg wird überall dem selben Besteuerungskonzept unterworfen. Weder die Rechtsform noch die persönlichen Verhältnisse des Beteiligten wirken sich auf die Steuerbelastung der Vereinigung oder des Einzelunternehmers aus. Insofern stellt die Betriebssteuer das Grund-

---

[70] Außerdem gewährleistet sie eine gleichmäßige Besteuerung nach der individuellen Leistungsfähigkeit; um jedoch das Ziel der gleichen Besteuerung jeglicher wirtschaftlicher Betätigung erreichen zu können, ist von der Erhebung einer Gewerbesteuer im unternehmerischen Bereich abzusehen.

[71] Vgl. jeweils m. w. Nachw. *Englisch*, Rechtsformneutralität der Unternehmensbesteuerung bei Ertragsteuern, DStZ 1997, 778 (781ff.); *Sieker*, Möglichkeiten rechtsformneutraler Besteuerung von Einkommen, DStJG 25 (2002), 145 (158ff.); *Hey*, in: Herrmann/Heuer/Raupach, Einf. KSt Anm. 185; *Jacobs*, Unternehmensbesteuerung und Rechtsform, S. 99ff.

[72] Vgl. etwa *Flume*, Die Betriebsertragsteuer als Möglichkeit der Steuerreform, DB 1971, 692 (694); *Knobbe-Keuk*, Referat, Verhandlungen des 53. Deutschen Juristentages Berlin 1980, Bd. II Sitzungsberichte, Teil O S. 9 (12ff.); schon *Becker* und *Lion* hatten sich anlässlich des 33. Deutschen Juristentages mit der Betriebsteuer auseinandergesetzt und sie im Ergebnis als nicht praktikabel verworfen, vgl. *Becker* bzw. *Lion*, Vortrag, Verhandlungen des 33. Deutschen Juristentages Heidelberg 1924, Zweite Sitzung der III. Abteilung, S. 433 (452) bzw. S. 465 (477); zur geschichtlichen Entwicklung des Betriebsteuermodells vgl. *Hey*, in: Herrmann/Heuer/Raupach, Einf. KSt Anm. 184; auch *Tipke*, Die Steuerrechtsordnung, Bd. II, S. 1203f.; *Sieker*, Möglichkeiten rechtsformneutraler Besteuerung von Einkommen, DStJG 25 (2002), 145 (163f.).

modell einer rechtsformunabhängigen Unternehmensteuer dar.[73] Gleichwohl bestehen auch gegen dieses Grundmodell Vorbehalte,[74] die letztlich zu einer Reihe modifizierender Vorschläge geführt haben. Diese versuchen auf jeweils unterschiedliche Weise, insbesondere die Probleme der Reichweite des Anwendungsbereichs der Betriebsteuer sowie ihrer Integration in die individuelle Einkommensbesteuerung zu lösen.

aa) Reichweite des Anwendungsbereichs

Es war die Kritik an der ungleichmäßigen Behandlung gewerblicher und nicht gewerblicher Einkünfte nach dem Grundmodell der Betriebsteuer, die zu einer Ausweitung ihres Anwendungsbereichs führte. Danach wird nun nicht mehr nur jeder gewerbliche, sondern ebenso jeder freiberufliche, land- und forstwirtschaftliche Betrieb sowie die private Vermögensverwaltung als Betrieb erfasst. Durch den erweiterten Anwendungsbereich wird erreicht, dass die Erträge sämtlicher Finanz- und Realinvestitionen der Betriebssteuer unterliegen. Beteiligt sich eine natürliche Person in unternehmerischer Form am allgemeinen Verkehr, so werden die dabei erzielten gewerblichen Erträge nicht länger anders als im Zusammenhang mit anderen Einkunftsarten behandelt.[75] Neben der rechtsformneutralen Gleichbehandlung aller Unternehmen verstärkt ein derart modifiziertes Modell der Betriebsteuer sowohl die Neutralität als auch die Gleichmäßigkeit der Besteuerung. Nach wie vor ungelöst bleibt dagegen unter anderem das Problem, dass aufgrund der Anknüpfung an den Betrieb für die Besteuerung eines Einzelunternehmens entgegen der zivilrechtlichen Wertung fiktiv Verträge zwischen Einzelunternehmen und seinem Inhaber anzuerkennen wären.

Auf einen mit der modifizierten Betriebsteuer durchaus vergleichbaren weiten Anwendungsbereich beruht das Modell der sogenannten „Dual Income Tax“. Dieses weitgehend von Finnland, Schweden und Norwegen zu Beginn der 90er Jahre umgesetzte Modell trennt auf der Ebene der Beteiligten strikt zwischen

---

[73] Die Umsetzung des Betriebsteuergedankens bedeutet über die steuerrechtliche Verselbständigung des Unternehmens hinaus auch eine rechtsformunabhängige Besteuerung im Rahmen der Gewerbesteuer.

[74] Vgl. jeweils m. w. Nachw. *Englisch*, Rechtsformneutralität der Unternehmensbesteuerung bei Ertragsteuern, DStZ 1997, 778 (783); *Jacobs*, Unternehmensbesteuerung und Rechtsform, S. 102f.; *Sieker*, Möglichkeiten rechtsformneutraler Besteuerung von Einkommen, DStJG 25 (2002), 145 (164ff.).

[75] Vgl. etwa *Lang*, Reform der Unternehmensbesteuerung, StuW 1989, 3 (9ff.); *ders.*, Reform der Unternehmensbesteuerung auf dem Weg zum europäischen Binnenmarkt und zur deutschen Einheit, StuW 1990, 107 (118ff.); dazu auch *Englisch*, Rechtsformneutralität der Unternehmensbesteuerung bei Ertragsteuern, DStZ 1997, 778 (783f.).

Kapitaleinkommen (capital income) und Arbeitseinkommen (earned income).[76] Der Begriff des Kapitaleinkommens umfasst dabei neben Zinsen und Dividenden grundsätzlich auch die nicht körperschaftsteuerpflichtigen gewerblichen Unternehmensgewinne, Einkünfte aus Vermietung und Verpachtung sowie private Veräußerungsgewinne. Weil die unternehmerischen Einkünfte unabhängig von der Rechtsform nach einheitlichen Regeln ermittelt werden und der proportionale Steuersatz für Kapitaleinkommen dem Körperschaftsteuersatz entspricht, ist eine rechtsformneutrale Besteuerung grundsätzlich gewährleistet. Die Gewinnausschüttungen der Kapitalgesellschaften müssen zudem aufgrund der Steuersatzgleichheit nicht zwingend in die Einkommensbesteuerung der einzelnen Beteiligten einbezogen werden. Die Dual Income Tax bricht insofern zwar bewusst mit dem Gedanken einer synthetischen Einkommensteuer, vermeidet aber in der Ausgestaltung als allgemeine Unternehmensteuer jede Rechtsformabhängigkeit. Das Ziel der Dual Income Tax, unter dem Eindruck globalisierter Wirtschaftsbeziehungen vor allem zu einer effizienteren Erfassung von Kapitaleinkommen zu gelangen, vermag allerdings nicht, über die sich aus der ungleichen Behandlung von (zumeist niedrig und proportional besteuertem) Kapitaleinkommen und (zumeist hoch und progressiv besteuertem) Arbeitseinkommen ergebenden Schwierigkeiten hinwegzutäuschen.[77]

Im wesentlichen mit der modifizierten Betriebssteuer vergleichbar ist auch das Modell der sogenannten „Inhabersteuer". Dieses von *Lang* zu einer dualen Unternehmensteuer erweiterte Modell unterwirft rechtsformübergreifend alle buchführenden personenbezogenen Gewerbetreibenden der Inhabersteuer, während als Publikumsgesellschaften bezeichnete Vereinigungen von der Körperschaftsteuer erfasst werden.[78] Freiberufler, Land- und Forstwirte sowie private Vermögensverwalter können für die Inhabersteuer optieren, sofern sie eine freiwillige Buchführung einrichten. Die Einkünfte der keine Bücher führenden Kleinunternehmen werden hingegen direkt bei dem jeweiligen Eigner der Einkommensbesteuerung unterworfen. Da der proportionale Steuersatz der Inhabersteuer mit dem der Körperschaftsteuer übereinstimmt, wird zumindest hinsichtlich der einbehaltenen Gewinne von inhaber- und körperschaftsteuer-

---

[76] Vgl. zur Konzeption etwa *Viherkenttä*, Die Steuerreformen in den nordischen Staaten – ein neuer Ansatz der Einkommensbesteuerung, IStR 1994, 414 (414ff.); auch *Wagner*, Korrektur des Einkünftedualismus – zum Konstruktionsprinzip der Dual Income Taxation, StuW 2000, 431 (432ff.).

[77] Als solche sind insbesondere das aufgrund der damit verbundenen Steuerarbitrage (der Anreiz zur Umwandlung von Arbeits- in Kapitaleinkommen) bestehende Abgrenzungsproblem und der schwere Verstoß gegen das Gebot der Lastengleichheit zu nennen; vgl. ausführlich *Jacobs*, Unternehmensbesteuerung und Rechtsform, S. 105ff.; auch *Hey*, in: Herrmann/Heuer/Raupach, Einf. KSt Anm. 225 m. w. Nachw.

[78] Vgl. *Bundesministerium der Finanzen*, Brühler Empfehlungen zur Reform der Unternehmensbesteuerung, Anhang Nr. 1 S. 31ff.; dazu weitere Erklärungen von *Lang*, Prinzipien und Systeme der Besteuerung von Einkommen, DStJG 24 (2001), 49 (106ff.).

pflichtigen Vereinigungen eine grundsätzlich annähernd rechtsformneutrale Steuerbelastung erreicht.[79] Die Verwirklichung umfassender Rechtsformneutralität hängt hier entscheidend davon ab, dass die mit Inhabersteuer und Körperschaftsteuer vorbelasteten Gewinnentnahmen und -ausschüttungen auch im Rahmen der Einkommensbesteuerung der Beteiligten jeweils gleichbehandelt werden. Vielfachen Bedenken ausgesetzt sieht sich das Modell der Inhabersteuer, weil es erklärtermaßen die investive und die konsumtive Einkommensverwendung unterschiedlich belastet, auch wenn es die Besonderheiten personenbezogener Unternehmen besser als eine einheitliche Unternehmensteuer zu berücksichtigen vermag.[80]

bb) Integration in die Einkommensbesteuerung

Allen diesen Modellen einer Betriebsteuer ist gemeinsam, dass sie zumindest in der Besteuerung auf Ebene der Unternehmen grundsätzlich Rechtsformneutralität verwirklichen. Sie knüpfen ausschließlich an einen mehr oder weniger umfassend verstandenen Begriff des Unternehmens an, ohne dabei zwischen einzelnen Organisationsformen zu unterscheiden. Auch die in dem Verhältnis zwischen Einzelunternehmer und Vereinigungen zu beachtende negative Vereinigungsfreiheit wird durch sie nicht berührt, beziehen doch alle Besteuerungsmodelle das Einzelunternehmen mit in die Betriebsteuer ein oder sehen zumindest die Möglichkeit hierfür vor. Eine entsprechende Gestaltungswirkungen entfaltende rechtsformabhängige Besteuerung lässt sich insoweit nicht erkennen. Dennoch ist nicht auszuschließen, dass rechtsformspezifische Unterschiede als Folge der Antwort auf die Frage entstehen, ob und wie die verschiedenen Betriebsteuerarten jeweils in die individuelle Einkommensbesteuerung zu integrieren sind. Die Antwort selbst rührt dabei an das Verständnis der juristischen Person, die nach *Kirchhof* bislang steuerrechtlich ein Geheimnis bleibt, weil dem Steuerrecht eine klare Vorstellung über ihre Bedeutung fehle.[81] Dementsprechend unterschiedlich fallen auch die Antworten aus.

---

[79] Diese wird auch als „Thesaurierungsneutralität" bezeichnet; eine lupenreine Rechtsformneutralität kann aufgrund der bestehenden Unterschiede bei der Ermittlung der Bemessungsgrundlage nicht erreicht werden. Die Gewerbesteuer soll nach den Vorschlägen in eine kommunale Unternehmensteuer umgestaltet werden, Steuergegenstand sind alle körperschaftsteuer-, inhabersteuer- und einkommensteuerpflichtigen Unternehmen.

[80] Bedenken bestehen insbesondere vor dem Hintergrund des Leistungsfähigkeitsprinzips; vgl. etwa *Sieker*, Möglichkeiten rechtsformneutraler Besteuerung von Einkommen, DStJG 25 (2002), 145 (166ff.); *Hey*, in: Herrmann/Heuer/Raupach, Einf. KSt Anm. 196, 206; auch *Jacobs*, Unternehmensbesteuerung und Rechtsform, S. 103f.; moderierend *Tipke*, Die Steuerrechtsordnung, Bd. II, S. 1204ff.

[81] Vgl. *Kirchhof*, Maßstäbe für die Ertragsbesteuerung von Unternehmen, DStJG 25 (2002), 1 (3); *ders.*, Der Grundrechtsschutz des Steuerpflichtigen, AöR 128 (2003), 1 (29f.).

Keine weitergehenden Gedanken müssen sich die Vertreter der sogenannten Separationstheorie machen. Nach ihrer Auffassung ist eine auf Unternehmensebene erhobene Betriebsteuer nicht zwangsläufig in die individuelle Einkommensbesteuerung zu integrieren.[82] Unternehmen dürfen vielmehr selbständig mit Steuern belastet werden, denn so, wie zwischen Unternehmen und Unternehmern unterschieden werden könne, lasse sich auch eine wirkliche Unternehmensteuer neben der Einkommensteuer rechtfertigen.[83] Weil eine entsprechende Entlastung hierbei weder auf Ebene des Unternehmens noch im Rahmen der Einkommensbesteuerung der Beteiligten stattfindet, werden die entnommenen und die ausgeschütteten Gewinne der Unternehmen im Ergebnis zweifach besteuert.[84] Voraussetzung für eine anhaltende Rechtsformneutralität der Besteuerung bei Verzicht auf eine wie auch immer gestaltete Integration der Betriebsteuer in die Einkommensbesteuerung ist lediglich, dass der Betriebsteuer sämtliche Unternehmen – also auch Personengesellschaften und Einzelunternehmen – unterworfen werden, wie es schon das Grundmodell der Betriebsteuer vorsieht.[85] Aus dem gleichen Grund kann das Modell der Inhabersteuer, das Kleinunternehmer nur direkt der Einkommensbesteuerung unterwerfen möchte, auch nicht auf eine Integration der Inhabersteuer in die Einkommensbesteuerung verzichten, wenn es alle Unternehmen rechtsformneutral gleichbehandeln soll.

Im Unterschied dazu halten die Vertreter der Integrationstheorie daran fest, dass der Gewinn eines Unternehmens nicht zugleich mit Unternehmensteuer und Einkommensteuer belastet werden dürfe.[86] Vielmehr ist als allgemeine Unternehmensteuer auch die Betriebsteuer in die Einkommensteuer zu integrieren. Hinter dieser Auffassung steht das insbesondere von vielen Steuerökonomen verfolgte Ziel, unternehmerische Gewinne nur einmal zu besteuern. Weil ein

---

[82] Vgl. etwa *Tipke*, Die Steuerrechtsordnung, Bd. II, S. 1195; *Flume*, Die Betriebsertragsteuer als Möglichkeit der Steuerreform, DB 1971, 692 (693f.); *Knobbe-Keuk*, Referat, Verhandlungen des 53. Deutschen Juristentages Berlin 1980, Bd. II Sitzungsberichte, Teil O S. 9 (12ff.); *dies.*, Möglichkeiten und Grenzen einer Unternehmenssteuerreform, DB 1989, 1303 (1305f.); *dies.*, Bilanz- und Unternehmenssteuerrecht, S. 5f.

[83] Vgl. zu den Rechtfertigungsgründen einer separaten Körperschaftsteuer *Hey*, Harmonisierung der Unternehmensbesteuerung in Europa, S. 245ff. m. w. Nachw.; *dies.*, in: Herrmann/Heuer/Raupach, Einf. KSt Anm. 20; ein Modell einer wirklichen Unternehmensteuer skizziert *Tipke*, Die Steuerrechtsordnung, Bd. II, S. 1193ff.

[84] Diese ungemilderte wirtschaftliche Doppelbelastung war im Rahmen der Körperschaftsteuer bis zu der Einführung eines Anrechnungsverfahrens im Jahre 1977 Folge damals geltenden Rechts; zu den entsprechenden Vor- und Nachteilen vgl. etwa *Hey*, in: Herrmann/Heuer/Raupach, Einf. KSt Anm. 221.

[85] Dieses System war schon in den frühen Entwürfen eines Betriebsteuermodells enthalten; nach *Hey*, in: Herrmann/Heuer/Raupach, Einf. KSt Anm. 184 standen diese „klassischen“ Vorschläge im engen Kontext mit dem aufgrund des Zweiten Weltkriegs gestiegenen Mittelbedarf des Staates.

[86] Vgl. etwa die Nachw. bei *Tipke*, Die Steuerrechtsordnung, Bd. II, S. 1195 FN 233.

Unternehmen nur Instrument zur Einkommenserzielung sei und deshalb kein eigentliches Steuersubjekt sein könne, kann und darf es danach eine Unternehmensteuer im eigentlichen Sinn überhaupt nicht geben.[87] Auch im Lager der deutschen Steuerjuristen scheint die Meinung herrschend zu sein, dass Gewinne von Unternehmen nur einmal besteuert werden dürfen. Nach dem Grundsatz der Individualbesteuerung kommt dem einzelnen Unternehmen hiernach nur eine Inkassofunktion für die an ihm beteiligten Personen zu.[88] Gewollt wird nach der Integrationstheorie letztlich nur eine Besteuerung der natürlichen Personen. Nicht die Steuerbelastung der Unternehmen, sondern nur die der Unternehmer entscheidet darüber, ob es steuerlich einen Unterschied macht, in welcher Rechtsform sie unternehmerisch aktiv werden. Die möglichen Wege einer Integration sind denkbar zahlreich und nicht von vornherein rechtsformspezifisch. Im Fall der Betriebsteuermodelle finden sie grundsätzlich schon auf der Unternehmensebene eine rechtsformneutrale Ausgangsbelastung vor. Rechtsformrelevant werden sie daher allenfalls dann, wenn sie selbst noch zwischen einzelnen Rechtsformen differenzieren.

Das Arsenal möglicher Integrationsmechanismen reicht von einer vollständigen bis zu einer teilweisen, von einer auf Ebene des Unternehmens bis zu einer auf Ebene des Unternehmers ansetzenden Integration.[89] Ausmaß und Technik der Vermeidung einer steuerlichen Doppelbelastung lassen sich dabei nahezu beliebig variieren und kombinieren: In einem Freistellungsverfahren werden die mit Unternehmensteuer belasteten Entnahmen und Ausschüttungen des Unternehmens auf der Ebene der Unternehmer ganz oder teilweise freigestellt.[90] In einem Anrechnungsverfahren führt die Entnahme oder Ausschüttung versteuerter Unternehmensgewinne bei dem Unternehmer dagegen zu steuerpflichtigen Einkünften; für die darauf lastende Unternehmensteuer erhält er eine auf seine Einkommensteuer ganz oder teilweise anrechenbare Gutschrift, die gegebenenfalls erstattet wird.[91] In einem Abzugsverfahren werden wiederum die Gewinn-

---

[87] Vgl. *Siegel/Bareis/Herzig/Schneider/Wagner/Wenger*, Verteidigt das Anrechnungsverfahren gegen unbedachte Reformen!, BB 2000, 1269 (1269f.); w. Nachw. bei *Tipke*, Die Steuerrechtsordnung, Bd. II, S. 1195f.

[88] Vgl. *Tipke*, Die Steuerrechtsordnung, Bd. II, S. 1197 mit Kritik zu der nach seiner Meinung falschen, aber Akzeptanzprobleme ersparenden Terminologie etwa der „Unternehmensbesteuerung"; *Kirchhof*, Besteuerung im Verfassungsstaat, S. 60.

[89] Vgl. für die Körperschaftsteuer die Übersicht bei *Hey*, in: Herrmann/Heuer/Raupach, Einf. KSt Anm. 11; ausführlich *dies.*, Harmonisierung der Unternehmensbesteuerung in Europa, S. 280ff. m. w. Nachw.

[90] Das Freistellungsverfahren führt folglich zu einer Belastung von Einkünften aus Unternehmensgewinnen zum Unternehmensteuertarif; zu den Vor- und Nachteilen im Rahmen der Körperschaftsteuer vgl. *Hey*, in: Herrmann/Heuer/Raupach, Einf. KSt Anm. 222; in der Sache ein Teilfreistellungsverfahren stellt das 2001 für den Bereich der Körperschaftsteuer eingeführte sogenannte Halbeinkünfteverfahren dar.

[91] Die Bemessungsgrundlage der Einkommensteuer setzt sich dabei aus der Barausschüttung und der Steuergutschrift zusammen; das 1977 für den Bereich der Körperschaftsteuer

zahlungen von der Bemessungsgrundlage der Unternehmensteuer abgezogen und unterliegen bei dem Unternehmer der gewöhnlichen Einkommensbesteuerung; sind in den Zahlungen Gewinne enthalten, die in früheren Perioden bereits besteuert wurden, so wird die damals gezahlte Unternehmensteuer an das Unternehmen erstattet.[92] Das Abzugsverfahren unterscheidet sich zumindest inhaltlich dann nicht mehr von dem Anrechnungsverfahren, wenn es mit einer von dem Unternehmen abzuführenden und auf die Einkommensteuer des Unternehmers anzurechnenden Kapitalertragsteuer kombiniert wird, um die Besteuerung auch auf Unternehmerebene sicherzustellen.[93] Eine Variante des Abzugsverfahrens stellt das Teilentlastungsverfahren eines gespaltenen Unternehmensteuersatzes dar, das auf Ausschüttungen und Entnahmen einen niedrigeren Unternehmensteuersatz anwendet.[94] Demgegenüber setzt schließlich das Teilentlastungsverfahren eines ermäßigten Einkommensteuersatzes für die Ausschüttungen und Entnahmen wiederum auf der Ebene des Unternehmers an. Dessen verschiedenen Formen erfreuen sich unter dem Begriff sogenannter „Shareholder-Relief-Methods" vor allem in dem Bereich des Körperschaftsteuerrechts seit einiger Zeit wachsender Beliebtheit, weil sie die Besteuerung grenzüberschreitender Sachverhalte diskriminierungsfrei gestalten können.[95]

cc) Organisationsformneutralität der Betriebsteuer

Nach alledem kann organisationsformrelevant allein das Modell der Inhabersteuer werden. Den anderen Betriebsteuermodellen gelingt schon auf Unternehmensebene, ein Differenzieren zwischen den einzelnen unternehmerischen Organisationsformen zu vermeiden. Aus sich heraus bieten sie für eine rechtsformspezifische Ungleichbehandlung keinen Anknüpfungspunkt. Das Modell der Inhabersteuer hingegen hat eine organisationsformabhängige Besteuerung

---

eingeführte Anrechnungsverfahren wurde 2001 zugunsten des Halbeinkünfteverfahrens abgeschafft.

92 Zu den Vor- und Nachteilen des Abzugsverfahrens im Rahmen der Körperschaftsteuer vgl. *Hey*, in: Herrmann/Heuer/Raupach, Einf. KSt Anm. 223.

93 Formal ist die Ausschüttungs- bzw. Entnahmebelastung im Anrechnungssystem Unternehmensteuer, im Abzugssystem mit Kapitalertragsteuer hingegen Einkommensteuer; diese Unterscheidung hat im Inlandssachverhalt keine Bedeutung, führt aber doppelbesteuerungsrechtlich zu unterschiedlichen Konsequenzen.

94 Definitionsgemäß ist das Integrationsverfahren mit gespaltenem Unternehmensteuersatz nur als Teilentlastungsverfahren denkbar; es nähert sich jedoch dem Abzugsverfahren an, je niedriger der Entnahme- bzw. Ausschüttungssteuersatz, oder dem „klassischen" Verfahren, je geringer der Abstand zum Steuersatz auf die einbehaltenen Gewinne gewählt wird.

95 Vgl. dazu *Hey*, in: Herrmann/Heuer/Raupach, Einf. KSt Anm. 224 m. w. Nachw. sowie zu den Vor- und Nachteilen im Rahmen der Körperschaftsteuer; das Halbeinkünfteverfahren kann auch hierzu gezählt werden, weil sich ein vergleichbarer Effekt dadurch ergibt, dass die Dividende nur zur Hälfte zur Einkommensteuer herangezogen wird.

zum einen dann zur Folge, wenn es nicht durch ein entsprechendes Anrechnungs- oder Abzugsverfahren die steuerliche Gleichbehandlung der von der Inhabersteuer ausgenommenen Kleinunternehmer mit den übrigen Unternehmern verwirklicht. Das Einräumen eines Optionsrechts der Kleinunternehmer zur Inhabersteuer ist allein jedenfalls nicht in der Lage, die sonst eintretende Abhängigkeit der Besteuerung von der Organisationsform zu verhindern.[96] Zum anderen aber ist das dann der Fall, wenn für inhabersteuerbelastete Entnahmen und körperschaftsteuerbelastete Ausschüttungen nicht die gleichen Integrationsverfahren Anwendung finden, wenn also beispielsweise die Inhabersteuer nach dem Abzugsverfahren und die Körperschaftsteuer nach dem sogenannten Halbeinkünfteverfahren in die Einkommensbesteuerung integriert werden.[97] Eine solche rechtsformabhängige Ungleichbehandlung der Gewinne inhabersteuer- und körperschaftsteuerpflichtiger Unternehmen führt zu einer Verzerrung der Rechtsformwahl. Allerdings verliert die Forderung rechtsformneutraler Gleichbehandlung leicht an Schärfe, wenn die zivilrechtlichen Organisationsformen als weitgehend von der Funktion der Vereinigung bestimmt angesehen werden, so dass sich die körperschaftsteuerpflichtigen großen Publikumsgesellschaften mit den übrigen inhabersteuerpflichtigen Vereinigungen gerade nicht vergleichen lassen.[98]

Im Ergebnis erweisen sich auch die dem Trennungsprinzip folgenden Betriebsteuermodelle als grundsätzlich organisationsformneutral. Das Modell der Inhabersteuer ist dabei für eine weitgehende Rechtsformneutralität zu einem vollständigen Anrechnungs- oder Abzugsverfahren von Inhaber- und Körperschaftsteuer gezwungen. Wie das modifizierte Modell der Betriebsteuer, das zur Vermeidung von Doppelbelastungen ebenfalls ein Anrechnungsverfahren vorsieht, sieht es sich damit auch den Vorwürfen mangelnder Eignung für grenzüberschreitende Sachverhalte und fehlender Europatauglichkeit ausgesetzt.[99] Diese Bedenken lassen sich rechtsformneutral auch nicht dadurch aus der Welt

---

[96] Vgl. kritisch zu der Einräumung von Wahlrechten *Tipke*, Die Steuerrechtsordnung, Bd. II, S. 1202; *ders.*, Die Steuerrechtsordnung, Bd. I, S. 515ff.; ablehnend *Hey*, Besteuerung von Unternehmensgewinnen und Rechtsformneutralität, DStJG 24 (2001), 155 (215f.); *Knobbe-Keuk*, Referat, Verhandlungen des 53. Deutschen Juristentages Berlin 1980, Bd. II Sitzungsberichte, Teil O S. 9 (19ff.); auch *Sieker*, Möglichkeiten rechtsformneutraler Besteuerung von Einkommen, DStJG 25 (2002), 145 (171 FN 149) m. w. Nachw.

[97] So aber *Bundesministerium der Finanzen*, Brühler Empfehlungen zur Reform der Unternehmensbesteuerung, Anhang Nr. 1 S. 23f.

[98] Vgl. *Hey*, in: Herrmann/Heuer/Raupach, Einf. KSt Anm. 206.

[99] Der Vorwurf mangelnder Europatauglichkeit war letztlich auch der Grund für die Abschaffung des körperschaftsteuerlichen Anrechnungsverfahrens und dessen Ersatz durch das Halbeinkünfteverfahren, vgl. etwa *Bundesministerium der Finanzen*, Brühler Empfehlungen zur Reform der Unternehmensbesteuerung, S. 47f.; gleichwohl muss sich auch das Halbeinkünfteverfahren die Frage gefallen lassen, inwieweit eine grenzüberschreitende Anrechnung von Körperschaftsteuer mit ihm kompatibel ist; dazu auch *Jacobs*, Unternehmensbesteuerung und Rechtsform, S. 104f.

schaffen, dass allein die Körperschaftsteuer aus der Vollentlastung herausgenommen wird und insoweit das Halbeinkünfteverfahren zur Anwendung kommt. Beide Modelle sind deswegen von einem gelungenen Ausgleich zwischen den nationalen und internationalen Anforderungen bei der Besteuerung von Unternehmen recht weit entfernt.[100]

c) Konsumorientierte Steuer

Das in dem Modell der Inhabersteuer angelegte konsumorientierte Verständnis der Leistungsfähigkeit wird in den Modellen der sogenannten „Cash-flow-Steuer" und der sogenannten „zinskorrigierten Besteuerung" auf die Spitze getrieben.[101] Wirtschaftliche Leistungsfähigkeit wird hierbei nicht mehr an dem verwirklichten Markteinkommen, sondern am Lebenskonsum gemessen. Das Ziel beider Modelle ist die Erfüllung umfassender Neutralität, bei der sich die Organisationsformneutralität lediglich als eine von vielen Konkretisierungen einer wettbewerbsneutralen Besteuerung erweist.[102] Für das Modell der Cash-flow-Steuer ist die auf einem Vermögensvergleich basierende steuerliche Gewinnermittlung ungeeignet, weil die damit verbundene Besteuerung von Zinsen die Konsum- und Sparentscheidungen beeinflusst. Die Besteuerung knüpft deswegen unmittelbar an die in einer Periode vereinnahmten Zahlungsüberschüsse an und ermittelt Gewinn oder Einkommen ausschließlich auf der Basis einer reinen Zahlungsstromrechnung. Im Fall ihrer Thesaurierung in dem Unternehmen sind unternehmerische Gewinne daher steuerfrei gestellt.[103] Das weniger radikale Modell der zinskorrigierten Besteuerung, das im angelsächsischen Raum auch als „allowance for corporate equity" bezeichnet wird, hält demgegenüber an der steuerlichen Gewinnermittlung durch Vermögensvergleich fest. Allerdings werden anstelle der Sofortabschreibung bei der Cash-flow-Steuer neben den planmäßigen Abschreibungen für abnutzbare Wirtschaftsgüter kalkulatorische Zinsen auf das Eigenkapital verrechnet. Unternehmerische Gewinne werden nur in dem Ausmaß besteuert, wie sie eine marktübliche Ver-

---

[100] Treffend wird dieses Dilemma durch den Satz beschrieben: „Although the 'international tail' should not be allowed to wag the 'domestic dog', the tail cannot prudently be ignored.", vgl. Nachw. bei *Hey*, Harmonisierung der Unternehmensbesteuerung in Europa, S. 338 FN 480.

[101] Vgl. *Jacobs*, Unternehmensbesteuerung und Rechtsform, S. 111ff.; auch *Hey*, in: Herrmann/Heuer/Raupach, Einf. KSt Anm. 212; als Versuch in der Praxis war 1995 in Kroatien eine zinsbereinigte, wenn inzwischen auch wieder abgeschaffte Unternehmensteuer eingeführt worden.

[102] Im allgemeinen wird dabei zwischen „intersektoraler" und „intertemporaler Neutralität" unterschieden, vgl. *Rose*, Reform der Besteuerung des Sparens und der Kapitaleinkommen, BB 1992, Beilage 5, S. 9f.

[103] Vgl. *Jacobs*, Unternehmensbesteuerung und Rechtsform, S. 113ff. m. w. Nachw.

zinsung des bilanzierten Eigenkapitals überschreiten.[104] Cash-Flow-Steuer und zinskorrigierte Besteuerung bei Unternehmen ergänzen jeweils die Konsumbesteuerung nicht unternehmerisch tätiger Personen ähnlich einer sehr weit gefassten Betriebsteuer. Entnahmen bei Einzelunternehmen und Personengesellschaften sowie Ausschüttungen bei Kapitalgesellschaften sind steuerfrei oder steuerfrei zu stellen. Kritik erfährt die Konsumbesteuerung vor allem aufgrund dieser Ungleichbehandlung von unternehmerischem Kapitaleinkommen und privatem Arbeitseinkommen, der damit verbundenen Arbitrageversuche sowie des Umstandes, das der Besteuerungskonzeption die Modellwelt eines vollkommenen Kapitalmarktes zugrunde liegt.[105] Keines der beiden Modelle konsumorientierter Besteuerung aber lässt Raum für eine rechtsform- oder sonst wie organisationsformabhängige Besteuerung.[106]

2. Duale Systeme

Einheitsprinzip und Trennungsprinzip bilden die beiden Eckpunkte der Besteuerung von Unternehmen. Werden diese beiden Besteuerungskonzepte miteinander kombiniert, lässt sich von einem dualen System sprechen.[107] Duale Besteuerungsmodelle suchen die Schwierigkeiten einer einheitlichen Gesamtkonzeption durch die Verbindung der jeweiligen Vorteile von Einheits- und Trennungsprinzip zu beheben. Hat sich die Anwendung der dem Trennungsprinzip folgenden Betriebsteuer insbesondere im Kleinen, die der dem Einheitsprinzip folgenden Teilhabersteuer dagegen vor allem im Großen als nur bedingt geeignet erwiesen, liegt es nahe, die größeren der unternehmerisch tätigen Vereinigungen nach dem Trennungsprinzip zu besteuern, während für kleinere Vereinigungen und Einzelunternehmen eine Besteuerung nach dem Einheitsprinzip stattfindet. Auf diese Weise lassen sich zwar die bei den singularen Besteuerungsmodellen jeweils am Rand des Organisationsformenspektrums auftretenden Schwierigkeiten beheben. Dafür aber entsteht in der Mitte des Spektrums die Notwendigkeit einer nicht immer einfachen Abgrenzung zwischen den beiden Besteuerungskonzepten. Die Abgrenzung wird entweder formal anhand der zivilrechtlichen Verhältnisse oder aber auch anhand der wirtschaftlichen

---

[104] Vgl. *Jacobs*, Unternehmensbesteuerung und Rechtsform, S. 115ff. m. w. Nachw.

[105] Vgl. zur Kritik *Jacobs*, Unternehmensbesteuerung und Rechtsform, S. 120ff. m. w. Nachw.; auch *Tipke*, Die Steuerrechtsordnung, Bd. II, S. 1205f.

[106] An einer Erhebung der Gewerbesteuer in der derzeitigen Form könnte wegen der Diskriminierung gewerblicher Investitionen nicht festgehalten werden; sofern eine Gewerbesteuer trotzdem erhoben werden soll, wäre sie insoweit wettbewerbsneutral in Form einer Steuersatzerhöhung in die Cash-flow- bzw. zinskorrigierte Steuer zu integrieren.

[107] Das Betriebsteuermodell der Inhabersteuer sieht ein solches duales System in Ansätzen vor, wenn es die keine Bücher führenden Kleinunternehmer von der Betriebsteuer ausnimmt; es erscheint als zu eng, den Begriff des dualen Systems nur auf das Nebeneinander von natürlichen und juristischen Personen als Steuersubjekte anwenden zu wollen.

Verhältnisse vorgenommen. Das duale System prägt in der einen oder anderen Form fast alle Steuersysteme weltweit.[108] Aufgrund des Nebeneinanders zweier unterschiedlicher Besteuerungskonzepte ist bei den dualen Besteuerungsmodellen eine organisationsformneutrale Besteuerung jedoch grundsätzlich nicht gewährleistet.

a) Abgrenzung anhand wirtschaftlicher Verhältnisse

Die Abgrenzung anhand der wirtschaftlichen Verhältnisse kann sowohl auf der Ebene des Unternehmens als auch bei dem Beteiligten ansetzen. Im ersten Fall wird zwischen personenbezogenen und kapitalistisch ausgestalteten Unternehmen unterschieden.[109] Nicht die Rechtsform, sondern die wirtschaftliche Ausgestaltung des Unternehmens entscheidet darüber, ob nach dem Einheits- oder dem Trennungsprinzip besteuert wird. Die Besteuerung erfolgt nach dem Einheitsprinzip, wenn die persönliche Verbundenheit der Beteiligten in geschäftlichen Angelegenheiten überwiegt; halten zahlreiche Beteiligte ihre Anteile vor allem unter Anlagegesichtspunkten, so erfolgt sie nach dem Trennungsprinzip.[110] Im zweiten Fall wird dagegen auf der Ebene der Beteiligten zwischen unternehmerisch tätigen Personen und lediglich kapitalmäßig beteiligten Anteilseignern unterschieden.[111] Übt der Beteiligte in dem Unternehmen in erster Linie unternehmerische Funktionen aus, findet das Einheitsprinzip An-

---

[108] Für einen Überblick über den Methodenpluralismus in der Besteuerung der Unternehmen in den Mitgliedstaaten der Europäischen Union vgl. *Jacobs*, Internationale Unternehmensbesteuerung, S. 103ff.; eine Übersicht bietet *ders.*, Stand und Entwicklungstendenzen der Betriebswirtschaftlichen Steuerlehre, StuW 2004, 251 (256); zu den Wanderungsbewegungen zwischen den technischen Systemen der Unternehmensbesteuerung in Europa und ausgewählten Ländern im Zeitraum 1985-2000 vgl. *Sigloch*, Unternehmenssteuerreform 2001 – Darstellung und ökonomische Analyse, StuW 2000, 160 (175f.).

[109] Vgl. etwa *Schulze-Osterloh*, Der Beschluß des Großen Senats des Bundesfinanzhofs GrS 4/82 vom 25. Juni 1984, JbFfSt 1985/1986, 231 (233f.); *Boles/Walz*, Kriterien der Körperschaftsteuersubjektivität im Vergleich von deutschem und US-amerikanischem Recht, GmbHR 1986, 435 (441f.); schon vorher *Uelner*, Steuerliche Probleme bei kapitalistisch verfassten Kommanditgesellschaften, JbFfSt 1980/1981, 359 (364ff.); ausführlich auch *Walz*, Gutachten, Verhandlungen des 53. Deutschen Juristentages Berlin 1980, Bd. I Gutachten, Teil F S. 86ff.

[110] Danach würde beispielsweise eine KG mit sehr vielen Kommanditisten nach dem Trennungsprinzip, umgekehrt eine Ein-Mann-GmbH oder GmbH mit überwiegend mit der Geschäftsführung betrauten Gesellschaftern nach dem Einheitsprinzip besteuert werden.

[111] Vgl. etwa *Andreas*, Die steuerliche Qualifikation körperschaftlich strukturierter Personengesellschaften und kapitalistisch beteiligter Personengesellschafter, S. 143ff.; auch *Schreiber*, Vertragsneutrale Erfolgsbesteuerung der Unternehmen, StuW 1987, 1 (8f.); für die KG unter Bezugnahme auf das französische Vorbild *Raupach*, Niedergang des deutschen Einkommensteuerrechts – Möglichkeiten der Neubesinnung, in: Münsteraner Symposium Band I, S. 15 (125f.).

wendung; übernimmt er als Kapitalgeber allenfalls unternehmerische Funktionen von nur untergeordneter Bedeutung, richtet sich die Besteuerung nach dem Trennungsprinzip. Weil allein die Stellung und Funktion jedes einzelnen Beteiligten maßgeblich ist, können hiernach in einem Unternehmen gleichzeitig sowohl das Einheits- als auch das Trennungsprinzip zur Anwendung kommen. Beide Modelle der Abgrenzung nach wirtschaftlichen Kriterien lösen sich von der unmittelbaren Anknüpfung an die Rechtsform des Unternehmens. Sie stellen auf die Verhältnisse des konkreten Einzelfalls ab, so dass eine unternehmerisch tätige Person nicht allein durch Rechtsformwahl darüber entscheiden kann, welches der beiden Besteuerungskonzepte bei ihm angewendet werden soll. Die Folge sind zum Teil ganz erhebliche Abgrenzungsschwierigkeiten. Darüber hinaus bleibt unklar, weshalb und in welchem Ausmaß die wirtschaftliche Organisationsstruktur des Unternehmens oder der Umfang des unternehmerischen Engagements der Beteiligten einen Maßstab für die unterschiedliche Besteuerung bildet. Die Belastungsdifferenzen zwischen den einzelnen Organisationsformen bleiben hierbei nämlich grundsätzlich bestehen.[112]

b) Abgrenzung anhand zivilrechtlicher Verhältnisse

Demgegenüber orientiert sich die Abgrenzung anhand der zivilrechtlichen Verhältnisse der Unternehmen an der Unterscheidung zwischen natürlichen und juristischen Personen. Prototypisch ist für sie das Nebeneinander der auf dem Einheitsprinzip beruhenden Einkommensteuer und der dem Trennungsprinzip entsprechenden Körperschaftsteuer. Da das Einzelunternehmen zivilrechtlich nicht verselbständigt ist, werden die erzielten Einkünfte nach dem Einheitsprinzip unmittelbar bei der dahinter stehenden natürlichen Person der Einkommensteuer unterworfen. Bei der Kapitalgesellschaft als juristische Person wird hingegen nach dem Trennungsprinzip streng zwischen der Ebene des Unternehmens und derjenigen der Beteiligten unterschieden. In beiden Fällen sind Unternehmensträger und Steuersubjekt jeweils identisch. Im Gegensatz dazu gibt es hinsichtlich der Besteuerung der Personengesellschaften zwei mögliche Wege der Besteuerung: Je nach dem, ob ihre zivilrechtlich bestehende relative Rechtsfähigkeit verneint oder steuerrechtlich als volle Rechtsfähigkeit behandelt wird, kommen entweder die für die Einzelunternehmen geltenden Grundsätze zur Anwendung oder wird die Personengesellschaft wie eine Kapitalgesellschaft besteuert.[113] Das Anknüpfen an die zivilrechtlichen Rechtsformen hilft ersicht-

---

[112] Dies gilt nicht nur für die Einkommen- und Körperschaftsteuer, sondern entsprechend auch für die Gewerbesteuer, vgl. dazu auch *Jacobs*, Unternehmensbesteuerung und Rechtsform, S. 127.

[113] Vgl. etwa *Jachmann*, Besteuerung von Unternehmen als Gleichheitsproblem, DStJG 23 (2000), 9 (21ff.) m. w. Nachw.; auch *Jacobs*, Unternehmensbesteuerung und Rechtsform, S. 95.

lich die Abgrenzungsschwierigkeiten des dualen Systems zu vermeiden und hat deswegen den Vorteil großer Planungssicherheit für sich. Doch eine rechtsformneutrale Besteuerung kann auf diese Weise auch nicht herbeigeführt werden. Das Anknüpfen an die Rechtsformen spiegelt zudem nicht die wirtschaftlichen Realtypen unternehmerischer Organisation wider, sondern vor allem das juristische Klauselwerk, in das diese Organisation eingebettet wird, welches aber für die vorrangigen wirtschaftlichen Organisationsinteressen vergleichsweise wenig Bedeutung zu besitzen scheint.[114]

c) Minderung des Ausmaßes unterschiedlicher Besteuerung

Die unterschiedliche Besteuerung wirtschaftlicher Organisationsformen oder zivilrechtlicher Rechtsformen ist jedem dualen Besteuerungsmodell immanent. Absolute Neutralität vermögen sie von vornherein nicht herzustellen.[115] Das ihnen eigene Ausmaß unterschiedlicher Besteuerung kann aber ganz wesentlich durch Vereinheitlichung der Bemessungsgrundlagen und Steuersätze sowie Vermeidung der Doppelbelastung der nach dem Trennungsprinzip besteuerten Einkünfte, nicht jedoch auch durch Optionsrechte gemindert werden.

So wichtig und für den Bereich der Gewinnermittlung im Grunde auch anerkannt einheitliche Bemessungsgrundlagen sind,[116] so umstritten ist das gebotene Verhältnis der Steuersätze der Steuer nach dem Einheitsprinzip und derjenigen nach dem Trennungsprinzip. Der dabei anzulegende Maßstab besteht in der von den individuellen Verhältnissen abstrahierenden objektiven Leistungsfähigkeit.[117] Für die nach zivilrechtlichen Verhältnissen zwischen progressiver Einkommensteuer und proportionaler Körperschaftsteuer unterscheidende Besteuerung hat *Wendt* überzeugend begründet, dass das Ziel einer gleichheitsgerechten und insoweit auch neutralen Besteuerung zumindest die Übereinstimmung von Einkommensteuerspitzensatz und Körperschaftsteuerthesaurierungssatz fordert.[118] Doch solange Einkommen- und Körperschaftsteuer nicht

---

[114] Zur gesellschaftsrechtlichen Bedeutung der Diskrepanz zwischen Formalstruktur und Rechtsstruktur vgl. *Wiedemann*, Gesellschaftsrecht, Bd. 1, S. 89ff.

[115] Dass sie es auch nicht müssen, dazu vgl. etwa *Lang*, Reform der Unternehmensbesteuerung auf dem Weg zum europäischen Binnenmarkt und zur deutschen Einheit, StuW 1990, 107 (115f.) m. w. Nachw.

[116] Vgl. zum geltenden Recht *Sieker*, Möglichkeiten rechtsformneutraler Besteuerung von Einkommen, DStJG 25 (2002), 145 (171ff.).

[117] Vgl. *Jachmann*, Steuergesetzgebung zwischen Gleichheit und wirtschaftlicher Freiheit, S. 78; *Wendt*, Spreizung von Körperschaftsteuersatz und Einkommensteuerspitzensatz als Verfassungsproblem, in: FS für Friauf, S. 859 (866ff.).

[118] Vgl. *Wendt*, Spreizung von Körperschaftsteuersatz und Einkommensteuerspitzensatz als Verfassungsproblem, in: FS für Friauf, S. 859 (876ff.); ebenso etwa *Jachmann*, Steuergesetzgebung zwischen Gleichheit und wirtschaftlicher Freiheit, S. 81; kritisch *Pelka*, Rechtsformneutralität im Steuerrecht, StuW 2000, 389 (394f.).

vollständig in einem einheitlichen Steuersatz aufgehen, sehen sich die dualen Besteuerungsmodelle weiterhin mit der Frage konfrontiert, wie sie die nach dem Trennungsprinzip vorbelasteten und dann ausgeschütteten oder entnommenen Gewinne in die Einkommensbesteuerung integrieren wollen, um dem Ziel einer rechtsformunabhängigen Besteuerung zumindest näher zu kommen. Dabei kann auf die von den Betriebsteuermodellen bekannten Integrationsmechanismen zurückgegriffen werden.[119] Eine nochmalige Belastung der wirtschaftlich aus der Nutzung der Beteiligung geflossenen Erträge des Beteiligten wird danach idealer Weise durch ein Anrechnungsverfahren vermieden.[120] Nicht vermeiden lässt sich jedoch durch ein solches Verfahren, dass die einbehaltenen Gewinne weiterhin unterschiedlich besteuert werden. Darüber kann auch nicht das Einräumen von Optionsrechten zum jeweils anderen Besteuerungsprinzip hinweghelfen. Optionsrechte verursachen hohe Informations- und Transaktionskosten und widersprechen dem Leistungsfähigkeitsprinzip.[121] Eine rechtsformneutrale Besteuerung können sie deshalb nicht gewährleisten.

Dass zur Verwirklichung einer weitgehend rechtsformneutralen Besteuerung trotz dualen Systems keine Hexerei vonnöten ist, zeigt der von *Kirchhof* vorgelegte Entwurf eines Einkommensteuergesetzbuchs.[122] Dieser führt das eigenständige Rechtssubjekt „Steuerjuristische Person" ein, die jeden wirtschaftlichen Organismus umfasst, an dem mehrere Personen beteiligt sind. Sämtliche Personengesellschaften werden damit in ihrer Besteuerung mit den Kapitalgesellschaften zusammengefasst. Doch statt zwischen einer Einkommensbesteuerung der natürlichen und einer Besteuerung der steuerjuristischen Personen mit Körperschaftsteuer zu unterscheiden, werden Bemessungsgrundlagen und Steuersätze vereinheitlicht, so dass es einer gesonderten Körperschaftsteuer überhaupt nicht mehr bedarf.[123] Auf diese Weise entfällt die Trennung zwischen Körperschaftsteuer und Einkommensteuer. Durch den einheitlichen Steuersatz wird zudem jedes Verfahren zur Integration der Körperschaftsteuer in die Ein-

---

[119] Siehe oben S. 136.

[120] Vgl. *Hey*, Besteuerung von Unternehmensgewinnen und Rechtsformneutralität, DStJG 24 (2001), 155 (194f.); mittels des sogenannten Halbeinkünfteverfahrens lässt sich die Vorbelastung dagegen nicht vollständig kompensieren.

[121] Entweder erlauben sie dem Steuerpflichtigen, eine leistungsfähigkeitswidrige Besteuerung zu wählen, oder sie machen eine gleichheitsgerechte Besteuerung von einer Handlung des Steuerpflichtigen abhängig; siehe dazu die Nachw. auf S. 138; vgl. auch *Vogt*, Neutralität und Leistungsfähigkeit, S. 285f.

[122] *Kirchhof*, Einkommensteuergesetzbuch, S. 1ff.; aufbauend auf den vorangegangenen Entwurf des „Karlsruher Arbeitskreises", *ders. u.a.*, Karlsruher Entwurf zur Reform des Einkommensteuergesetzes, S. 1ff.; vgl. dazu *ders.*, Der Karlsruher Entwurf und seine Fortentwicklung zu einer Vereinheitlichten Ertragsteuer, StuW 2002, 3 (18f.).

[123] Vorgeschlagen wird ein proportionaler Steuersatz; das Existenzminimum wird durch Abzugsbeträge in der Bemessungsgrundlage steuerfrei gestellt, wodurch für natürliche Personen indirekt ein progressiver Tarifverlauf entsteht.

kommensbesteuerung überflüssig. Weil die Einkünfte auf Unternehmensebene abschließend besteuert werden können, bedarf es keiner Nachbelastung oder Vermeidung einer Doppelbelastung, wenn der Gewinn entnommen oder ausgeschüttet wird. Durch diese völlige Freistellung auf Ebene der Beteiligten wird jede Einsperrwirkung und jedes Belastungsgefälle vermieden.[124] Dass der Entwurf daher auch ohne Optionsrechte auskommt, versteht sich von selbst. In dem hiesigen Zusammenhang besticht er vor allem dadurch, dass ihm eine rechtsformneutrale Besteuerung gelingt, obwohl in seinem Kern nach wie vor das Einheitsprinzip neben dem Trennungsprinzip zur Anwendung gelangt.

3. Vereinigungsfreiheitliche Relevanz

Als grundsätzlich rechtsformneutral und damit vereinigungsfreiheitskonform erweisen sich die singularen Besteuerungsmodelle. Ihren verschiedenen Modellen von Teilhabersteuer und Betriebsteuer fehlt jede differenzierende Anknüpfung an die Rechtsform. Zwar wird gegen die Teilhabersteuer vor allem ihre mangelnde Handhabbarkeit und fehlende Kompetenz zum Lösen von Auslandssachverhalten angeführt, wie auch die Betriebsteuer eine gewisse Rechtsunsicherheit schafft, indem sie sich vom Zivilrecht löst. Diese Fragen sind hier jedoch nicht zu beurteilen, sondern entscheidend ist, dass die singularen Besteuerungsmodelle einen Zwang in die eine oder andere Rechtsform grundsätzlich nicht auszuüben vermögen. Es sind die dualen Besteuerungsmodelle, die sich grundsätzlich als nicht organisationsformneutral erweisen, sofern sie nicht die organisationsformabhängigen Unterschiede systemimmanent beheben.[125] Unterschiedliche Bemessungsgrundlagen sowie ungleiche Steuersätze bilden bei ihnen den Nährboden für organisationsformabhängige Belastungsunterschiede. Wie groß jedoch diese Unterschiede werden, hängt ganz wesentlich davon ab, inwieweit eine Integration der nach dem Trennungsprinzip auf Unternehmensebene erhobenen Steuer in die individuelle Einkommensbesteuerung der Beteiligten gelingt. Werden die ausgeschütteten Gewinne beispielsweise wie im Anrechnungsverfahren unabhängig von der Organisationsform gleich hoch – das heißt unter Anrechnung einer etwaigen Vorbelastung aber ohne Berücksichtigung von etwaigen Zinseffekten – belastet, lässt sich zwar nicht vermeiden, dass eine steuerliche Verschonung einbehaltener Gewinne in Form eines Zinsvorteils erhalten bleibt. Ein solcher Unterschied mag auch möglicherweise gegen die den allgemeinen Gleichheitssatz konkretisierende relative Rechtsformneutralität verstoßen.[126] Ob er aber auch schon die Organisationsformwahl des aus Art. 9 Abs. 1 GG Berechtigten in grundrechtsrelevanter Weise beschränkt, darf zu

[124] Vgl. *Thiel*, Einheitliche Unternehmensteuer, StbJb 2002/2003, 27 (34).

[125] Siehe oben S. 143.

[126] Vgl. dazu *Hey*, Besteuerung von Unternehmensgewinnen und Rechtsformneutralität, DStJG 24 (2001), 155 (170f.).

Recht bezweifelt werden. Für die Beantwortung der Frage, ob ein organisationsformabhängiges duales Besteuerungsmodell gegen Art. 9 Abs. 1 GG verstößt, ist umso mehr dessen konkrete Ausgestaltung entscheidend. Der Steuergesetzgeber sollte aus verschiedenen Gründen auf die Rechtsformwahl des Grundrechtsberechtigten möglichst keinen Einfluss mit steuerlichen Mitteln ausüben, was ihm nur dann gelingt, wenn er die Organisationsformen möglichst gleich besteuert. Die positive oder negative Vereinigungsfreiheit des Grundgesetzes aber wird in der Regel erst dann zwangsmäßig durch eine steuerliche Ungleichbehandlung beeinträchtigt, wenn insbesondere die Belastungsdifferenzen nicht nur unerheblich sind.[127]

[127] Insoweit zutreffend bereits *Weber*, Grundgesetz, Gesellschaftsrecht und die Besteuerung der selbständigen Unternehmen, Bd. 1, S. 87.

III. Die Besteuerung von Unternehmen im geltenden Recht

Die Besteuerung der Unternehmen ist auf die Erfassung wirtschaftlicher Tatbestände, wie beispielsweise den am Markt erwirtschafteten Erfolg oder das an einem Stichtag vorhandene Vermögen, gerichtet. Das geltende Steuerrecht aber knüpft weder an wirtschaftliche Zielgrößen bei der Festlegung dessen, was der Besteuerung unterliegt, noch stellt es ab auf einen wirtschaftlichen Unternehmensbegriff bei der Frage, wer der Besteuerung unterliegt. Es bestimmt die Steuergegenstände nicht nach wirtschaftlichen Zielgrößen wie etwa kapitaltheoretischem Gewinn, Kapitalwert, Deckungsbeitrag, Unternehmenswert nach der Discounted-Cash-Flow-Methode oder den Verkehrswert eines Grundstücks,[128] sondern nach juristisch definierten Bemessungsgrundlagen wie beispielsweise das zu versteuernde Einkommen und den Gewerbeertrag. Die Gewinnermittlungsvorschriften, die bei den Ertragsteuern für die Steuerbilanz gelten, und die Grundsätze zur Bestimmung des Unternehmensvermögens sowie des Werts eines Anteils an einer Personen- oder Kapitalgesellschaft, die im Erbschaftsteuergesetz beziehungsweise im Bewertungsgesetz kodifiziert sind, weichen erheblich von den betriebswirtschaftlichen Grundsätzen zur Berechnung des Erfolgs und des Werts eines Unternehmens ab. Schon deshalb ist das geltende Steuerrecht weit von der Entscheidungsneutralität entfernt, die vor allem von steuerökonomischer Seite gefordert wird.[129] Es lässt sich schlechterdings nicht ausschließen, dass eine Handlungsalternative sich nur deshalb als vorteilhaft erweist, weil sie steuerlich geringer belastet wird als eine andere, die ohne die Berücksichtigung der Besteuerung vorzuziehen wäre. Vor allem aber – und das ist die „Crux des geltenden Steuerrechts“[130] – betrachtet das gegenwärtige Steuersystem ein Unternehmen nicht als eigenständigen Steuergegenstand, sondern übernimmt im Sinne einer Einheitlichkeit der Rechtsordnung die zivilrechtliche Grundwertung[131] und knüpft an das äußere Rechtskleid unterschiedliche steuerliche Folgen. Die Rechtsformwahl für ein Unternehmen hängt deswegen maßgeblich von steuerlichen Zweckmäßigkeitserwägungen ab.

1. Die Bedeutung der Rechtsfähigkeit

Im geltenden Steuerrecht gibt die zivilrechtliche Beurteilung der Rechtsform eines Unternehmens den Ausschlag für seine steuerliche Behandlung. Diese stellt die Weichen vor allem für die Beantwortung der Frage nach einer eigen-

---

[128] Vgl. etwa schon *Rose*, Die Steuerbelastung der Unternehmung, S. 79ff. m. w. Nachw.

[129] Siehe oben S. 100.

[130] *Knobbe-Keuk*, Bilanz- und Unternehmenssteuerrecht, S. 1.

[131] Siehe oben S. 108 und zuvor S. 129.

ständigen Steuerpflicht des Unternehmensträgers und der Frage der steuerlichen Bewertung zwischen dem Unternehmen und seinen Unternehmern bestehenden schuldrechtlichen Vertragsbeziehungen. Das geltende Steuerrecht greift die unterschiedliche Rechtsfähigkeit der natürlichen und juristischen Personen sowie der Gesamthandsgemeinschaften auf, indem es die rechtliche Unselbständigkeit des Einzelunternehmens genauso wie die rechtliche Verselbständigung der Kapitalgesellschaften berücksichtigt. Auf diese Weise verwirklicht es ein duales Besteuerungssystem, das die Abgrenzung anhand der zivilrechtlichen Verhältnisse vornimmt.[132]

Weil das Einzelunternehmen zivilrechtlich nicht verselbständigt ist, knüpft seine Besteuerung nach dem Einheitsprinzip[133] unmittelbar bei der dahinter stehenden natürlichen Person an. Der zivilrechtlichen entspricht dabei die steuerrechtliche Unmöglichkeit von Vertragsbeziehungen des Inhabers mit seinem Einzelunternehmen. Die Besteuerung der Kapitalgesellschaften wiederum unterscheidet nach dem Trennungsprinzip[134] streng zwischen den Ebenen von Gesellschaft und Gesellschafter, weil sie als juristische Personen selbständig sind und damit auch unabhängig von ihren Gesellschaftern steuerpflichtig. Schuldrechtliche Vertragsbeziehungen zwischen beiden werden dementsprechend auch steuerrechtlich grundsätzlich wie im Zivilrecht als Verträge zwischen fremden Dritten behandelt. Weniger eindeutig zeigt sich dagegen die steuerrechtliche Anknüpfung bei den Personengesellschaften, die zivilrechtlich nicht vollständig, sondern nur relativ rechtsfähig sind. Insoweit sie eigenes Gesellschaftsvermögen haben, im eigenen Namen Rechtsgeschäfte abschließen und als Gesellschaft klagen und verklagt werden können, lassen sie sich mit den Kapitalgesellschaften vergleichen. Da ihre Gesellschafter aber auch als Träger des Unternehmens gelten und grundsätzlich für alle Verpflichtungen der Personengesellschaft haften, besteht andererseits eine starke Ähnlichkeit mit einem Einzelunternehmen. Der Steuergesetzgeber stand daher hinsichtlich der Besteuerung von Personengesellschaften vor der Wahl: Entweder behandelte er ihre relative Rechtsfähigkeit steuerrechtlich als volle Rechtfähigkeit und besteuerte sie ähnlich einer Kapitalgesellschaft nach dem Trennungsprinzip, oder er negierte ihre relative Rechtsfähigkeit und besteuerte sie ähnlich einem Einzelunternehmen nach dem Einheitsprinzip. Nach der ersten Alternative wären die zivilrechtlich zulässigen schuldrechtlichen Verträge zwischen der Personengesellschaft und ihren Gesellschaftern auch steuerrechtlich anerkannt worden, nach der zweiten wären sie hingegen steuerrechtlich unbeachtlich geblieben. Entschieden hat sich der Steuergesetzgeber zwar nicht bei allen Steuerarten, aber insbesondere bei den für die unternehmerische Tätigkeit bedeutsamen Ertragsteuern für die zweite Alternative.

---

[132] Siehe dazu oben S. 142.

[133] Siehe oben S. 130.

[134] Siehe wie zuvor oben S. 130.

2. Merkmale gegenwärtiger Besteuerung

Die Steuerbelastung als Kriterium der Entscheidungsfindung innerhalb der Rechtsformwahl rührt von ganz unterschiedlichen steuerrechtlichen Vorschriften her. Die Besteuerung unternehmerischer Tätigkeit ist in ein Steuersystem eingebunden, das eine Vielzahl von Anknüpfungsmerkmalen für zahlreiche Steuerarten mit jeweils verschiedenen Besteuerungstatbeständen und Bemessungsgrundlagen kennt. Das geltende Steuerrecht trennt die Besteuerung unternehmensbezogener Sachverhalte nicht klar und für alle Steuerarten einheitlich von den nicht unternehmensbezogenen Sachverhalten. Es knüpft vielmehr an Tatbestände an, die nur zum Teil Ausfluss des Vorhandenseins eines Unternehmens sind. Dadurch wird die in der Berücksichtigung der unterschiedlichen Rechtsfähigkeit der Unternehmensträger angelegte Ungleichbehandlung noch verschärft. Die in Art. 106 GG vorgesehenen Steuerarten belasten die individuelle Verfügungsbefugnis über private Wirtschaftssubjekte. Sie lassen sich danach unterscheiden, ob sie den privaten Vermögenserwerb, den privaten Vermögensbestand oder die private Vermögensverwendung erfassen.[135]

a) Steuern auf den Vermögenserwerb

Die Steuern auf das Einkommen schöpfen die wirtschaftliche Leistungsfähigkeit des Steuerpflichtigen ab, die dieser am Markt erzielt hat. Hierzu lassen sich auch die Steuern auf Erbschaften und Schenkungen zählen, wenngleich sie auf einen Vermögenserwerb zugreifen, der nicht am Markt erwirtschaftet wurde.[136]

aa) Einkommen und Körperschaftsteuer

Die Einkommensteuer[137] erfasst das am Markt erwirtschaftete Einkommen einer natürlichen Person, die Körperschaftsteuer[138] das Einkommen einer juristischen Person. Natürliche und juristische Personen werden als Steuersubjekte aufgrund des jeweils von ihnen erzielten Einkommens besteuert. Die Personengesellschaften werden dagegen weder bei der Einkommen- noch bei der Körperschaftsteuer als eigenständige Steuersubjekte behandelt, vielmehr sind unmittel-

---

[135] Vgl. *Kirchhof*, Staatliche Einnahmen, in: HbStR IV, § 88 Rdnr. 70ff.

[136] Vgl. *Tipke*, Die Steuerrechtsordnung, Bd. II, S. 872f.; auch *Tipke/Lang*, Steuerrecht, § 8 Rdnr. 38ff. m. w. Nachw.; eine eigene Kategorie bildet *Kirchhof*, Staatliche Einnahmen, in: HbStR IV, § 88 Rdnr. 171.

[137] Einkommensteuergesetz 2002 (EStG 2002) i. d. F. der Bekanntmachung v. 19.10.2002, BGBl I 2002, 4210, ber. BGBl I 2003, 179.

[138] Körperschaftsteuergesetz 2002 (KStG 2002) i. d. F. der Bekanntmachung v. 15.10.2002, BGBl I 2002, 4144.

bar die Gesellschafter als Mitunternehmer mit den auf sie entfallenden Anteilen an dem Gewinn ihrer Personengesellschaft beteiligt. Die Quellen der Einkünfte oder die Bindung des Vermögens können hierbei innerhalb oder außerhalb des Unternehmensbereichs liegen. Dieses wird besonders deutlich bei der Einkommensteuer, bei der vor allem neben den gewerblichen Einkünften noch sechs weitere Einkunftsarten bestehen, so dass sich die Einkommensteuer regelmäßig erst nach einer Zusammenfassung der unternehmerischen Tätigkeit mit den nichtunternehmerischen Tätigkeiten des Steuerpflichtigen ermitteln lässt. Darüber hinaus hängt die Einkommensteuerschuld nicht nur von der Höhe der Einkünfte ab, sondern auch von den persönlichen Verhältnissen des jeweiligen Steuerpflichtigen. Im Gegensatz dazu werden bei der Körperschaftsteuer die von der Kapitalgesellschaft erwirtschafteten Einkünfte unabhängig von der Art der Betätigung stets als Einkünfte aus Gewerbebetrieb qualifiziert. Ihre Besteuerung erfolgt auf Ebene der Kapitalgesellschaft zudem unabhängig von der Einkommensbesteuerung der Gesellschafter. Indem die Körperschaftsteuer den nicht ausgeschütteten Gewinn der Kapitalgesellschaften erfasst, leistet sie einen entscheidenden Beitrag zur Verwirklichung der totalen Besteuerung aller Markteinkommen. Die Doppelbelastung mit Ertragsteuern, die bei Ausschüttung der mit Körperschaftsteuer vorbelasteten Gewinne an die einkommensteuerpflichtigen Gesellschafter entsteht, wird seit 2001 durch das Halbeinkünfteverfahren in typisierter Form gemildert. Dieses Nebeneinander von natürlichen und juristischen Personen als Steuersubjekte und die damit verbundene Anwendung entweder der Einkommen- oder der Körperschaftsteuer prägt das geltende duale Steuersystem grundlegend und beeinflusst die Rechtsformwahl in erheblichem Maße.[139]

bb) Gewerbeertragsteuer

Die Gewerbesteuer[140] erfasst den marktabhängigen Vermögenszufluss ohne Rücksicht auf die persönlichen Verhältnisse des Steuerpflichtigen und ist daher der Grundkonzeption nach eine Objektsteuer. Gegenstand der Gewerbesteuer bildet jeder im Inland betriebene stehende Gewerbebetrieb. Damit der Steuerzugriff auf eine Person gerichtet werden kann, ist der Unternehmer als Steuerschuldner bestimmt, welcher derjenige ist, für dessen Rechnung das Gewerbe betrieben wird. Während Kapitalgesellschaften unabhängig von der Art ihrer Betätigung schon aufgrund ihrer Rechtsform stets und in vollem Umfang als

---

[139] Die Markteinkommen von Einkommen- und Körperschaftsteuersubjekten werden zusätzlich durch die sogenannten Annexsteuern belastet, die nach der Einkommensteuer- bzw. Körperschaftsteuerschuld bemessen werden, wie die Kirchensteuer und die Ergänzungsabgaben i. S. d. Art. 106 Abs. 1 Nr. 6 GG.

[140] Gewerbesteuergesetz 2002 (GewStG 2002) i. d. F. der Bekanntmachung v. 15.10.2002, BGBl I 2002, 4167.

Gewerbebetrieb gelten, kommt es bei dem Einzelunternehmer und der Personengesellschaft jeweils darauf an, ob sie ein gewerbliches Unternehmen im Sinne des Einkommensteuerrechts betreiben. Freiberufler, Land- und Forstwirte sowie vermögensverwaltende Tätigkeiten werden insoweit von der Gewerbesteuer nicht erfasst. Weil alle Gewerbetreibenden unabhängig von ihrer Rechtsform steuerpflichtig sind, beeinflusst diese Unterscheidung die Rechtsformwahl grundsätzlich nicht. Ebenso wenig spielt es eine Rolle, dass die Gewerbesteuer hinsichtlich der Steuerschuldnerschaft von der Einkommensteuer abweicht, wenn sie anerkennt, dass die Personengesellschaften selbst Steuerschuldner sein können. Für die Rechtsformwahl erhebliche Bedeutung gewinnt jedoch der Umstand, dass die gewerbesteuerrechtliche Bemessungsgrundlage die entsprechende ertragsteuerrechtliche Bemessungsgrundlage zum Ausgangspunkt nimmt. Bemessungsgrundlage für die Gewerbesteuer ist der Gewerbeertrag, dessen Ermittlung mit dem Ansatz des bei Einzelunternehmern und Personengesellschaften nach dem Einkommensteuergesetz und des bei Kapitalgesellschaften nach dem Körperschaftsteuergesetz ermittelten Gewinns aus dem Gewerbebetrieb beginnt, bevor diese Ausgangsgröße durch Hinzurechnungen und Kürzungen verändert wird, um den Objektcharakter der Gewerbesteuer zu verwirklichen. Durch das Anknüpfen an die jeweilige ertragsteuerliche Bemessungsgrundlage wirken die schon dort zwischen den Rechtsformen bestehenden Unterschiede in den Bereich der Gewerbesteuer hinein. Der Objektcharakter der Gewerbesteuer wird über diese Verbindung zu den Personensteuern sowohl bei der Besteuerung dem Grunde als vor allem auch der Höhe nach verletzt. Die von der Konzeption einer Objektsteuer geforderte Rechtsformunabhängigkeit wird nicht erreicht.

cc) Erbschaft- und Schenkungsteuer

Die Erbschaft- und Schenkungsteuer[141] erfasst in erster Linie die durch Erbanfall vom einzelnen Erben sowie die durch freigiebige Zuwendung unter Lebenden vom Schenker empfangene Bereicherung des Erwerbers. Nicht nur Einzelunternehmer, sondern insbesondere auch die Kapitalgesellschaften können als eigene Rechtspersonen Erwerber sein. Die Anknüpfung an das Zivilrecht bei unentgeltlichen Vermögensübertragungen bewirkt insoweit keine Besteuerungsunterschiede. Unterschiede entstehen allerdings bei der Feststellung der Freibeträge, der Steuersätze und der Abschläge, mit denen die persönlichen Verhältnisse des Erwerbers berücksichtig werden. Insoweit ist dann auch die bislang nicht abschließend geklärte Frage von Bedeutung, ob auch Personengesellschaften oder nur ihre Gesellschafter Erwerber sein können. Der Bundesfinanzhof ist in seiner Rechtsprechung zu der bereits früher vertretenen Auffas-

---

[141] Erbschaftsteuer- und Schenkungsteuergesetz (ErbStG) i. d. F. der Bekanntmachung v. 27.2.1997, BGBl I 1997, 378.

sung zurückgekehrt, dass nur die Gesellschafter Erwerbs- und Zuwendungsbeteiligte sein können.[142] Eine solche Besteuerung entspricht dem Wesen der Erbschaft- und Schenkungssteuer als Personensteuer. Gleichwohl sind die erbschaft- und schenkungsteuerlichen Belastungsunterschiede in erster Linie auf die verschiedenen Bewertungsverfahren bei Personengesellschaften und Kapitalgesellschaften zurückzuführen. Anteile an einer Kapitalgesellschaft werden – sofern ihr Wert nicht schon aus Börsennotierungen oder Verkäufen abzuleiten ist – nach dem sogenannten „Stuttgarter Verfahren" bewertet, bei dem sich die erwarteten Erträge der Gesellschaft erhöhend auswirken, während die Einheitsbewertung bei Personengesellschaften substanzwertorientiert ist und beispielsweise Wirtschaftsgüter grundsätzlich mit dem Buchwert berücksichtigt. Wegen der in vielen Fällen unter dem gemeinen Wert liegenden Steuerbilanzwerten ergibt sich im Regelfall, jedenfalls bei florierenden Unternehmen, ein Vorteil der Personengesellschaft gegenüber der Kapitalgesellschaft. Doch auch bei renditeschwachen Kapitalgesellschaften kann es durch das Stuttgarter Verfahren zu einem Wertansatz unterhalb des Substanzwertes kommen. Eine entsprechende Rechtsformwahl muss in jedem Fall vor dem erbschaft- oder schenkungsteuerlich relevanten Ereignis getroffen werden. In der Abwägung mit ertragsteuerlichen Gesichtpunkten dürfte der Erbschaft- und Schenkungsteuer grundsätzlich jedoch eine eher untergeordnete Bedeutung zukommen.

b) Steuern auf den Vermögensbestand

Die Steuern auf das ruhende Vermögen erfassen dessen erwartete Ertragskraft und werden deshalb auch als Sollertragsteuern bezeichnet.[143] Nachdem die Vermögensteuer aufgrund einer Entscheidung des Bundesverfassungsgerichts[144] für Veranlagungszeitpunkte nach dem 31.12.1996 nicht mehr erhoben wird und die Gewerbekapitalsteuer ab 1998 abgeschafft wurde[145], wird der Vermögensbestand im geltenden Steuerrecht nur noch durch die Grundsteuer[146] belastet. Gegenstand der Grundsteuer ist der Grundbesitz unabhängig davon, ob er in einem Unternehmen oder außerhalb eines Unternehmens gebunden ist. Steuerschuldner ist derjenige, dem der Grundbesitz zugerechnet wird. Das ist bei einem Einzelunternehmen die natürliche Person des Einzelunternehmers, bei den Kapitalgesellschaften entweder die Gesellschaft als juristische Person selbst

---

[142] Vgl. BFH v. 14.9.1994 – II R 95/92, BStBl II 1995, 81 (82f.) = BFHE 176, 44 (46ff.); so auch BFH v. 15.7.1998 – II R 82/96, BStBl II 1998, 630 (631f.) = BFHE 186, 147 (148ff.).

[143] Vgl. *Kirchhof*, Staatliche Einnahmen, in: HbStR IV, § 88 Rdnr. 150ff.

[144] BVerfGE 93, 121 (133ff.).

[145] Gesetz zur Fortsetzung der Unternehmensteuerreform v. 29.10.1997, BGBl I 1997, 2590.

[146] Grundsteuergesetz (GrStG) v. 7.8.1973, BGBl I 1973, 965 (965).

oder einer ihrer Gesellschafter. Eine Doppelbelastung kann dabei nicht auftreten, weil der Grundbesitz sich jeweils nur einem Rechtssubjekt zurechnen lässt. Die Personengesellschaften sind hier im Unterschied zu den Personensteuern aufgrund ihrer relativen Rechtsfähigkeit wie die Kapitalgesellschaften selbst Schuldner der Grundsteuer für den Grundbesitz ihres Gesellschaftsvermögens. Der einzelne Gesellschafter schuldet hingegen die auf seinem Grundbesitz liegende Grundsteuer auch dann, wenn er diesen der Gesellschaft zur Nutzung überlässt. Für die Grundsteuer ist der im Gesellschaftsvermögen einer Personengesellschaft gesamthänderisch gebundene Grundbesitz von den Grundstücken der Gesellschafter zu trennen. Allerdings wirken sich diese Unterscheidungen nur in der Bestimmung des Steuerschuldners, nicht jedoch in der Höhe der Grundsteuer aus. Weil die Grundsteuer insofern die Grundidee einer Objektsteuer in vollem Umfang umsetzt, hängt sie nicht von der gewählten Rechtsform des Unternehmens ab.

c) Steuern auf die Vermögensverwendung

Die Steuern auf den Konsum knüpfen an die in der Nachfrage nach Wirtschaftsgütern angelegte und typisierend vermutete Zahlungskraft an. Neben den Verbrauch- und den Verkehrsteuern sowie den Zöllen werden hierzu gewöhnlich auch die Aufwandsteuern gezählt.[147] Eine Relevanz aller dieser Steuern für die Frage der Rechtsformwahl ist aufgrund ihrer Anknüpfung an das entsprechend nachgefragt Gut und ihrer Überwälzung im Preis so gut wie ausgeschlossen.

3. Besteuerungsunterschiede im Ertragsteuerrecht

Die gegenwärtig vornehmlich nur im Ertragsteuerrecht bestehenden Unterschiede in der Besteuerung von Unternehmen haben ihren Ursprung in dem Dualismus von Einheits- und Trennungsprinzip sowie der Abgrenzung anhand der zivilrechtlichen Rechtsfähigkeit des Unternehmensträgers. Dem Steuergesetzgeber ist es nicht gelungen, das sich allein aus diesem Dualismus ergebene Ausmaß unterschiedlicher Besteuerung durch Vereinheitlichung der Bemessungsgrundlagen und Steuersätze sowie Vermeidung der Doppelbelastung der mit Körperschaftsteuer vorbelasteten Einkünfte wesentlich zu mindern.[148] Die gegenwärtige Ausgestaltung des Ertragsteuerrechts verstärkt diese Unter-

---

[147] Zur Einordnung der Aufwandsteuern als Steuern auf die Vermögensverwendung vgl. etwa *Tipke/Lang*, Steuerrecht, § 8 Rdnr. 100; a. A. *Kirchhof*, Staatliche Einnahmen, in: HbStR IV, § 88 Rdnr. 154, der auf die konkrete Ausgestaltung der Aufwandsteuern abstellt, wonach diese keinen Verbrauch, sondern einen individualdienlichen Vermögensgegenstand erfassten.

[148] Siehe dazu oben S. 143.

schiede vielmehr. Vor allem die in unterschiedlichen Gesetzen kodifizierte Besteuerung des Einkommens natürlicher und juristischer Personen sowie die daran anknüpfende Gewerbesteuer lassen zahlreiche rechtsformbezogenen Unterschiede erkennen, welche in der Folge die Rechtsformwahl beeinflussen.[149]

a) Die Bemessungsgrundlage

Eine Ursache für rechtsformbezogene Unterschiede in der Einkommensbesteuerung liegt in dem Fehlen einer einheitlichen Bemessungsgrundlage. Die bei Ermittlung des jeweils zu versteuernden Einkommens bestehenden Unterschiede sind zum Teil erheblich. Sie treten allerdings selten aus dem Schatten einer sich häufig allein auf den Steuertarif kaprizierenden steuerpolitischen Wahrnehmung, welche insbesondere im Bereich der Besteuerung von Unternehmen den Steuersatz als den zum Argument gewordenen Standortfaktor schlechthin begreift.

aa) Zuordnung und Ermittlung der Einkünfte

Rechtformrelevante Unterschiede in der Besteuerung des Ertragssteuerrechts liegen unter anderem darin, dass die Zuordnung der Einkünfte zu den einzelnen Einkunftsarten teilweise nach Maßgabe der Rechtsform erfolgt, die Einkunftsarten selbst aber unterschiedlichen Regelungen unterliegen. Für die Zuordnung der Einkünfte des Einzelunternehmers wird streng nach den Einkunftsarten unterschieden. Nur der gewerblich tätige Einzelunternehmer bezieht aus seinem Unternehmen Einkünfte aus Gewerbebetrieb. Demgegenüber werden die von einer Kapitalgesellschaft erwirtschafteten Einkünfte im Körperschaftsteuerrecht unabhängig von der Art der Betätigung stets und ausschließlich als Einkünfte aus Gewerbebetrieb qualifiziert. Die Ausschüttungen jedoch hat der Gesellschafter grundsätzlich als Einkünfte aus Kapitalvermögen der Einkommensteuer zu unterwerfen. Bei der Beurteilung der Einkünfte des Personengesellschafters wird grundsätzlich wie bei einem Einzelunternehmer nach Einkunftsarten unterschieden. Die Gewinnanteile gehören aber nicht nur dann zu den Einkünften aus Gewerbebetrieb, wenn die Personengesellschaft gewerblich tätig ist, sondern nach § 15 Abs. 3 Nr. 1 und 2 EStG und auch dann, wenn die gewerbliche Tätigkeit nur teilweise und nicht nur ganz geringfügig ausübt wird oder es sich bei ihr um eine gewerblich geprägte Personengesellschaft handelt.

In der Folge dieser zum Teil rechtsformbezogenen Zuordnung der Einkünfte ergeben sich Unterschiede zum einen aus der jeweils unterschiedlichen, vor allem nach § 2 Abs. 2 EStG zwischen Gewinn- und Überschusseinkünften differenzierenden Ermittlung der Einkünfte. Während realisierte Wertzuwächse

[149] Vgl. die beispielhafte tour d'horizon von *Reiß*, Rechtsformabhängigkeit der Unternehmensbesteuerung, DStJG 17 (1994), 3 (3ff.).

im Vermögen bei den Gewinneinkunftsarten immer berücksichtigt werden, bleiben Wertveränderungen im Vermögen bei den Überschusseinkünften grundsätzlich ohne Bedeutung.[150] Auch fehlt es dem geltenden Steuerrecht an einer einheitlichen Ermittlungsmethode für alle Einkünfte. Zum anderen knüpft die Gewerbesteuer ausschließlich an die einkommensteuerrechtlich als gewerblich qualifizierten Einkünfte an. Auf diese Weise werden ausgeschüttete Gewinne von Kapitalgesellschaften gegenüber gewerblichen Gewinnen ungleich behandelt, gelingt nur eine auf Ausnahmen begrenzte steuerliche Abschöpfung von Veräußerungsgewinnen aus Beteiligungen an Kapitalgesellschaften im Privatvermögen. Insbesondere die Unterscheidung zwischen Gewinneinkünften mit und Überschusseinkünften ohne Betriebsvermögen einschließlich ihrer Folge der Steuerbarkeit beziehungsweise der Nichtsteuerbarkeit von Veräußerungsgewinnen führt zusammen mit der nur auf die gewerblichen Einkünfte zugreifenden Gewerbesteuer zu deutlichen rechtsformabhängigen Belastungsunterschieden.[151]

bb) Behandlung schuldrechtlicher Vertragsbeziehungen

Weitere rechtsformrelevante Unterschiede bestehen in der Erfassung von Leistungsverhältnissen zwischen dem Unternehmen und seinen Beteiligten. Die Anknüpfung des geltenden Steuerrechts an das Zivilrecht hat auch insoweit Auswirkungen auf die Ermittlung der Bemessungsgrundlagen. Schuldrechtliche Vertragsbeziehungen zwischen einem Einzelunternehmen und seinem Inhaber sind schon zivilrechtlich und damit auch steuerrechtlich nicht möglich. Der Einzelunternehmer kann weder seinen Unternehmerlohn als Betriebsausgabe abziehen, noch zu Lasten des Gewinns eine betriebliche Altersversorgung durch Pensionsrückstellungen aufbauen, geschweige denn selbst Fremdkapital in sein Unternehmen einbringen. Demgegenüber ermöglicht die zwischen einer Kapitalgesellschaft und ihren Gesellschaftern bestehende zivilrechtliche Trennung zwischen beiden Leistungsbeziehungen außerhalb des Gesellschaftsverhältnisses. Dienst-, Miet-, Pacht-, Darlehens-, Lizenz- oder Beratungsverträge sowie Veräußerungsgeschäfte zwischen der Kapitalgesellschaft und ihren Gesellschaftern werden auch im Steuerrecht dem Grunde nach anerkannt, Pensionsrückstellungen können gewinnmindernd gebildet werden. Ist die Höhe der vereinbarten Vergütung durch den Betrieb und nicht durch das Gesellschaftsver-

---

[150] Veräußerungsgewinne, die im Bereich des Privatvermögens erzielt worden sind, werden ausnahmsweise unter den Voraussetzungen der §§ 17, 23 EStG erfasst.

[151] Vgl. auch etwa *Jachmann*, Steuergesetzgebung zwischen Gleichheit und wirtschaftlicher Freiheit, S. 109ff. m. w. Nachw.; *dies.*, Besteuerung von Unternehmen als Gleichheitsproblem – Unterschiedliche Behandlung von Rechtsformen, Einkunftsarten, Werten und Steuersubjekten im Ertrag- und Erbschaftsteuerrecht, DStJG 23 (2000), 9 (48ff.).

hältnis veranlasst,[152] ist sie als Betriebsausgaben bei der Kapitalgesellschaft abzugsfähig. Auf Ebene der Gesellschafter unterliegt das Entgelt erst im Jahr des Zuflusses der Einkommensteuer in der jeweils nach allgemeinen Kriterien zu bestimmenden Einkunftsart. Die Geschäftsführergehälter eines Gesellschafters einer Kapitalgesellschaft sind daher keine Einkünfte aus Gewerbebetrieb, sondern solche aus nichtselbständiger Arbeit. Die vergleichbaren Einkünfte eines Einzelunternehmers hingegen wären solche aus Gewerbebetrieb und nach dem Feststellungsprinzip zu ermitteln. Dieser Unterschied zwischen dem Einzelunternehmer und einer Ein-Mann-GmbH wird vor allem hinsichtlich der Gewerbesteuer relevant. Die steuerlichen Vorteile bei der Kapitalgesellschaft aus den für die jeweilige Einkunftsart bestehenden Vergünstigungen fallen dagegen im Rahmen der Rechtsformwahl kaum ins Gewicht.

Auch die Personengesellschaft kann mit ihren Gesellschaftern schuldrechtliche Verträge abschließen, doch hat sich der Steuergesetzgeber für die Gleichstellung der Besteuerung der Personengesellschafter mit der eines Einzelunternehmers entschieden. Um das zu erreichen, werden die Entgelte für die einzelnen Leistungen nach § 15 Abs. 1 S. 1 Nr. 2 Hs. 2 EStG grundsätzlich dem gewerblichen Gewinn als Sondervergütungen hinzugerechnet. Die zweistufige Gewinnfeststellung dient zur technischen Umsetzung dieser als Mitunternehmerkonzeption bezeichneten Zielsetzung.[153] Auf der ersten Stufe werden wie im Zivilrecht und entsprechend der Besteuerung der Kapitalgesellschaften die Verträge zwischen der Personengesellschaft und ihren Gesellschaftern als Fremdgeschäfte behandelt. Die von einem Gesellschafter empfangenen Vergütungen mindern insgesamt den Gewinn der Gesellschaft und damit auch den auf den einzelnen Gesellschafter entfallenden Gewinnanteil. Auf der zweiten Stufe werden die Vergütungen dann dem Gewinnanteil des begünstigten Gesellschafters wieder hinzugerechnet und gelten insgesamt als Einkünfte aus Gewerbebetrieb. Durch die Zusammenfassung der beiden Stufen beeinflussen Verträge zwischen Personengesellschaft und Gesellschafter nicht die Summe der gewerblichen Einkünfte der Gesellschaft, sondern nur deren Aufteilung. Die Zuordnung der Sondervergütungen zu den gewerblichen Einkünften erreicht, dass alle Einkünfte aus der unternehmerischen Tätigkeit als Gesellschafter einer Personengesellschaft wie bei einem Einzelunternehmer als Einkünfte aus Gewerbebetrieb erfasst werden. Pensionszusagen der Personengesellschaft an Gesellschafter werden ebenfalls als Sondervergütungen behandelt.[154] Hieraus ergibt sich im Vergleich für eine Kapitalgesellschaft und ihre Gesellschafter ein beachtens-

---

[152] Zu den steuerlichen Effekten der verdeckten Gewinnausschüttung vgl. *Herzig*, Aspekte der Rechtsformwahl für mittelständische Unternehmen nach der Steuerreform, WPg 2001, 253 (260ff.).

[153] Vgl. dazu *Knobbe-Keuk*, Bilanz- und Unternehmenssteuerrecht, S. 364ff.

[154] Grundlegend BFH v. 2.12.1997 – VIII R 15/96, BFHE 184, 571 (573ff.); vgl. auch *Tipke/Lang*, Steuerrecht, § 9 Rdnr. 547 m. w. Nachw.; die Schwierigkeit liegt in der Neutralisierung für die steuerliche Gewinnermittlung.

werter Steuervorteil, da die aufwandswirksame Zuführung zur Rückstellung die ertragsteuerlichen Bemessungsgrundlagen auf Ebene der Kapitalgesellschaft über einen langen Zeitraum senkt, ohne dass bei dem Gesellschafter eine entsprechende Steuerbelastung gegeben wäre. Diese tritt erst bei Beginn der Pensionszahlungen an den Gesellschafter, also mit erheblicher zeitlicher Verzögerung ein. Die Vorteilhaftigkeit einer Rechtsform wird demnach auch von der Art und dem Umfang der schuldrechtlichen Vertragsbeziehungen bestimmt.[155]

cc) Umfang des dem Unternehmen gewidmeten Vermögens

Mit der unmittelbar durch das Gesetz angeordneten Erfassung der Sondervergütungen hat es aber nicht sein Bewenden. Vielmehr werden auch die der Personengesellschaft dienenden Wirtschaftsgüter des Gesellschafters in entsprechender Weise als dessen Sonderbetriebsvermögen behandelt. Derart wird die Personengesellschaft in der für die Einkommensbesteuerung so grundlegenden Abgrenzung zwischen Betriebsvermögen und Privatvermögen dem Einzelunternehmen gleichgestellt, was weitere rechtformabhängige Unterschiede insbesondere zwischen Personen- und Kapitalgesellschaften zur Folge hat. Nur im Bereich des Betriebsvermögens sind realisierte und nicht realisierte Wertverluste und realisierte Wertsteigerungen steuerlich grundsätzlich zu berücksichtigen.[156] Zum Betriebsvermögen aber gehören alle Vermögensgegenstände, die dem Betrieb zu dienen bestimmt sind. Das ist bei einem Einzelunternehmer immer der gesamte betrieblich gewidmete Vermögensbestand. Auch das Vermögen einer Kapitalgesellschaft stellt ebenso wie das Gesamthandsvermögen einer Personengesellschaft Betriebsvermögen dar. Eine andere Frage betrifft jedoch die Behandlung der Vermögensgegenstände, die zwar dem Betrieb der Gesellschaft dienen, aber nicht zu ihrem Vermögen, sondern zu dem Vermögen eines ihrer Gesellschafter gehören. Bei der Personengesellschaft werden diese Vermögensgegenstände als Sonderbetriebsvermögen in Sonderbilanzen ausgewiesen, über die der wirtschaftliche Erfolg der außerhalb der Gesamthand erbrachten Leistungen eines Gesellschafters in der zweiten Stufe der Gewinnermittlung erfasst wird, so dass auch Wertveränderungen dieses Vermögens zu Einkünften aus Gewerbebetrieb führen. Demgegenüber lassen sich bei den Kapitalgesellschaften aufgrund der klaren Trennung zwischen Gesellschaft und Gesellschaftern vergleichbare steuerliche Folgen nur mittels einer Betriebsauf-

[155] Vgl. dazu ausführlich *Jacobs*, Unternehmensbesteuerung und Rechtsform, S. 514ff.; auch etwa *Sieker*, Möglichkeiten rechtsformneutraler Besteuerung von Einkommen, DStJG 25 (2002), 145 (171f.) m. w. Nachw.

[156] Siehe oben S. 154; im übrigen setzen vielfach auch steuerliche Vergünstigungen, z. B. in Form von Sonderabschreibungen, sowie die Gewährung von Investitionszulagen die Zugehörigkeit des Wirtschaftsguts zu einem Betriebsvermögen voraus.

spaltung erreichen. Wirtschaftsgüter, die ein Gesellschafter des Besitzunternehmens der Betriebskapitalgesellschaft unmittelbar überlässt, gehören bei der Besitzpersonengesellschaft regelmäßig zum Sonderbetriebsvermögen, bei einem Einzelunternehmen als Besitzunternehmen liegt notwendiges Betriebsvermögen vor.[157] Anderenfalls bleiben Wirtschaftsgüter, die der Gesellschafter einer Kapitalgesellschaft dieser zur Nutzung überlässt, Privatvermögen, deren Veräußerung nur dann einkommensteuerpflichtig ist, falls ein privates Veräußerungsgeschäft gemäß § 23 EStG vorliegt. Die Rechtsformwahl hat hiernach insbesondere auch die Steuerverhaftung von Wirtschaftsgütern des Sonderbetriebsvermögens bei Personengesellschaften zu beachten.

dd) Berücksichtigung von Verlusten

Entsprechend dem Einheitsprinzip bei der Besteuerung von Einzelunternehmen und Personengesellschaften auf der einen und dem Trennungsprinzip bei der Besteuerung von Kapitalgesellschaften auf der anderen Seite ergeben sich weitere rechtsformrelevante Unterschiede bei der Berücksichtigung von Verlusten. Verluste aus der gewerblichen Tätigkeit des Einzelunternehmers können grundsätzlich mit seinen weiteren Einkünften in dem betreffenden Jahr im Wege des Verlustausgleich oder mit Einkünften aus vorausgegangenen oder künftigen Jahren im Wege des Verlustabzugs ausgeglichen werden. Den Gesellschaftern einer Personengesellschaft werden entsprechend der Besteuerung bei Gewinnen die auf sie jeweils entfallenden Verlustanteile bei Entstehung zugerechnet, die wie bei einem Einzelunternehmer dann bei den einzelnen Gesellschaftern unter Berücksichtigung der einschränkenden Regelungen vor allen in §§ 10d, 15 Abs. 4 und 15a EStG ausgleichs- und abzugsfähig sind. Demgegenüber steht den ausschließlich Einkünfte aus Gewerbebetrieb erzielenden Kapitalgesellschaften nur der Verlustabzug nach §§ 8 Abs. 1, 4 KStG, 10d EStG zur Verfügung, woran sich deutlich die Eigenständigkeit der Besteuerung von Kapitalgesellschaften zeigt. Entstehen in einer Kapitalgesellschaft langfristig Verluste, so können diese nicht ertragsteuermindernd auf der Ebene der Gesellschafter verrechnet werden. Auch eine indirekte Berücksichtigung der Verluste auf der Ebene der Gesellschafter durch Veräußerung oder Teilwertabschreibung ist bei natürlichen Anteilseignern nur eingeschränkt, ansonsten überhaupt nicht möglich.[158] Der bei Personengesellschaften mögliche sofortige Verlustausgleich stellt insofern einen rechtformabhängigen Liquiditätsvorteil

---

[157] Vgl. BFH v. 8.3.1989 – X R 9/86, BStBl II 1989, 714 (715ff.) = BFHE 156, 443 (445ff.); BFH v. 27.8.1998 – IV R 77/97, BStBl II 1999, 279 (280f.) = BFHE 186, 422 (424ff.).

[158] Vgl. § 8b Abs. 3 KStG bei im Betriebsvermögen von Kapitalgesellschaften gehaltenen Anteilen an anderen Kapitalgesellschaften.

dar.[159] Zu beachten ist allerdings, dass bei der Rechtsformwahl einer Personengesellschaft, für die mit deutlichen Verlusten über einen längeren Zeitraum gerechnet wird, regelmäßig für natürliche Personen als Gesellschafter eine Haftungsbeschränkung vorgesehen wird, so dass einkommensteuerrechtlich die Beschränkungen des § 15a EStG zu beachten sind, was insoweit wiederum den Vorteil der Personengesellschaft mindert.[160]

b) Die Besteuerung einbehaltener und ausgeschütteter Gewinne

Im Mittelpunkt der Ursachen rechtsformbezogener Unterschiede des geltenden Ertragsteuerrechts steht die unterschiedliche Besteuerung einbehaltener und ausgeschütteter Gewinne. Da das Einzelunternehmen rechtlich nicht verselbständigt ist, werden die erzielten Einkünfte nach dem sogenannten Feststellungsprinzip in dem Jahr ihres Entstehens unmittelbar bei der dahinterstehenden natürlichen Person der Einkommensteuer unterworfen. Bei der Personengesellschaft unterliegen die Gesellschafter mit ihren Gewinnanteilen aus der Beteiligung ebenfalls im Zeitpunkt der Gewinnentstehung der Besteuerung unabhängig davon, ob ihnen der Gewinn auch tatsächlich zufließt oder ob er in dem Unternehmen belassen wird. Ist der Gesellschafter der Personengesellschaft eine natürliche Person, dann hat er die Gewinnanteile wie der Einzelunternehmer der Einkommensteuer zu unterwerfen. Das Einkommensteuerrecht geht dabei von einem synthetischen Einkommensbegriff aus, das heißt, die Einkommensteuer wird nicht unterschiedlich für die einzelnen Einkunftsarten ermittelt, sondern es wird eine gemeinsame Bemessungsgrundlage aller Einkünfte gebildet. Die Höhe der einkommensteuerlichen Belastung des Gesamteinkommens wird dabei von den persönlichen Verhältnissen beeinflusst, wie beispielsweise Familienstand, Zahl der Kinder, Alter, Sonderausgaben und außergewöhnliche Belastungen. Ist der Einzelunternehmer kirchensteuerpflichtig, fällt zusätzlich Kirchensteuer an. Des weiteren wird der Solidaritätszuschlag als Zuschlagsteuer auf die Einkommensteuer erhoben. Ist der Gesellschafter einer Personengesellschaft dagegen eine Kapitalgesellschaft, so hat sie ihre Gewinnanteile aus der Beteiligung der Körperschaftsteuer sowie dem Solidaritätszuschlag zu unterwerfen.

---

[159] Für gewerbesteuerliche Verluste besteht aufgrund des Objektcharakters der Gewerbesteuer lediglich die Möglichkeit, diese Verluste gemäß § 10a GewStG vorzutragen. Ein rechtsformbezogener Unterschied liegt hierbei in der Regelung, dass jeder Gesellschafterwechsel bei Personengesellschaften zu einem anteiligen Untergang des fiktiv auf den ausscheidenden Gesellschafter entfallenden gewerbesteuerlichen Verlustvortrags führt, während bei Kapitalgesellschaften ein solcher Untergang regelmäßig nur im Falle eines mindestens 50%-igen Gesellschafterwechsels zu prüfen ist, vgl. § 10a S. 4 GewStG i. V. m. § 8 Abs. 4 KStG.

[160] Vgl. so auch *D. Jacobs*, Rechtsformwahl nach der Unternehmenssteuerreform: Personenunternehmung oder Kapitalgesellschaft?, DStR 2001, 806 (812).

Im Unterschied zu der Besteuerung von Einzelunternehmen und Personengesellschaften ist bei der Besteuerung der Gewinne von Kapitalgesellschaften hinsichtlich einbehaltenen und ausgeschütteten Gewinnen zu unterscheiden. Infolge der rechtlichen Trennung zwischen den einzelnen Rechtssubjekten werden die Gewinne einer Kapitalgesellschaft nicht unmittelbar ihren Gesellschaftern zugerechnet. Die Gewinne werden vielmehr nach dem Feststellungsprinzip bei der Kapitalgesellschaft zunächst der Körperschaftsteuer unterworfen. Für den Solidaritätszuschlag gilt die Kapitalgesellschaft ebenfalls als eigenständiges Steuersubjekt. Die Gesellschafter einer Kapitalgesellschaft beziehen selbst steuerpflichtige Einkünfte nach dem sogenannten Zuflussprinzip dagegen grundsätzlich erst in dem Zeitpunkt, in dem die Kapitalgesellschaft die von ihr erwirtschafteten Gewinne ausschüttet. Aufgrund dieses Zuflussprinzips besteht auf Ebene der Gesellschafter in der Regel ein steuerbedingter Zinsvorteil für die Kapitalgesellschaft im Vergleich zu gleichartiger Gewinnverwendung bei einer Personengesellschaft. Ist der Gesellschafter eine natürliche Person, unterliegen die Dividenden mit den weiteren Einkünften des Gesellschafters der Einkommensteuer als Einkünfte aus Kapitalvermögen oder als Einkünfte aus Gewerbebetrieb, soweit die Beteiligung an der Kapitalgesellschaft in einem gewerblichen Betriebsvermögen gehalten wird. Ist der Gesellschafter dagegen eine andere Kapitalgesellschaft, sind die Beteiligungserträge bei der Mutterkapitalgesellschaft gemäß § 8b Abs. 1 KStG vollständig von der Körperschaftsteuer befreit. Diese Steuerbefreiung gewährleistet, dass innerhalb mehrstufiger Kapitalgesellschaftsbeteiligungen keine Kumulation der körperschaftsteuerlichen Definitivbelastung eintritt.[161]

aa) Halbeinkünfteverfahren

Aus rechtssystematischer Sicht werden die ausgeschütteten Gewinne einer Kapitalgesellschaft somit letztlich bei zwei verschiedenen Steuersubjekten besteuert. Die daraus resultierende Doppelbelastung wird nach der Abschaffung des 1977 eingeführten Anrechnungsverfahrens seit 2001 durch das Halbeinkünfteverfahren gemildert.[162] Bei den einkommensteuerpflichtigen Gesellschaftern einer Kapitalgesellschaft sind die Gewinnausschüttungen nach § 3 Nr. 40 EStG zur Hälfte steuerfrei, die andere Hälfte wird hingegen mit Körper-

---

[161] Sog. körperschaftsteuerliches Schachtelprivileg; die Befreiung gilt unabhängig von der Beteiligungshöhe und der Besitzdauer für in- und ausländische Beteiligungserträge i. S. v. § 20 Abs. 1 Nr. 1 und 2 EStG.

[162] Das zuvor geltende Anrechnungsverfahren hatte, sofern unbeschränkt Steuerpflichtige betroffen waren, die Doppelbelastung hingegen ganz vermieden, da ausgeschüttete Gewinne letztlich nur noch der individuellen Einkommensteuer des Anteilseigners unterworfen wurden.

schaftsteuer zuzüglich hälftiger Einkommensteuer belastet.[163] Diese Regelung gilt unabhängig davon, ob die Beteiligung im Privat- oder Betriebsvermögen gehalten wird. Sie gilt sowohl für die Dividenden inländischer als auch ausländischer Kapitalgesellschaften und erstreckt sich nicht nur auf Gewinnausschüttungen, sondern umfasst auch sämtliche wirtschaftlich als gleichwertig anzusehende Vermögensmehrungen.[164] Da die steuerliche Vorbelastung der Dividenden durch die hälftige Steuerfreistellung im Rahmen der Einkommensteuer nur in pauschaler Form berücksichtigt wird, ist eine Überkompensation der definitiven Körperschaftsteuer durch den Einkommensteuereffekt genauso möglich wie eine Unterkompensation.[165] Im Regelfall stimmt die sich nach dem Halbeinkünfteverfahren ergebende Gesamtsteuerbelastung der ausgeschütteten Gewinne einer Kapitalgesellschaft mit dem persönlichen Einkommensteuersatz der Anteilseigner nicht überein.

Dass bei der Ausschüttung steuerfreie Erträge und Steuerermäßigungen insofern verloren gehen, als die Gesellschafter der Kapitalgesellschaft die Ausschüttungen in jedem Fall als Halbeinkünfte zu versteuern haben, stellt einen gewissen Nachteil der Kapitalgesellschaften gegenüber den Personengesellschaften dar. Schwerer wiegt allerdings der Umstand, dass bei den Gesellschaftern einer Kapitalgesellschaft persönliche Aufwendungen, die wirtschaftlich durch die Beteiligung an der Gesellschaft und die daraus resultierenden Erträge verursacht sind, nicht oder nur eingeschränkt abzugsfähig sind. Der Steuergesetzgeber hat in § 3c Abs. 2 EStG die hälftige Steuerbefreiung der Dividendenerträge für natürliche Personen zum Anlass genommen, die mit diesen Einnahmen in wirtschaftlichem Zusammenhang stehenden Aufwendungen unabhängig von dem zeitlichen Anfall der Einnahmen bei der Ermittlung der Einkünfte systemwidrig[166] nur zur Hälfte zum Abzug zuzulassen. Bei den Kapitalgesellschaften als Gesellschafter kann sich nach § 3c Abs. 1 EStG i. V. m. § 8b Abs. 1 KStG sogar ein vollständiges Abzugsverbot ergeben, soweit Ausgaben in einem unmittelbaren wirtschaftlichen Zusammenhang mit den steuerfreien Dividendeneinnahmen stehen. Diese Regelungen führen auf der Ebene der Gesellschafter einer Kapitalgesellschaft zu einer Überbelastung, während demgegenüber bei den Personengesellschaften entsprechende Aufwen-

---

[163] Zuzüglich der Belastung durch die Zuschlagsteuern (Solidaritätszuschlag und ggf. Kirchensteuer) und der Vorbelastung des ausgeschütteten Gewinns mit Gewerbesteuer.

[164] Etwa Einnahmen aus der Veräußerung der Gesellschaftsanteile, der Entnahme von Anteilen an Kapitalgesellschaften, der Liquidation oder der Herabsetzung des Nennkapitals.

[165] Vgl. dazu mit Beispielsrechnungen *Jacobs*, Unternehmensbesteuerung und Rechtsform, S. 147ff.; auch *Pezzer*, Kritik des Halbeinkünfteverfahrens, StuW 2000, 144 (146ff.).

[166] Vgl. etwa *Schön*, Zum Entwurf eines Steuersenkungsgesetzes, StuW 2000, 151 (154f.).

dungen der Gesellschafter als Sonderbetriebsausgaben in voller Höhe abzugsfähig sind.[167]

bb) Tarifspreizung

Die prominenteste, deshalb nicht minder bedeutsame Ursache rechtsformbezogener Unterschiede stellt jedoch der auf die jeweilige Bemessungsgrundlage anzuwendende Tarif dar. Einem progressiv verlaufenden Einkommensteuertarif steht ein proportional ausgestalteter Körperschaftsteuertarif gegenüber, der auch im Unterschied zu dem Einkommensteuertarif eine Berücksichtigung des Existenzminimums durch einen Grundfreibetrag nicht kennt. Es war die Unternehmensteuerreform des Steuersenkungsgesetzes[168], die mit dem Wechsel vom Anrechnungs- zum Halbeinkünfteverfahren für die Besteuerung der Kapitalgesellschaften eine grundlegende Systemänderung brachte, während die Besteuerung der Einzelunternehmer und der Personengesellschaften im Grundsatz nicht angetastet wurde. Für deren Entlastung sah das Steuersenkungsgesetz vielmehr eine schrittweise Absenkung der Einkommensteuersätze bis zum Jahr 2005 vor, während die Absenkung des Körperschaftsteuersatzes vollumfänglich bei kalendergleichem Wirtschaftsjahr bereits in 2001 wirksam werden konnte. Der nach dem Prinzip des Grenzsteuersatzes aufgebaute Einkommensteuertarif gemäß §§ 32a i. V. m. 52 Abs. 41 EStG hat durch das Steuersenkungsgesetz sowie das Flutopfersolidaritätsgesetz[169] in den letzten Jahren folgende Veränderungen erfahren: Der Grundfreibetrag stieg von 7.206 EUR in 2001 auf nunmehr 7.664 EUR, der Eingangsteuersatz sank im gleichen Zeitraum von 19,9% über 17,0% in 2004 auf nunmehr 15,0% und der Spitzensteuersatz sank von 48,5% ab 54.999 EUR über 47,0% ab 52.293 EUR in 2004 auf nunmehr 42,0% ab 52.152 EUR. Demgegenüber beträgt der Körperschaftsteuersatz gemäß § 23 Abs. 1 KStG unabhängig von der Ergebnisverwendung seit 2001 mit Ausnahme von 2003[170] nunmehr einheitlich 25%.[171]

---

[167] Vgl. statt vieler etwa *Hey*, Besteuerung von Unternehmensgewinnen und Rechtsformneutralität, DStJG 24 (2001), 155 (194ff.) m. w. Nachw.

[168] Gesetz zur Senkung der Steuersätze und zur Reform der Unternehmensbesteuerung (Steuersenkungsgesetz – StSenkG) v. 23.10.2000, BGBl I 2000, 1433.

[169] Gesetz zur Änderung steuerrechtlicher Vorschriften und zur Errichtung eines Fonds „Aufbauhilfe" (Flutopfersolidaritätsgesetz) v. 19.9.2002, BGBl I 2002, 3651.

[170] Durch das Flutopfersolidaritätsgesetz wurde der Körperschaftsteuersatz für den Veranlagungszeitraum 2003 auf 26,5% festgesetzt.

[171] Bis einschließlich des Jahres 2000 kam während der Geltungsdauer des Anrechnungsverfahrens ein gespaltener Körperschaftsteuersatz zur Anwendung, für einbehaltene Gewinne von 56% vor 1990, 50% ab 1990, 45% ab 1994 und 40% ab 1999; die Ausschüttungsbelastung betrug dagegen zuletzt 30%.

Die starke Spreizung der Steuersätze zwischen Einkommen- und Körperschaftsteuer führt dazu, dass die Frage der Gewinnverwendung die rechtsformbezogenen Unterschiede in der Belastung unternehmerischer Gewinne ganz erheblich beeinflusst. Immer noch besteht zwischen Einkommensteuerspitzensatz und Körperschaftsteuersatz eine Spreizung von 17 nach vormals 23,5 Prozentpunkten.[172] Die Ertragsteuerbelastung der von Einzelunternehmen und Personengesellschaften erzielten Gewinne erfolgt unabhängig davon, ob sie entnommen werden oder nicht. Zu der grundsätzlichen Belastung mit Gewerbesteuer tritt die Belastung mit Einkommensteuer, Solidaritätszuschlag und gegebenenfalls Kirchensteuer des Allein- oder Mitunternehmers hinzu.[173] Die sich daraus ergebende Grenzbelastung beträgt aufgrund der Senkung des Spitzensteuersatzes nach 53,10% in 2002 nunmehr noch 47,37%.[174] Im Gegensatz dazu ist bei Kapitalgesellschaften zwischen einbehaltenen und ausgeschütteten Gewinnen zu unterscheiden. Während die einbehaltenen Gewinne neben der Körperschaftsteuer von 25% nur noch dem Solidaritätszuschlag und der Gewerbesteuer mit einer Steuermesszahl von stets 5%[175] unterliegen, kommt im Falle ihrer Ausschüttung noch die Belastung mit Einkommensteuer, Solidaritätszuschlag und gegebenenfalls Kirchensteuer des Gesellschafters auf die Hälfte der Dividende nach dem Halbeinkünfteverfahren hinzu. Die Grenzsteuerbelastung für einbehaltenen Gewinne beträgt danach 38,65%,[176] für ausgeschüttete Gewinne aufgrund der Senkung des Spitzensteuersatzes der Einkommensteuer nach 55,63% in 2002 nunmehr noch 53,51%. Auch wenn die Grenzbelastungssätze nur bedingt für einen aussagekräftigen Vergleich taugen, ist nicht zu übersehen, dass die Tarifspreizung jedenfalls bei hohen persönlichen Einkommensteuersätzen der Gesellschafter die einbehaltenen Gewinne der Kapitalgesellschaft begünstigt. Der Vorteil der thesaurierenden Kapitalgesellschaft besteht dabei in der geringeren Steuerbelastung der Verzinsung auf Ebene der Gesellschaft bis zu dem Zeitpunkt der Ausschüttung. Dabei kommt dem Anlagezeitraum, in dem die Kapitalgesellschaft die vorteilhaften Steuerquoten nutzen kann, entscheidende Bedeutung zu. Neben der Steuerbelastung auf Ebene der Gesellschafter ist auch deren Fähigkeit zu einem Verzicht auf Gewinnaus-

---

[172] Zu den verfassungsrechtlichen Bedenken vgl. stellvertretend *Wendt*, Spreizung von Körperschaftsteuersatz und Einkommensteuerspitzensatz als Verfassungsproblem, in: FS für Friauf, S. 859 (888); auch *Vogt*, Neutralität und Leistungsfähigkeit, S. 199ff.

[173] Wird die Beteiligung an einer Personengesellschaft in einem gewerblichen Betriebsvermögen gehalten, fällt aufgrund der Kürzungsvorschrift des § 9 Nr. 2 GewStG neben der von der Personengesellschaft erhobenen Gewerbesteuer nicht erneut Gewerbesteuer an.

[174] Bei einem Solidaritätszuschlag von 5,5%, Kirchensteuersatz von 9% und Gewerbesteuerhebesatz von 400%; zur Berechnung vgl. *Scheffler*, Besteuerung von Unternehmen I, S. 246ff.

[175] Vgl. § 11 Abs. 2 Nr. 2 GewStG.

[176] In 2003 betrug aufgrund des erhöhten Körperschaftsteuersatzes von 26,5% die Grenzbelastung 39,96%.

schüttungen erheblich. Nicht zuletzt lässt sich bei schwankenden Gewinnen die progressionsbedingte Steuerlast der Gesellschafter bei einer Kapitalgesellschaft anders als bei einem Einzelunternehmen oder der Personengesellschaft durch eine relativ gleichbleibende Ausschüttung mindern. Letztlich jedoch bedarf eine Aussage über die Vorteilhaftigkeit der Rechtsformen in Abhängigkeit von der Gewinnverwendung stets der Beurteilung des konkreten Falls.

cc) Einfluss der Gewerbesteuer

Der verzerrende Einfluss der Gewerbesteuer auf die ertragsteuerliche Gesamtbelastung gewerblicher Unternehmer ist immens.[177] Ohne Berücksichtigung der Gewerbesteuer steht einer Grenzbelastung von 46,34% für Einzelunternehmen und Personengesellschaften die Grenzbelastung bei den Kapitalgesellschaften auf einbehaltene Gewinne von nur 26,38% und auf ausgeschüttete Gewinne von lediglich 44,21% gegenüber.[178] Während die Gewerbesteuer bei den Kapitalgesellschaften zu Körperschaftsteuer und Solidaritätszuschlag hinzutritt, wird bei gewerblichen Einzelunternehmen und Personengesellschaften die effektive Belastung der Gewerbesteuer dagegen nicht nur auch durch den Abzug als Betriebsausgabe, sondern zusätzlich durch Tarifbesonderheiten und die Steuerermäßigung für gewerbliche Einkünfte nach § 35 EStG gemindert. Im Gegensatz zu Kapitalgesellschaften verfügen sie bei der Ermittlung des Gewerbeertrags über einen Freibetrag und gestaffelte Steuermesszahlen.[179] Diese Tarifbesonderheiten kompensieren zwar in der Regel nicht die fehlende Abzugsfähigkeit insbesondere von Geschäftsführervergütungen bei Personengesellschaften. Der daraus resultierenden Minderbelastung kommt jedoch aufgrund der pauschalierten Anrechenbarkeit der Gewerbesteuer auf die Einkommensteuer bei der Rechtsformwahl letztlich nur eine geringe Bedeutung zu. Über diese Anrechnung der Gewerbesteuer nach § 35 EStG wird eine möglichst weitgehende Gleichstellung von gewerblichen Einkünften mit anderen Einkunftsarten angestrebt.[180] Allerdings muss der Versuch schon vom systematischen Ansatz her scheitern, die Belastung gewerblicher Einkünfte mit Gewerbesteuer als einer Objektsteuer auf Seiten der Gesellschafter bei der Einkommensteuer als einer Subjektsteuer durch eine Steuerermäßigung weit-

[177] Vgl. dazu auch etwa *Hey*, Besteuerung von Unternehmensgewinnen und Rechtsformneutralität, DStJG 24 (2001), 155 (204ff.) m. w. Nachw.

[178] Bei einem Solidaritätszuschlag von 5,5% und einem Kirchensteuersatz von 9%.

[179] Freibetrag und Staffelung der Messzahl führen bei einem Hebesatz von 400% zu einer Gewerbesteuerminderbelastung im Vergleich zur Kapitalgesellschaft von rund 8.000 EUR.

[180] Dagegen gibt es keine Möglichkeit zur Anrechnung der von der Personengesellschaft entrichteten Gewerbesteuer auf die Körperschaftsteuer einer beteiligten Kapitalgesellschaft; eine zusätzliche Gewerbesteuerbelastung wird dadurch vermieden, dass der Gewinnanteil aus der gewerbesteuerlichen Bemessungsgrundlage mittels Kürzungsvorschrift herausgenommen wird, vgl. § 9 Nr. 2 GewStG.

gehend auszugleichen.[181] Die Entlastung gewerblicher Einzelunternehmer und Personengesellschaften erfolgt unabhängig von der Gewinnverwendung, wohingegen die Belastung der Kapitalgesellschaften unter Einbeziehung der Gesellschafterebene gerade entscheidend von der Gewinnverwendung abhängt. Zudem ist die Möglichkeit der Anrechnung so ausgestaltet, dass die Höhe der Entlastungswirkung maßgeblich von der Höhe des kommunalen Hebesatzes bestimmt wird und eine periodenübergreifende Anrechnung nicht vorgesehen ist. Gleichwohl hat die Anrechenbarkeit der Gewerbesteuer zur Folge, dass hinsichtlich der Anerkennung von Leistungsvergütungen nicht ohne weiteres von einem Vorteil der Kapitalgesellschaft gegenüber Einzelunternehmen und Personengesellschaften gesprochen werden kann. Vor allem bei den gewerbesteuerlich hinzurechnungspflichtigen Leistungsvergütungen wie Dauerschuldzinsen ist stets ein Besteuerungsnachteil der Kapitalgesellschaften gegeben. Denn im entscheidenden Unterschied zu dem gewerblichen Einzelunternehmer und der gewerblichen Personengesellschaft lässt sich die Gewerbesteuer einer Kapitalgesellschaft nicht auf die Einkommensteuer ihrer Gesellschafter anrechnen.[182]

c) Die Besteuerung von Veräußerungsgewinnen

Außerhalb der rechtsformbezogenen Unterschiede der laufenden Ertragsbesteuerung spielen bei einer Rechtsformwahl schließlich auch jene Unterschiede eine Rolle, die sich aus der Besteuerung nur gelegentlich auftretender Vorgänge ergeben. Schon bei der Übertragung einzelner Wirtschaftsgüter von der Gesellschaft auf ihren Gesellschafter oder umgekehrt besteht eine größere Flexibilität der Personen- gegenüber den Kapitalgesellschaften. Während bei Kapitalgesellschaften stets und in voller Höhe die in dem übertragenen Wirtschaftsgut ruhenden stillen Reserven aufzudecken sind und damit steuerrelevant werden, besteht hingegen bei Personengesellschaften in nicht geringem Umfang unter den Voraussetzungen des § 6 Abs. 5 S. 3 EStG die Möglichkeit zu ihrer steuerneutralen Übertragung.[183] Demgegenüber scheinen bei der Veräußerung und dem Erwerb ganzer Unternehmen oder Unternehmensanteile die dort in der Besteuerung bestehenden Unterschiede wiederum deutlich für die Kapitalgesellschaften zu sprechen. Die Gewinne einer Kapitalgesellschaft aus der Ver-

---

[181] Vgl. *Kirchhof*, Verfassungsrechtliche Maßstäbe der Unternehmenssteuerreform, Stbg 2000, 552 (556).

[182] Ist der Gesellschafter einer Kapitalgesellschaft eine andere Kapitalgesellschaft, kann aufgrund der Hinzurechnungsvorschrift § 8 Nr. 5 GewStG die Gewerbesteuerbelastung auf die Dividende nur vermieden werden, soweit eine Schachtelbeteiligung im Sinne von § 9 Nr. 2a oder 7 GewStG vorliegt.

[183] Auch bei einer sogenannten Realteilung des § 16 Abs. 3 S. 2 EStG sind die Buchwerte ohne Steuerbelastung fortzuführen, soweit nicht einzelne Wirtschaftsgüter auf eine Kapitalgesellschaft übertragen werden.

äußerung von Anteilen an einer anderen Kapitalgesellschaft sind unter den Voraussetzungen des § 8b KStG grundsätzlich steuerfrei, was über § 7 GewStG auch für die Ermittlung des Gewerbeertrags gilt. Dagegen unterliegen die steuerpflichtigen Veräußerungsgewinne der natürlichen Personen grundsätzlich dem Halbeinkünfteverfahren nach § 3 Nr. 40 EStG. Werden die Gewinne im Betriebsvermögen erzielt, wirkt sich das Halbeinkünfteverfahren auch auf den Gewerbeertrag der gleichwohl anrechenbaren Gewerbesteuer aus.[184] Ganz anders sieht es hingegen wiederum für die Gewinne aus der Veräußerung von Betrieben, Teilbetrieben und Mitunternehmeranteilen einer Personengesellschaft aus, die grundsätzlich uneingeschränkt der Einkommen- oder Körperschaftsteuer unterliegen. Für natürliche Personen können sich dabei zwar gewisse Erleichterungen aus § 34 Abs. 1 und 4 EStG ergeben. Von der Gewerbesteuer sind solche Gewinne jedoch nur noch freigestellt, soweit sie auf eine natürliche Person als unmittelbar beteiligter Mitunternehmer entfallen. Diese Unterschiede von der vollen Besteuerung bis zur völligen Steuerfreistellung fallen umso mehr ins Gewicht, als es bei der Veräußerung von Unternehmen häufig zur Realisierung hoher stiller Reserven kommt.[185]

---

[184] Als gewissen Ausgleich gegenüber der Steuerfreiheit nach § 8b Abs. 2 KStG können unter bestimmten Voraussetzungen entsprechende Veräußerungsgewinne bis zu einem Betrag von 500.000 EUR in eine Rücklage nach § 6b EStG eingestellt werden.

[185] Vgl. dazu auch etwa *Hey*, Besteuerung von Unternehmensgewinnen und Rechtsformneutralität, DStJG 24 (2001), 155 (199ff.) m. w. Nachw.

IV. Die Vereinigungsfreiheit im geltenden Steuerrecht

Die Vereinigungsfreiheit des Grundgesetzes gewährleistet in dem „Bilden" einer Vereinigung die freie Wahl der Rechtsform.[186] Der grundrechtsberechtigte Steuerpflichtige wählt die Rechtsform für sein Unternehmen aus den einfachgesetzlich zur Verfügung gestellten, von Art. 9 Abs. 1 GG objektiv-rechtlich geschützten Rechtsformen.[187] Dabei kommt regelmäßig den Fragen nach einer Begrenzung der Haftung und nach einer Reduzierung der Steuerbelastung die größte Bedeutung zu.[188] Die sonstigen zwischen den einzelnen Rechtsformen bestehenden zivilrechtlichen und wirtschaftlichen Unterschiede fallen dagegen bei der Rechtsformwahl aufgrund der Dispositivität und der Gestaltungsfreiheit des Gesellschaftsrechts grundsätzlich kaum ins Gewicht.[189] Da sich aber auch die Bedeutung der Frage nach der Haftungsbegrenzung angesichts der Möglichkeit der Bildung von Mischformen entsprechend relativiert, wird deutlich, dass der Einfluss des rechtsformabhängigen Steuerrechts auf die Rechtsformwahl erheblich ist. Die formale Anknüpfung des Steuerrechts an die Rechtsfähigkeit und die äußere Rechtsform liefert die Steuerbelastung in weitem Umfang dem steuerlichen Berater aus.[190] Gesellschaftsrechtliche und wirtschaftliche Fragen treten hinter den steuerrechtlichen Belastungsunterschieden zurück, wenn die Höhe der Steuerbelastung in den Mittelpunkt der Entscheidung des grundrechtsberechtigten Unternehmers über die rechtliche Form seines wirtschaftlichen Engagements rückt. Als homo oeconomicus wird dieser unabhängig davon, ob er das Steuersystem als gerecht empfindet, in der Regel stets bemüht sein, das Nettoergebnis nach Steuern zu maximieren, um auf diese Weise möglichst große Verfügungsbeträge zu seiner privaten Verwendung zu erzielen.[191] Die Belastungswirkung des Steuerrechts begrenzt insoweit seine unternehmerischen Entscheidungen, als der als Steuer an den Fiskus fließende Teil des Erfolgs privaten Wirtschaftens ihm nicht mehr zur Verfügung steht. Bei der Wahl der

---

[186] Siehe oben S. 40 und S. 95.

[187] Siehe dazu oben S. 91ff.

[188] Nach einer Befragung des Instituts für Mittelstandsforschung der Universität Mannheim (ifm) sind diese zwei Fragen neben der bei mittelständischen Unternehmen aufgrund der Altersstruktur gegenwärtig immer stärker in den Vordergrund rückenden Frage nach der Optimierung der Unternehmensnachfolge die Hauptmotive für eine Rechtsformwahl, vgl. *Buschmann*, Rechtsformwahl im Mittelstand, S. 1ff.

[189] Siehe oben S. 126.

[190] Was mit dem zwingenden Charakter des Steuerrechts als Teil des öffentlichen Rechts nur schwer zu vereinbaren ist; vgl. schon *Weber*, Grundgesetz, Gesellschaftsrecht und die Besteuerung der selbständigen Unternehmen, Bd. 1, S. 34f.

[191] Vgl. *Wagner*, Neutralität und Gleichmäßigkeit als ökonomische und rechtliche Kriterien steuerlicher Normkritik, StuW 1992, 2 (3); siehe zu den Voraussetzungen vernünftigen Handels auch S. 78.

Rechtsform nach steuerlichen Gesichtspunkten gilt deshalb den durch die nicht rechtsformneutrale Besteuerung bewirkten Belastungsunterschieden die ungeteilte Aufmerksamkeit. Anhand der Belastungsunterschiede lässt sich beurteilen, ob das Steuerrecht den steuerpflichtigen Unternehmer in eine bestimmte Rechtsform drängt oder die Vereinigungsfreiheit des Grundgesetzes achtet.

1. Rechtsformabhängige Belastungsunterschiede

Die Vielzahl der in der gegenwärtigen Besteuerung von Unternehmen bestehenden und zum Teil gegenläufigen Unterschiede erlaubt keine allgemeingültige Aussage über die Vorteilhaftigkeit der einen oder anderen Rechtsform. Das den einzelnen Unterschieden bei der konkreten Entscheidung über die Rechtsform jeweils beizumessende Gewicht hängt entscheidend von den individuellen Gegebenheiten des Einzelfalls ab. Lediglich im Hinblick auf kleinere Unternehmen, deren Erträge aus Anteilen an Kapitalgesellschaften von nur untergeordneter Bedeutung sind, lässt sich feststellen, dass eine Personengesellschaft oder auch ein Einzelunternehmen grundsätzlich eine geringere Steuerbelastung aufweisen wird als eine vergleichbare Kapitalgesellschaft. Doch wird bei einem solchen Unternehmen die Rechtsform der Kapitalgesellschaft schon häufig aus gesellschaftsrechtlichen Gründen keine wirkliche, in die Rechtsformwahl einzubeziehende Alternative darstellen. Auf der anderen Seite dürfte ebenso bei großen Unternehmen die Rechtsformwahl überwiegend von nicht steuerrechtlichen Überlegungen, wie beispielsweise der Kapitalbeschaffung oder der Haftung, bestimmt werden.[192] Relevant werden die Belastungsunterschiede insbesondere bei der Rechtsformwahl für Unternehmen, die derart groß und wirtschaftlich so erfolgreich sind, dass ihnen auch das Rechtskleid einer Kapitalgesellschaft passen würde und der Progressionsvorteil der Einkommensteuer nicht mehr ins Gewicht fällt. Die Einflüsse des Steuerrechts auf die Wahl der geeigneten Rechtsform dieser Unternehmen lassen sich abstrakt jedoch nur als einzelne Tendenzen angeben.

Die Rechtsform der Kapitalgesellschaft zeigt sich im Hinblick auf die laufende Besteuerung infolge des Körperschaftsteuersatzes von nur 25% bei überwiegender Gewinnthesaurierung für Unternehmer mit höherer Einkommensteuerbelastung und bei Erträgen aus Anteilen an anderen Kapitalgesellschaften tendenziell vorteilhaft. Die niedrige Besteuerung der Kapitalgesellschaft bei einbehaltenen Gewinnen führt allerdings dann nicht notwendigerweise zu ihrer Vorteilhaftigkeit, wenn die Beendigung des zeitweiligen Einkommensverzichts bei dem Gesellschafter mit einer überholenden Steuerbelastung belegt wird. Sofern aber beispielsweise die Beteiligung steuerfrei veräußert werden kann und der persönliche Einkommensteuersatz relativ hoch liegt, stellt sich die Kapital-

---

[192] Vgl. *Schreiber*, Rechtsformabhängige Unternehmensbesteuerung?, S. 6.

gesellschaft auch ohne zusätzliche Finanzierungseffekte günstiger als die Personenunternehmen.[193] Demgegenüber erweisen sich Kapitalgesellschaften im Vergleich zu Personenunternehmen bei einem hohen Ausschüttungsanteil als tendenziell ungünstiger, da es als Ausfluss einer auch wirtschaftlichen Trennung bei Ausschüttungen aus Kapitalgesellschaften an natürliche Personen zu einer Doppelbelastung mit Körperschaft- und Einkommensteuer kommt, die das Halbeinkünfteverfahren auf der Einnahmenseite nicht vermeiden, sondern nur typisierend verringern hilft. Gleichzeitig benachteiligt die systemwidrig eingeschränkte Abzugsfähigkeit von in wirtschaftlichem Zusammenhang stehenden Aufwendungen diese Form des Engagements zusätzlich. Sie erschwert im Zusammenhang mit der Definitivbesteuerung auf der Ebene der gewinnerwirtschaftenden Kapitalgesellschaft zudem einen Verlustausgleich zwischen Gesellschafter und Gesellschaft. Die Rechtsformen der Personenunternehmen weisen in diesen Bereichen sowie durch die Gewerbesteueranrechnung nach § 35 EStG im Ausschüttungsfall Vorzüge gegenüber den Kapitalgesellschaften auf. Diese Nachteile lassen sich gegebenenfalls durch einen zielgerichteten Einsatz schuldrechtlicher Verträge zwischen Kapitalgesellschaft und ihren Gesellschaftern vermeiden oder zumindest vermindern, wobei allerdings das Risiko einer verdeckten Gewinnausschüttung zu beachten ist. Dagegen stellen sich die Kapitalgesellschaften wiederum tendenziell besser bei den Dividenden anderer Kapitalgesellschaften und insbesondere bei den Gewinnen aus der Veräußerung von Kapitalgesellschaftsanteilen. Den Personenunternehmen eröffnen sich gegenüber der grundsätzlichen Steuerfreistellung bei den Kapitalgesellschaften insoweit nur die vergleichsweise beschränkten Möglichkeiten des § 34 EStG. Schenkungs- und erbschaftsteuerlich schließlich lässt sich hingegen das eines Einzelunternehmens oder das in der Rechtsform einer Personengesellschaft übergehende Betriebsvermögen tendenziell steuergünstiger übertragen als das einer Kapitalgesellschaft.[194]

Die Unterschiede in der Ertragsbesteuerung vor allem zwischen Einzelunternehmen und Personengesellschaften auf der einen und Kapitalgesellschaften auf der anderen Seite wirken sich direkt und indirekt in der steuerlichen Gesamtbelastung aus. Die mit der jeweiligen Rechtsform verbundene steuerliche Gesamtbelastung bildet den entscheidenden Maßstab für den Einfluss des Steuerrechts auf die Rechtsformwahl.[195] Diese lässt sich zwar im Wege einer

[193] Vgl. zum Einfluss der Gewinnverwendungspolitik in einem modellgestützten Steuerbelastungsvergleich *Jacobs/Spengel/Hermann/Stetter*, Steueroptimale Rechtsformwahl: Personengesellschaften besser als Kapitalgesellschaften, StuW 2003, 308 (320f.).

[194] Siehe dazu auch oben S. 151.

[195] Das BVerfG beurteilt in seinem Beschluss zur Vermögenssteuer die Schwere des Eingriffs aufgrund der Gesamtsteuerbelastung, vgl. BVerfGE 93, 121 (137f.).

Teilsteuerrechnung[196] oder durch eine sogenannte kasuistische Veranlagungssimulation[197] quantifizieren. Dabei sind für ein einigermaßen aussagekräftiges Ergebnis neben allen entscheidungsrelevanten Einflussgrößen auch die Gesellschafterebenen mit einzubeziehen. Die Vorteilhaftigkeit einer Rechtsform beurteilt sich letztlich aus der Sicht der Unternehmer, bezeichnet die steuerliche Rechtsformwahl doch vor allem ein Problem der personalistischen, meist mittelständischen Unternehmen und weniger der kapitalistischen Publikumsgesellschaften, bei denen schon regelmäßig Eigentumsrecht und Leitungsbefugnis rechtlich wie auch faktisch auseinanderfallen. Darüber hinaus gelangen die Versuche einer Quantifizierung auch nur dann zu verlässlichen Ergebnissen, wenn sie über den Tellerrand des einzelnen Veranlagungszeitraums hinausblicken.[198] Anderenfalls erscheint der Vergleich der steuerlichen Belastung von Personen- und Kapitalgesellschaften insbesondere für den Fall der Thesaurierung wenig aussagekräftig. Die Frage, ob die Periodizität der Ertragsteuern nicht nur technisch-budgetären, sondern auch materiell-rechtlichen Charakter aufweist, stellt sich aus Sicht des Unternehmers nicht.[199] Aber auch die Ergebnisse dieser Quantifizierungsversuche sind letztlich nur eingeschränkt verallgemeinerungsfähig. Auch sie sehen sich einer Lebenswirklichkeit gegenüber, die sie nur modellhaft abzubilden vermögen. Eine generelle Aussage der steuerlichen Vorteilhaftigkeit der einen oder anderen Rechtsform für den konkreten Einzelfall kann auch ihnen nicht entnommen werden.[200]

---

[196] Dazu stellvertretend *Tipke/Lang*, Steuerrecht, § 17 Rdnr. 26ff.; *Rose*, Betriebswirtschaftliche Steuerlehre, S. 38ff.; grundlegend *ders.*, Die Steuerbelastung der Unternehmung, S. 38ff.

[197] Vgl. dazu etwa *Jacobs/Spengel/Hermann/Stetter*, Steueroptimale Rechtsformwahl: Personengesellschaften besser als Kapitalgesellschaften, StuW 2003, 308 (313ff.).

[198] Dem steht die überwiegende Mehrheit der durchgeführten Belastungsvergleiche entgegen, vgl. stellvertretend für viele *Kessler/Teufel*, Auswirkungen der Unternehmenssteuerreform 2001 auf die Rechtsformwahl, DStR 2000, 1836 (1838f.); *Förster/Brinkmann*, Die Vorteilhaftigkeit „zusammengesetzter Rechtsformen“ nach der Unternehmenssteuerreform, BB 2002, 1289 (1289ff.).

[199] Vgl. zu dieser Problematik *Dorenkamp*, Spreizung zwischen Körperschaftsteuer- und Spitzensatz der Einkommensteuer, DStJG Sonderband (2001), 61 (65ff.) m. w. Nachw.

[200] Vgl. insoweit zutreffend auch *Sieker*, Möglichkeiten rechtsformneutraler Besteuerung von Einkommen, DStJG 25 (2002), 145 (156f.) m. w. Nachw.; *Jacobs/Spengel/Hermann/Stetter*, Steueroptimale Rechtsformwahl: Personengesellschaften besser als Kapitalgesellschaften, StuW 2003, 308 (325) kommen beispielsweise für ein typisches Unternehmen des verarbeitenden Gewerbes zu einem Belastungsvorteil der Personengesellschaften, welcher insbesondere der Gewerbesteueranrechnung zu verdanken sei, die der niedrige Körperschaftsteuersatz und die niedrige Einkommensteuerbelastung durch das Halbeinkünfteverfahren bei Kapitalgesellschaften nicht zu kompensieren vermag.

2. „Faktische" Eingriffe in die Vereinigungsfreiheit

Gleichwohl kann allein deshalb nicht ausgeschlossen werden, dass der Steuergesetzgeber „faktisch" in die Vereinigungsfreiheit des steuerpflichtigen Unternehmers eingreift, weil eine generelle Aussage steuerlicher Vorteilhaftigkeit bestimmter Rechtsformen sich nicht treffen lässt. Als von vornherein vereinigungsfreiheitskonform zeigt sich nur eine rechtsformneutrale Besteuerung.[201] Im geltenden Steuerrecht hängt die steuerliche Belastung der Unternehmen jedoch in hohem Maße von der gewählten Rechtsform ab, wenn die Eigenschaft als Gewerbebetrieb und damit die Gewerbesteuer an die Rechtsform des Unternehmens anknüpft, die Zuordnung und Ermittlung der Einkünfte zu den einzelnen Einkunftsarten nach Maßgabe der Rechtsform erfolgt, die Leistungsverhältnisse zwischen dem Unternehmen und seinen Beteiligten bei Einzelunternehmen, Personengesellschaften und Kapitalgesellschaften steuerrechtlich jeweils unterschiedlich erfasst werden, der steuererhebliche Umfang des dem Unternehmen gewidmeten Vermögens sich nach der Rechtsform bestimmt, Verluste in unterschiedlicher Weise Berücksichtigung finden, einbehaltene und ausgeschüttete Gewinne verschieden belastet werden und auch die Besteuerung von Veräußerungsgewinnen sich nach der Rechtsform richtet.[202] Die Vielzahl der bei der Rechtsformwahl zu berücksichtigenden Kriterien ist ebenso wie die dadurch bedingte Komplexität des Entscheidungsprozesses geeignet, die von Art. 9 Abs. 1 GG geschützte Freiheit zu beschränken.

Die Rechtformbezogenheit des Ertragsteuerrechts verstößt als solche nicht gegen Art. 9 Abs. 1 GG. Ebenso wenig erweist sich allein das der gegenwärtigen Besteuerung von Unternehmen zugrunde liegende duale Besteuerungssystem mit dem für die Kapitalgesellschaften geltenden Trennungsprinzip und dem für Personenunternehmen einschlägigen Einheitsprinzip von sich aus als vereinigungsfreiheitsfeindlich. Das für die Rechtsformabhängigkeit bedeutsame Ausmaß der unterschiedlichen Steuerbelastung liegt vielmehr entscheidend an den Unterschieden in den Bemessungsgrundlagen und den Steuersätzen sowie an dem Verfahren zur Vermeidung der Doppelbelastung der nach dem Trennungsprinzip besteuerten Einkünfte.[203] Von dort rühren seit jeher die Gefahren für die von der Vereinigungsfreiheit geschützte Rechtsformwahl. Die Unternehmensteuerreform des Steuersenkungsgesetzes hat gerade hier zu einer deutlichen Verschärfung der zwischen den verschiedenen Rechtsformen bestehenden Belastungsunterschieden geführt. Neben dem Halbeinkünfteverfahren und der teilweisen Freistellung von Veräußerungsgewinnen bedroht vor allem die Spreizung zwischen Einkommensteuerspitzensatz und Körperschaftsteuersatz von immer noch 17 nach vormals sogar 23,5 Prozentpunkten die freie Rechtsform-

---

[201] Siehe oben S. 100.

[202] Siehe im einzelnen S. 150 und S. 153ff.

[203] Siehe oben S. 143.

wahl. Jede steuerliche Minderbelastung der Kapitalgesellschaften gegenüber Personengesellschaften und Einzelunternehmen eröffnet angesichts des Normativsystems der Gründung von Kapitalgesellschaften dem Steuerpflichtigen die Möglichkeit, insoweit der Besteuerung zu entgehen. Der rational handelnde Steuerpflichtige wird die ihm in einer anderen Rechtsform zur Verfügung stehende Gestaltungsmöglichkeit ergreifen, wenn er auf diese Weise die Steuerbelastung umgehen oder zumindest reduzieren kann. Allerdings setzt das die Kenntnis des Steuerpflichtigen über seine Handlungsmöglichkeiten und deren steuerliche Folgen voraus, was der steuerrechtlichen Realität in ihrer Komplexität nur zu oft nicht entspricht. Die insbesondere unter verfassungsrechtlichen Gesichtspunkten geforderte Vereinfachung des Steuerrechts wird hier daher ebenso aktuell wie die Forderung nach Planungssicherheit. Das Steuerrecht würde in der Rechtsformwahl die Stellung einer Zufallsvariablen einnehmen, wenn die mit der jeweiligen Rechtsform verbundene steuerliche Auswirkung nicht einmal mehr abgeschätzt werden könnte, weil die steuerrechtlichen Bedingungen sich ständig und in erheblichem Maße ändern. Dennoch darf nicht übersehen werden, dass das Steuerrecht nicht den einzigen unsteten Faktor in einer ansonsten statischen Umwelt darstellt.

Anzulegen ist der allgemeine Beurteilungsmaßstab „faktischer“ Grundrechtseingriffe, für den nach dem hier entwickelten Verständnis in der konkreten Situation des betroffenen Grundrechtsberechtigten auf die Sicht eines vernünftig denkenden Menschen abzustellen ist.[204] Nicht eine mathematisch genaue Grenze, sondern die wertende Beurteilung im Einzelfall entscheidet dabei, ob die Unterschiede in der steuerlichen Belastung gegen Art. 9 Abs. 1 GG verstoßen, weil sie die Wahlfreiheit vernünftiger Rechtsformalternativen aufheben. Angesichts der gegenwärtig im Steuerrecht angelegten erheblichen Belastungsdifferenzen jedoch erscheinen solche unter dem Diktat des Steuerrechts stehenden Rechtsformentscheidungen mehr als wahrscheinlich. Gerade weil zivilrechtliche und wirtschaftliche Unterschiede bei der Rechtsformwahl grundsätzlich kaum ins Gewicht fallen, besteht die Gefahr, dass ein Grundrechtsberechtigter allein schon aufgrund der aufgezeigten Differenzen in der Steuerbelastung zu einer bestimmten Rechtsform gedrängt wird. Die Möglichkeit eines „faktischen“ Eingriffs durch den Steuergesetzgeber in die von Art. 9 Abs. 1 GG geschützte Rechtsformwahl zeigt sich jedenfalls derart verdichtet, dass an der abwehrrechtlichen Rechtfertigungsbedürftigkeit dieser Gefahrschaffung keine Zweifel bestehen. Der Steuergesetzgeber darf und kann nicht hoffen, ein solcher Eingriff werde ausbleiben. Er muss vielmehr den dem Grundrechtsberechtigten ungünstigsten Fall in Rechnung stellen und eine abwehrrechtliche Rechtfertigung vorweisen können. Das folgt nicht zuletzt aus dem Grundsatz notwendiger Effektivität der Abwehrrechte und wird im Ergebnis auch vom Bundesverfassungsgericht anerkannt, wenn es Verfassungsbeschwerden auch

[204] Siehe oben S. 78ff.

auf „Grundrechtsgefährdungen“ gestützt zulässt und diese damit zutreffend als Eingriffe wertet.[205]

Die Vereinigungsfreiheit gerät in den Sog staatlichen Eingriffsrechts, wenn das Steuerrecht Grund dafür ist, dass ein Unternehmer sein wirtschaftliches Engagement nicht mehr in eigenem Namen, in höchstpersönlicher Verantwortung und Haftung ausübt oder ihn daran hindert, sein Unternehmen in einer juristischen Person zu verselbständigen und in Ertrag, Verantwortlichkeit und Haftung von den Beteiligten zu lösen.[206] Der Steuergesetzgeber hat hiernach aus Sicht der Vereinigungsfreiheit die zwischen den Rechtsformen bestehenden Belastungsdifferenzen zu beseitigen, zumindest jedoch auf ein geringes strukturelles Maß zurückzuführen. Anderenfalls droht weiterhin ein wesentliches Stück Freiheit verloren zu gehen. Vor diesem Hintergrund zeigt sich die Vereinigungsfreiheit des Grundgesetzes als Maßstab der Steuergesetzgebung.

---

[205] Vgl. etwa BVerfGE 24, 289 (295); 49, 89 (141); 51, 324 (345ff.); 66, 39 (58); allgemein hierzu *Sachs*, Grundrechtseingriff und Grundrechtsbetroffenheit, in: Das Staatsrecht der Bundesrepublik Deutschland, Bd. III/2, § 78 S. 210f. m. w. Nachw.; auch *Eckhoff*, Der Grundrechtseingriff, S. 283f.; *Lübbe-Wolff*, Die Grundrechte als Eingriffsabwehrrechte, S. 56f.; *Roth*, Faktische Eingriffe in Freiheit und Eigentum, S. 212ff.

[206] Vgl. *Kirchhof*, Der Grundrechtsschutz des Steuerpflichtigen, AöR 128 (2003), 1 (28f.).

F. Zusammenfassung

Einleitung

Der Einfluss des Steuerrechts auf die Wahl der Rechtsform für ein Unternehmen ist seit mehr als achtzig Jahren erheblich. Insbesondere die Unternehmenssteuerreform des Steuersenkungsgesetzes hat die zwischen Einzelunternehmen und Personengesellschaften einerseits sowie Kapitalgesellschaften andererseits bestehenden Unterschiede deutlich verschärft. Angesichts der zunehmenden Bedeutung der internationalen Wettbewerbsfähigkeit des Steuerrechts gerät leicht aus dem Blick, dass auch im Steuerrecht die Verfassungsprinzipien des Grundgesetzes nicht nur zur Wirkung gebracht werden können, sondern auch zur Wirkung gebracht werden müssen. Der freiheitliche Rechtsstaat des Grundgesetzes ist darauf verwiesen, sich durch Teilhabe am Erfolg der privaten Wirtschaftssubjekte zu finanzieren. Die Erhebung von Steuern zur Deckung seines Finanzbedarfs unterliegt aber prinzipiell allen formellen und materiellen Schranken, welche die Verfassung staatlichen Eingriffsakten zieht [A I].

Der Steuergesetzgeber ist aus Art. 1 Abs. 3 GG nicht weniger umfassend an die Grundrechte gebunden als sonstige Gesetzgeber. Die Vermutung der Vollziehbarkeit der Grundrechtsnormen unmittelbar von Verfassungs wegen und das Gebot der Gewährung effektiven Grundrechtsschutzes verlangen eine Auslegung und Dogmatik der Grundrechte, die ihre juristische Wirkkraft auch gegenüber dem Steuergesetzgeber entfaltet [A II 1]. Der Rechtsprechung des Bundesverfassungsgerichts lassen sich für die Beurteilung und Ausgestaltung des Steuerrechts neben dem allgemeinen Gleichheitssatz des Art. 3 Abs. 1 GG die Freiheitsgrundrechte des Art. 14 GG, Art. 12 Abs. 1 GG, Art. 6 Abs. 1 GG sowie des Art. 2 Abs. 1 GG entnehmen. Doch auch die weiteren speziellen Freiheitsgrundrechte können durch Steuergesetze tatbestandlich betroffen sein [A II 2]. Die Frage, ob und welche Grenzen dem Steuergesetzgeber aus der Vereinigungsfreiheit erwachsen, wird in der Literatur nur sehr vereinzelt und nicht einheitlich beantwortet. Dabei kann die Gleichheit des Art. 3 Abs. 1 GG in der Freiheit des Art. 9 Abs. 1 GG einen konkreten Vergleichsmaßstab finden. Zunächst ist deshalb vom Schutzbereich des Art. 9 Abs. 1 GG auszugehen, bevor nach der relevanten Beeinträchtigung dieser besonders geschützten Freiheit gefragt und die Vereinigungsfreiheit des Grundgesetzes als Maßstab der Steuergesetzgebung entwickelt werden kann [A II 3].

Schutzbereich der Vereinigungsfreiheit

Aus einer in der historischen Entwicklung ursprünglich stärkeren Bedeutung der politischen Dimension folgt keineswegs eine Beschränkung der Vereinigungsfreiheit auf nichtwirtschaftliche oder nur politische Vereinigungen. In Rechtsprechung und Literatur herrscht nahezu Einigkeit darüber, dass auch die Personen- und Kapitalgesellschaften auf der Grundlage von Art. 9 Abs. 1 GG agieren [B I]. Der Begriff der „Vereine und Gesellschaften" umfasst grundsätzlich das gesamte Spektrum privater Zusammenschlüsse, die nach allgemeiner Auffassung im einzelnen fünf aus der Verfassung entwickelten Voraussetzungen genügen müssen. Diese gibt in Blickrichtung von der Verfassung hin zum einfachen Gesetz insoweit § 2 Abs. 1 VereinsG zutreffend wieder. Art. 9 Abs. 1 GG schützt ein spezifisch organisatorisches Verhalten, das als solches von seinem Ergebnis her definiert ist, nämlich der Selbstorganisation der Grundrechtsträger. Das Recht zur Selbstorganisation ist kein lediglich auf die Errichtung einer Vereinigung beschränktes Gründerrecht, sondern umfasst unter anderem auch die Entscheidung über die Organisationsform. Ebenso wie das „Bilden" schützt Art. 9 Abs. 1 GG auch das Nicht-„Bilden". Die darüber hinausgehenden, auf die externe Verfolgung des Vereinszwecks gerichteten Betätigungen werden hingegen nicht von Art. 9 Abs. 1 GG geschützt [B I 1]. Die Vereinigungsfreiheit des Grundgesetzes erklärt „alle Deutschen" im Sinne des Art. 116 Abs. 1 GG für grundrechtsberechtigt und verweist alle nicht deutschen Staatsangehörigen auf den Schutz aus Art. 2 Abs. 1 GG. EU-Ausländern kommt aufgrund der Regelungen des EG-Vertrages in diesem Rahmen ein qualifizierter Schutz zu. Die Vereine und Gesellschaften selbst sind nur im Rahmen des Art. 19 Abs. 3 GG, nicht jedoch unmittelbar aus Art. 9 Abs. 1 GG geschützt [B I 2]. Der Schutzbereich des Art. 9 Abs. 1 GG wirkt dem Berechtigten als Garantie der Freiheit zur Selbstorganisation, bei der weder der verfolgte Zweck der Vereinigung, noch die über das „Bilden" hinausgehende Betätigung materiell umfasst wird. Er ist nicht betroffen, wenn ein bestimmtes Verhalten ohne Bezug auf seine gegebenenfalls vereinsmäßige Organisiertheit ver- oder geboten wird. In allen anderen Fällen bedarf es dagegen der Subsumtion unter die den Schutzbereich der Vereinigungsfreiheit bestimmenden Tatbestandsmerkmale [B I 3].

Viele Zusammenschlüsse im Sinne der „Vereine und Gesellschaften" bedürfen um der Verbindlichkeit ihrer Struktur sowie ihrer inneren und äußeren Maßnahmen willen mehr oder weniger umfassender überindividualer Regelungen durch die Rechtsordnung. Der Schutzbereich des Art. 9 Abs. 1 GG selbst entzieht sich einer legislativen Ausgestaltung durch den Gesetzgeber. In der legislativen Bereitstellung und Ausgestaltung der Vereinigungstypen des Vereins- und Gesellschaftsrechts innerhalb des Lebensbereichs liegt hingegen keine Beschränkung, sondern eine Erweiterung der Handlungsmöglichkeiten [B II 1]. Die gegenwärtig einfachgesetzlich in Rechtsformen normierten Typen des Vereins- und Gesellschaftsrechts lassen in Blickrichtung zum Schutzbereich erkennen, dass sie fast alle dem Begriff der „Vereine und Gesellschaften“ des Art. 9 Abs. 1 GG unterfallen. Die Aktivität des Einzelkaufmanns in gesellschaftsrechtlicher Form genießt unabhängig von ihrer zivilrechtlichen Anerkennung nicht den besonderen positiven Schutz des Art. 9 Abs. 1 GG. Größere Kapitalgesellschaften sind grundsätzlich als „Vereine und Gesellschaften“ anzusehen, solange das verfassungsrechtliche Erfordernis andauernder Bindung der Vereinigung an Person und Willen ihrer Mitglieder nicht gänzlich durch Fremdbestimmung verdrängt ist [B II 2]. Die bestehende Abhängigkeit der Vereinigungstypen des Vereins- und Gesellschaftsrechts vom Gesetzesrecht begründet jedoch keine institutsgarantierte verfassungsrechtliche Pflicht des einfachen Gesetzgebers zur Bereitstellung entsprechender Regelungen. Die Grenze zwischen tatsächlich vorgefundenen und auch verfassungsrechtlich geforderten Regelungen ist nicht diejenige, die den Schutzbereich der Vereinigungsfreiheit von ihrem normgeprägten Lebensbereich trennt [B II 3].

„Klassische“ und „faktische“ Eingriffe in Grundrechte

Der Begriff des „Grundrechtseingriffs“ ist ebenso verbreitet wie umstritten und für die allgemeine Grundrechtslehre von zentraler Bedeutung. Er grenzt die Sphäre des vom Bürger einer Rechtskontrolle zuführbaren von der des nur objektiv-rechtlich gebundenen oder sogar rein politischen staatlichen Handelns ab. Zu bestimmen ist er nicht von irgendwelchen Vermutungen, sondern von Funktion und Begriff der Grundrechte her [C I]. Insbesondere dann, wenn wie in Art. 9 Abs. 1 GG bestimmte individuelle Rechte positiv gewährleistet werden, ist bereits in dem Wortlaut der Grundrechtsnorm die Funktion der Grundrechte als Abwehrrechte zu erkennen. Der Abwehrrechtscharakter auch der Vereinigungsfreiheit steht vor diesem Hintergrund gänzlich außer Frage [C I 1]. Der sogenannte „klassische“ Grundrechtseingriff erfasst partiell zuverlässig die Grundrechtsrelevanz staatlicher Einwirkungen. Bei Freiheitsrechten wie der Vereinigungsfreiheit stellt schon allein das durch staatlichen Imperativ angeordnete Verhalten eine Grundrechtseinwirkung dar, zur Feststellung eines „klassischen“ Grundrechtseingriffs genügt der Blick auf die entsprechende Regelung. Für die von diesem Begriff nicht erfassten Wirkungen sind dagegen weder die Voraussetzungen grundrechtlichen Schutzes noch die weiteren dogmatischen Regeln, nach denen dieser gewährt werden soll, über umstrittene fallgruppenbezogene Ansätze hinaus geklärt [C I 2].

Dass die Grundrechte grundsätzlich auch gegen nicht regelungsidentische, „faktische“ Wirkungen staatlicher Maßnahmen schützen, ist inzwischen allgemein anerkannt, wenn auch nach wie vor recht kontrovers diskutiert wird, in welcher Weise sie das tun [C II]. Die Kriterien des „klassischen“ Grundrechtseingriffs markieren für die abwehrrechtliche Relevanz nicht regelungsidentischer Einwirkungen allenfalls Anhaltspunkte, ohne diesen Bereich abschließend bestimmen zu können [C II 1]. Der Akzent des Eingriffs verlagert sich vielmehr von der Form auf die Wirkung des Staatshandelns, da es aus Sicht des Grundrechtsberechtigten gänzlich unerheblich ist, auf welche Art und Weise die Einwirkung erfolgt. Die subjektive Haltung des durch seine Amtswalter handelnden Trägers öffentlicher Gewalt ist für den „faktischen" Grundrechtseingriff ebenso unerheblich wie die Frage, ob dieser Eingriff die Folge einer Maßnahme mit Rechtscharakter oder bloß schlichten Verwaltungshandelns ist [C II 2]. Doch in dem Maße, wie der ursprünglich eng umrissene Eingriffsbegriff durch Einbeziehen auch nicht regelungsidentischer Wirkungen an Kontur verliert, bedarf die grundrechtliche Gewährleistung der Konkretisierung. Da nicht regelungsidentische Wirkungen vor allem durch Einflussnahme auf die Willensbildung des Grundrechtsberechtigten wirken, steht nicht so sehr die von Art. 9 Abs. 1 GG geschützte Handlungsfreiheit als vielmehr ihre dazugehörige Entschließungsfreiheit im Vordergrund. Freiheit wird dabei strukturell verstanden als Chance zur Verwirklichung selbstgesetzter Ziele. Nur der Mensch übt Freiheit aus, der außer der durch sein Können vorgegebenen Grenzen keinen Einschränkungen hinsichtlich des Wollens unterliegt. Die Möglichkeiten einer Beeinträchtigung dieses souveränen Wollens sind grundsätzlich vielfältig. Doch nur Zwang ist in der Lage, die für eine abwehrrechtlich relevante Freiheitsbeeinträchtigung notwendige Autonomieeinbuße zu bewirken. Dass der Steuergesetzgeber die Entschließungsfreiheit durch nicht regelungsidentische Wirkungen beeinträchtigen kann, liegt aufgrund der Einflussnahme auf die Motivation des Grundrechtsberechtigten nahe, auch wenn nicht jede Einwirkung auf seine Willensbildung das souveräne Wollen beschränkt. Nicht mehr frei ist der Prozess der dem eigentlichen Entschließen vorgelagerten Entscheidungsfindung, wenn die verschiedenen Handlungsmöglichkeiten des erlaubten Könnens derart mit angedrohten Nachteilen oder angekündigten Vorteilen verbunden sind, dass in Anbetracht der eigenen Einschätzung dieser Umstände keine sinnvolle Handlungsalternative verbleibt; eine allgemeine Geringfügigkeitsgrenze besteht nicht. Abzustellen ist auf die Sicht eines besonnenen und vernünftig denkenden Menschen in der konkreten Lage des Betroffenen. Dessen tatsächliche Reaktion spielt keine Rolle [C II 3]. Für alle sich aus regelungsidentischen wie auch nicht regelungsidentischen Wirkungen von Steuergesetzen ergebenden Freiheitsbeeinträchtigungen besteht die kausal zurechenbare Verantwortung des Staates vergleichsweise unproblematisch [C II 4].

Anforderungen der Vereinigungsfreiheit an die Steuergesetzgebung

Art. 9 Abs. 1 GG schützt in dem Bilden von Vereinigungen eine Handlungsfreiheit, die durch steuergesetzliche Regelungen „klassisch" nicht beeinträchtigt wird. Es sind vielmehr die nicht regelungsidentischen Wirkungen, welche die dazugehörige Entschließungsfreiheit beeinträchtigen und in die Vereinigungsfreiheit „faktisch" eingreifen können. Ein solcher „faktischer" Eingriff stellt keine grundrechtsdogmatische Besonderheit dar. Angesichts der Vielfalt möglicher Gestaltungswirkungen und ihrer Abhängigkeit von der jeweils konkreten steuergesetzlichen Ausgestaltung lässt sich eine begrenzende Wirkung der Vereinigungsfreiheit abstrakt jedoch nur aus der von Art. 9 Abs. 1 GG geschützten Freiheitsposition herleiten [D I].

Das „Bilden" einer Vereinigung wäre nicht frei, wenn dem nicht auch eine Freiheit in der Organisationsform entsprechen würde. Die Frage nach der Rechtsformfreiheit lässt sich unterscheiden in Rechtsformauswahl und Rechtsformwahl. Rechtsformauswahl stellt die Frage nach der Bereitstellung verschiedener Rechtsformen durch den Gesetzgeber, Rechtsformwahl die der freien Wahl der Rechtsformen durch den Grundrechtsberechtigten [D II]. Ein die Rechtsformauswahl beschränkender Rechtsformzwang dergestalt, dass zur Verfolgung bestimmter Ziele nur jeweils eine Rechtsform wählbar zur Verfügung steht, betrifft den normgeprägten Lebensbereich, nicht aber den Schutzbereich von Art. 9 Abs. 1 GG. Die Vereinigungsfreiheit gewährleistet objektiv-rechtlich alle solche Regelungen, die sich zur Entfaltung des durch Art. 9 Abs. 1 GG geschützten Freiheitsbereichs in der jeweiligen Situation als unerlässlich erweisen. Über die Möglichkeit einer Begrenzung der persönlichen Haftung und damit zusammenhängend eigener Rechtsfähigkeit hinaus erscheint ihr objektivrechtlicher Gehalt einer weiteren Konkretisierung jedoch nur schwer zugänglich [D II 1]. Weil inneres Entschließen und äußeres Handeln untrennbar miteinander zusammenhängen, bezieht Art. 9 Abs. 1 GG die Entscheidung des Grundrechtsberechtigten über die Organisationsform der Vereinigung in seinen Schutz mit ein. Rechtsformwahl ist Organisationsformwahl. Jedes unmittelbare Beschränken, Behindern oder auch nur Beeinflussen der autonomen Wahlentscheidung greift bei gegebener und davon unberührt bleibender Auswahl an Rechtsformen in den Schutzbereich des Art. 9 Abs. 1 GG ein [D II 2].

Nicht nur unmittelbare Regelungen von Wahl und Auswahl der Rechtsformen laufen Gefahr, in das von Art. 9 Abs. 1 GG geschützte „Bilden" einzugreifen. Beachtung verdienen insbesondere alle diejenigen Regelungen, die an die jeweilige Rechtsform anknüpfen, ohne jedoch die Rechtsformwahl selbst oder den objektiv-rechtlichen Gehalt der Rechtsformauswahl zu betreffen [D III]. Diese außerhalb der tatsächlichen Handlungsmöglichkeiten liegenden Beschränkungen werden in der geschützten Rechtsformwahl grundrechtsrelevant. Fähig zu einer die Vereinigungsfreiheit beeinträchtigenden Wirkung sind insbesondere jene steuergesetzlichen Regelungen, die zwischen Rechtsformen oder anderen Organisationsformen der Vereinigungen unterscheiden [D III 1]. Art. 9 Abs. 1 GG fordert zwar weder absolute Rechtsformneutralität noch in gleicher Weise relative Rechtsformneutralität, wie das in der steuerjuristischen Literatur vor allem mit Blick auf den allgemeinen Gleichheitssatz des Art. 3 Abs. 1 GG geschieht. Der Steuergesetzgeber hat jedoch diejenigen Ungleichbehandlungen in der Besteuerung zu unterlassen, die dem Grundrechtsberechtigten in der Organisationsformwahl jede weitere sinnvolle Handlungsalternative nehmen. Insoweit kann davon gesprochen werden, dass das Freiheitsrecht der Vereinigungsfreiheit einen besonderen Gleichheitssatz enthält [D III 2]. Die Anwendung von Art. 9 Abs. 1 GG verschärft die Anforderungen an die Rechtfertigung rechtsformabhängiger Belastungsunterschiede deutlich, weil die Vereinigungsfreiheit außer den in Art. 9 Abs. 2 GG aufgeführten Verbotstatbeständen nicht unter einem ausdrücklichen Gesetzesvorbehalt steht, sondern nur den verfassungsimmanenten Schranken unterliegt [D III 3].

Anwendung des Maßstabs auf das geltende Steuerrecht

Die gegenwärtige Rechtsordnung kennt keinen einheitlichen Begriff des Unternehmens. Nicht das Unternehmen selbst ist Zuordnungsobjekt von Rechten und Pflichten, sondern der Unternehmensträger bildet die Zentralfigur des Außenprivatrechts der Unternehmen. Unternehmensträger des Einzelunternehmens ist der Einzelunternehmer als natürliche Person. Die unternehmenstragenden Gesellschaften hingegen sind aus Gründen des Verkehrsschutzes durch einen numerus clausus gekennzeichnet, bei dem herkömmlicherweise nach der Rechtsfähigkeit zwischen Körperschaften und Personengesellschaften unterschieden wird [E I]. Die Wahl der geeigneten Rechtform ist schon bei der Gründung eines Unternehmens als konstitutive Entscheidung zu treffen oder auch bei bestehenden Unternehmen neu zu überdenken, wenn sich wesentliche Bedingungen der Innenstruktur des Unternehmens oder seiner Umwelt verändern. Welche Rechtsform für den Zweck des Unternehmens zur Wahl stehen, ergibt sich aus dem Gesellschaftsrecht und zum Teil auch aus Bestimmungen des öffentlichen Rechts [E I 1]. Die einzelnen Rechtsformen lassen sich durch eine Vielzahl unterschiedlicher Merkmale beschreiben, die bei der Entscheidung über die zu wählende Rechtsform bewertet werden müssen. Die Zahl der zulässigen Gesellschaftsformen ist abschließend, schließt aber die Bildung von Mischformen nicht aus [E I 2]. Der entscheidende Unterschied zwischen dem Einzelunternehmen und den Personengesellschaften auf der einen und den Kapitalgesellschaften auf der anderen Seite liegt darin, dass die Kapitalgesellschaften als juristische Personen unabhängig von ihren Gesellschaftern bestehen. Alle weiteren Unterschiede zwischen den Rechtsformen können mehr oder weniger auf diesen grundlegenden Unterschied zurückgeführt werden. Die zivilrechtlichen und wirtschaftlichen Eigenheiten erscheinen aufgrund der Dispositivität des Gesellschaftsrechts bei der Rechtsformwahl im Ergebnis jedoch weniger gravierend, als es zunächst den Anschein hat. Ihre Bedeutung wird sogar noch dadurch verringert, dass die verbleibenden Unterschiede gegenläufig sind [E I 3].

Der Zugriffsgegenstand der Besteuerung ist durch das Prinzip steuerlicher Teilhabe am Erfolg privaten Wirtschaftens vorgezeichnet. Weniger deutlich zeigt sich jedoch, wer als Steuersubjekt in Frage kommt. Im Gegensatz zu organisationsformneutralen Besteuerungssystemen läuft vor allem eine rechtsformabhängige Besteuerung Gefahr, einen Eingriff in Art. 9 Abs. 1 GG zu bewirken. Während sich singulare Besteuerungsmodelle als grundsätzlich rechtsformneutral und damit auch vereinigungsfreiheitskonform erweisen, drohen duale Besteuerungsmodelle, in die Vereinigungsfreiheit einzugreifen, sofern sie nicht die organisationsformabhängigen Unterschiede systemimmanent beheben. Für die Beantwortung der Frage, ob ein organisationsformabhängiges duales Besteuerungsmodell gegen Art. 9 Abs. 1 GG verstößt, ist jedoch dessen konkrete Ausgestaltung entscheidend [E II].

Das gegenwärtige Steuersystem betrachtet ein Unternehmen nicht als eigenständigen Steuergegenstand, sondern übernimmt im Sinne einer Einheitlichkeit der Rechtsordnung die zivilrechtliche Grundwertung und knüpft an das äußere Rechtskleid unterschiedliche steuerliche Folgen. Die Rechtsformwahl für ein Unternehmen hängt deswegen ganz maßgeblich von steuerlichen Zweckmäßigkeitserwägungen ab [E III]. Im geltenden Steuerrecht gibt die zivilrechtliche Beurteilung der Rechtsform eines Unternehmens den Ausschlag für seine steuerliche Behandlung. Es verwirklicht ein duales Besteuerungssystem, das die Abgrenzung anhand der zivilrechtlichen Verhältnisse vornimmt. Einzelunternehmen als auch Personengesellschaften werden nach dem Einheitsprinzip, Kapitalgesellschaften nach dem Trennungsprinzip besteuert [E III 1]. Die Steuerbelastung als Kriterium der Entscheidungsfindung innerhalb der Rechtsformwahl rührt von ganz unterschiedlichen steuerrechtlichen Vorschriften her. Die Besteuerung unternehmerischer Tätigkeit ist in ein Steuersystem eingebunden, das eine Vielzahl von Anknüpfungsmerkmalen für zahlreiche Steuerarten mit jeweils verschiedenen Besteuerungstatbeständen und Bemessungsgrundlagen kennt [E III 2]. Die gegenwärtig vornehmlich nur im Ertragsteuerrecht bestehenden Unterschiede in der Besteuerung von Unternehmen haben ihren Ursprung in dem Dualismus von Einheits- und Trennungsprinzip sowie der Abgrenzung anhand der zivilrechtlichen Rechtsfähigkeit des Unternehmensträgers. Dem Steuergesetzgeber ist es nicht gelungen, das sich allein aus diesem Dualismus ergebende Ausmaß unterschiedlicher Besteuerung durch Vereinheitlichung der Bemessungsgrundlagen und Steuersätze sowie Vermeidung der Doppelbelastung der mit Körperschaftsteuer vorbelasteten Einkünfte wesentlich zu mindern [E III 3].

Der Einfluss des gegenwärtigen rechtsformabhängigen Steuerrechts auf die von Art. 9 Abs. 1 GG geschützte Rechtsformwahl ist erheblich. Bei der Rechtsformwahl gilt den Belastungsunterschieden die ungeteilte Aufmerksamkeit, anhand derer sich beurteilen lässt, ob das Steuerrecht den steuerpflichtigen Unternehmer in eine bestimmte Rechtsform drängt oder die Vereinigungsfreiheit achtet [E IV]. Die Vielzahl der in der gegenwärtigen Besteuerung von Unternehmen bestehenden und zum Teil gegenläufigen Unterschiede erlaubt keine allgemeingültige Aussage über die Vorteilhaftigkeit der einen oder anderen

Rechtsform. Das den einzelnen Unterschieden bei der konkreten Entscheidung über die Rechtsform jeweils beizumessende Gewicht hängt entscheidend von den individuellen Gegebenheiten des Einzelfalls ab. Die Einflüsse des Steuerrechts auf die Wahl der geeigneten Rechtsform lassen sich abstrakt jedoch nur als einzelne Tendenzen angeben. Auch die Ergebnisse verschiedener Quantifizierungsversuche sind letztlich nur eingeschränkt verallgemeinerungsfähig [E IV 1]. Gleichwohl kann allein deshalb nicht ausgeschlossen werden, dass der Steuergesetzgeber „faktisch" in die Vereinigungsfreiheit des steuerpflichtigen Unternehmers eingreift, weil eine generelle Aussage steuerlicher Vorteilhaftigkeit bestimmter Rechtsformen sich nicht treffen lässt. Zwar verstoßen die Rechtsformbezogenheit des Ertragsteuerrechts und ein duales Besteuerungssystem als solche nicht gegen Art. 9 Abs. 1 GG. Doch rühren die Gefahren für die Rechtsformwahl seit jeher von den Unterschieden in den Bemessungsgrundlagen und den Steuersätzen sowie von dem Verfahren zur Vermeidung der Doppelbelastung der nach dem Trennungsprinzip besteuerten Einkünfte. Gerade hier aber hat die Unternehmenssteuerreform des Steuersenkungsgesetzes zu einer deutlichen Verschärfung der zwischen den verschiedenen Rechtsformen bestehenden Belastungsunterschieden geführt. Angesichts dessen erscheinen unter dem Diktat des Steuerrechts stehende Rechtsformentscheidungen mehr als wahrscheinlich. Die Möglichkeit eines „faktischen" Eingriffs durch den Steuergesetzgeber in die von Art. 9 Abs. 1 GG geschützte Rechtsformwahl zeigt sich derart verdichtet, dass an der abwehrrechtlichen Rechtfertigungsbedürftigkeit dieser Gefahrschaffung keine Zweifel bestehen. Der Steuergesetzgeber hat aus Sicht der Vereinigungsfreiheit daher die zwischen den Rechtsformen bestehenden Belastungsdifferenzen zu beseitigen, zumindest jedoch auf ein geringes strukturelles Maß zurückzuführen Vor diesem Hintergrund zeigt sich die Vereinigungsfreiheit des Grundgesetzes als Maßstab der Steuergesetzgebung [E IV 2].

Literaturverzeichnis

Albers, Marion: Faktische Grundrechtsbeeinträchtigungen als Schutzbereichsproblem, DVBl 1996, S. 233-242.

Alexy, Robert: Theorie der Grundrechte, Frankfurt am Main 1986.

Andreas, Hermann Gebhard: Die steuerliche Qualifikation körperschaftlich strukturierter Personengesellschaften und kapitalistisch beteiligter Personengesellschafter, Gießen 1984.

Balmes, Frank: Rechtsformneutralität der Unternehmensbesteuerung, DStJG Sonderband (2001), S. 25-37.

Barth, Kuno: Die Steuern als gestaltende Faktoren im deutschen Gesellschaftsrecht, Einige Gedanken zu aktuellen Fragen der gegenwärtigen Besteuerung der Unternehmen in der Bundesrepublik, in: Pawlowski, Hans-Martin; Wiese, Günther; Wüst, Günther, Festschrift für Konrad Duden zum 70. Geburtstag, München 1977, S. 37-86.

Becker, Enno: Vortrag über das Thema „Ist es erwünscht, das Einkommen aus Gewerbebetrieb nach gleichmäßigen Grundsätzen zu besteuern, ohne Rücksicht auf die Rechtsform, in der das Gewerbe betrieben wird? Welche Wege rechtlicher Ausgestaltung bieten sich für eine solche Besteuerung?", Verhandlungen des 33. Deutschen Juristentages Heidelberg 1924, Berlin 1925, Zweite Sitzung der III. Abteilung, S. 433-465.

Bethge, Herbert: Der Grundrechtseingriff, 1. Bericht und Leitsätze, VVDStRL 57 (1998), S. 7-56.

Birk, Dieter: Das Leistungsfähigkeitsprinzip als Maßstab der Steuernormen, Ein Beitrag zu den Grundfragen des Verhältnisses Steuerrecht und Verfassungsrecht, Köln 1983.

Birk, Dieter: Das Leistungsfähigkeitsprinzip in der Unternehmenssteuerreform, StuW 2000, S. 328-336.

Birk, Dieter: Steuerrecht I – Allgemeines Steuerrecht, 2. Aufl., München 1994.

Bleckmann, Albert: Staatsrecht II – Die Grundrechte, 4. neubearb. Aufl., Köln 1997.

Böckenförde, Ernst-Wolfgang: Recht, Staat, Freiheit – Studien zur Rechtsphilosophie, Staatstheorie und Verfassungsgeschichte, Frankfurt am Main 1991.

Böckenförde, Ernst-Wolfgang: Schutzbereich, Eingriff, verfassungsimmanente Schranken, Zur Kritik gegenwärtiger Grundrechtsdogmatik, Der Staat 42 (2003), S. 165-192.

Bodenheim, Dieter G.: Der Zweck der Steuer, Verfassungsrechtliche Untersuchung zur dichotomischen Zweckformel fiskalisch-nichtfiskalisch, Baden-Baden 1979.

Boles, Ernest P.; Walz, W. Rainer: Kriterien der Körperschaftsteuersubjektivität im Vergleich von deutschem und US-amerikanischem Recht, GmbHR 1986, S. 435-442.

Brönner, Herbert: Die Besteuerung der Gesellschaften, des Gesellschafterwechsels und der Umwandlungen, 17. erw. Aufl., Stuttgart 1999.

Bundesministerium der Finanzen: Brühler Empfehlungen zur Reform der Unternehmensbesteuerung, Bericht der Kommission zur Reform der Unternehmensbesteuerung, Schriftenreihe des Bundesministeriums der Finanzen Heft 66, 1999.

Buschmann, Birgit (Hrsg.): Rechtsformwahl im Mittelstand, Eine empirische Untersuchung des Instituts für Mittelstandsforschung der Universität Mannheim (ifm), Mannheim 2003.

Butzer, Hermann: Freiheitsrechtliche Grenzen der Steuer- und Sozialabgabenlast, Der Halbteilungsgrundsatz des Bundesverfassungsgerichts im Spannungsfeld von Globalisierung, Freiheitsrechten und Sozialstaatlichkeit, Berlin 1999.

Denninger, Erhard; Hoffmann-Riem, Wolfgang; Schneider, Hans-Peter; Stein, Ekkehart (Hrsg.): Kommentar zum Grundgesetz für die Bundesrepublik Deutschland, Reihe Alternativkommentare, 3. Aufl., Neuwied 2001 [zit.: *Bearbeiter*, in: AK-GG].

Dolzer, Rudolf; Vogel, Klaus (Hrsg.): Bonner Kommentar zum Grundgesetz, Stand 97. Erg-Lfg. November 2001 [zit.: *Bearbeiter*, in: BK-GG].

Dorenkamp, Christian: Spreizung zwischen Körperschaftsteuer- und Spitzensatz der Einkommensteuer, DStJG Sonderband (2001), S. 61-84.

Dreier, Horst: Grundgesetz, Kommentar, Band I: Präambel, Artikel 1-19, 2. Aufl., Tübingen 2004 [zit.: *Bearbeiter*, in: Dreier].

Eckhoff, Rolf: Der Grundrechtseingriff, Köln 1992.

Engels, Wolfram; Stützel, Wolfgang: Teilhabersteuer, Ein Beitrag zur Vermögenspolitik, zur Verbesserung der Kapitalstruktur und zur Vereinfachung des Steuerrechts, Frankfurt am Main 1968.

Englisch, Joachim: Rechtsformneutralität der Unternehmensbesteuerung bei Ertragsteuern, DStZ 1997, S. 778-787.

Epping, Volker: Die Außenwirtschaftsfreiheit, Tübingen 1998.

Erichsen, Hans-Uwe: Allgemeine Handlungsfreiheit, in: Isensee, Josef/ Kirchhof, Paul (Hrsg.), Handbuch des Staatsrechts der Bundesrepublik Deutschland, Band VI, Heidelberg 1989, § 152.

Erichsen, Hans-Uwe; Ehlers, Dirk (Hrsg.): Allgemeines Verwaltungsrecht, 12. neu bearb. Aufl., Berlin 2002 [zit.: *Bearbeiter*, in: Erichsen/Ehlers, Allgemeines Verwaltungsrecht].

Etzrodt, Wolf: Der Grundrechtsschutz der negativen Vereinigungsfreiheit, Frankfurt am Main 1980.

Flume, Werner: Die Betriebsertragsteuer als Möglichkeit der Steuerreform, DB 1971, S. 692-696.

Förster, Guido; Brinkmann, Lars: Die Vorteilhaftigkeit „zusammengesetzter Rechtsformen" nach der Unternehmenssteuerreform, BB 2002, S. 1289-1296.

Friauf, Karl Heinrich: Die negative Vereinigungsfreiheit als Grundrecht, Ein Beitrag zum Problem wirtschaftsrechtlicher Zusammenschlüsse, in: Pleyer, Klemens; Schultz, Dietrich; Schwinge, Erich (Hrsg.), Festschrift für Rudolf Reinhardt zum 70. Geburtstag, Köln 1972, S. 389-400.

Friauf, Karl-Heinrich: Steuergesetzgebung und Eigentumsgarantie, JurA 1970, S. 299-320.

Friauf, Karl-Heinrich: Verfassungsrechtliche Grenzen der Wirtschaftslenkung und Sozialgestaltung durch Steuergesetze, Recht und Staat Heft 325/326, Tübingen 1966.

Frisch, Wolfgang: Tatbestandsmäßiges Verhalten und Zurechnung des Erfolgs, Heidelberg 1988.

Füßlein, Rudolf Werner: Vereins- und Versammlungsfreiheit, in: Neumann, Franz L./ Nipperdey, Hans Carl/ Scheuner, Ulrich, Die Grundrechte, Handbuch der Theorie und Praxis der Grundrechte, Zweiter Band, Berlin 1954.

Gallwas, Hans-Ullrich: Faktische Beeinträchtigungen im Bereich der Grundrechte – Ein Beitrag zum Begriff der Nebenwirkungen, Berlin 1970.

Grabitz, Eberhard: Freiheit und Verfassungsrecht – Kritische Untersuchungen zur Dogmatik und Theorie der Freiheitsrechte, Tübingen 1976.

Graß, Arno: Unternehmensformneutrale Besteuerung, Berlin 1992.

Hayek, Friedrich August von: Die Verfassung der Freiheit, 3. Aufl. (Nachdr. der 2. Aufl.), Tübingen 1991.

Hegel, Georg Wilhelm Friedrich: Phänomenologie des Geistes, nach dem Texte der Orig.-Ausg. hrsg. von Johannes Hoffmeister, 6. Aufl., Hamburg 1952.

Heintschel-Heinegg, Bernd von; Stöckel, Heinz (Hrsg.): KMR, Kommentar zur Strafprozessordnung, Stand 37. Lfg. Mai 2004 [zit.: *Bearbeiter*, in: KMR].

Herrmann, Carl; Heuer, Gerhard; Raupach, Arndt: Einkommensteuer- und Körperschaftsteuergesetz, Kommentar, Stand: 216. Lfg. November 2004, Köln [zit: *Bearbeiter*, in: Herrmann/Heuer/Raupach].

Herzig, Norbert: Aspekte der Rechtsformwahl für mittelständische Unternehmen nach der Steuerreform, WPg 2001, S. 253-270.

Herzog, Roman: Allgemeine Staatslehre, Frankfurt am Main 1971.

Hesse, Konrad: Grundzüge des Verfassungsrechts der Bundesrepublik Deutschland, Neudruck der 20. Aufl., Heidelberg 1999.

Hey, Johanna: Besteuerung von Unternehmensgewinnen und Rechtsformneutralität, DStJG 24 (2001), S. 155-223.

Hey, Johanna: Harmonisierung der Unternehmensbesteuerung in Europa, Ein Vorschlag unter Auswertung des Ruding-Berichts und der US-amerikanischen 'integration debate', Köln 1997.

Höfling, Wolfram: Offene Grundrechtsinterpretation, Grundrechtsauslegung zwischen amtlichem Interpretationsmonopol und privater Konkretisierungskompetenz, Berlin 1987.

Isensee, Josef: Anwendung der Grundrechte auf juristische Personen, in: Isensee, Josef/ Kirchhof, Paul (Hrsg.), Handbuch des Staatsrechts der Bundesrepublik Deutschland, Band V, 2. durchgeseh. Aufl., Heidelberg 2000, § 118.

Isensee, Josef: Das Grundrecht als Abwehrrecht und als staatliche Schutzpflicht, in: Isensee, Josef/ Kirchhof, Paul (Hrsg.), Handbuch des Staatsrechts der Bundesrepublik Deutschland, Band V, 2. durchgeseh. Aufl., Heidelberg 2000, § 111.

Isensee, Josef: Grundrechtsvoraussetzungen und Verfassungserwartungen an die Grundrechtsausübung, in: Isensee, Josef/ Kirchhof, Paul (Hrsg.), Handbuch des Staatsrechts der Bundesrepublik Deutschland, Band V, 2. durchgeseh. Aufl., Heidelberg 2000, § 115.

Jachmann, Monika: Besteuerung von Unternehmen als Gleichheitsproblem, Unterschiedliche Behandlung von Rechtsformen, Einkunftsarten, Werten und Steuersubjekte im Ertrag- und Erbschaftsteuerrecht, DStJG 23 (2000), S. 9-65.

Jachmann, Monika: Steuergesetzgebung zwischen Gleichheit und wirtschaftlicher Freiheit, Verfassungsrechtliche Grundlagen und Perspektiven der Unternehmensbesteuerung, Stuttgart 2000.

Jacobs, Dietrich: Rechtsformwahl nach der Unternehmenssteuerreform: Personenunternehmung oder Kapitalgesellschaft?, DStR 2001, S. 806-812.

Jacobs, Otto H.: Internationale Unternehmensbesteuerung, Deutsche Investitionen im Ausland – Ausländische Investitionen im Inland, 5. neubearb. u. erw. Aufl., München 2002.

Jacobs, Otto H.: Stand und Entwicklungstendenzen der Betriebswirtschaftlichen Steuerlehre, StuW 2004, S. 251-259.

Jacobs, Otto H.: Unternehmensbesteuerung und Rechtsform, Handbuch zur Besteuerung deutscher Unternehmen, 3. neu bearb. Aufl., München 2002.

Jacobs, Otto H.; Spengel, Christoph; Hermann, Rico A.; Stetter, Thorsten: Steueroptimale Rechtsformwahl: Personengesellschaften besser als Kapitalgesellschaften, StuW 2003, S. 308-325.

Jähnke, Burkhard; Laufhütte, Heinrich Wilhelm; Odersky, Walter (Hrsg.): Leipziger Kommentar, Großkommentar zum StGB, 11. neubearb. Aufl., Berlin 1992-2004 [zit.: *Bearbeiter*, in: LK-StGB11].

Jakobs, Günther: Strafrecht, Allgemeiner Teil: Die Grundlagen und die Zurechnungslehre, 2. neubearb. und erw. Aufl., Berlin 1991.

Jellinek, Georg: System der subjektiven öffentlichen Rechte, 2. durchges. und verm. Aufl., Tübingen 1905.

Jescheck, Hans-Heinrich; Ruß, Wolfgang; Willms, Günther (Hrsg.): Leipziger Kommentar, Großkommentar zum StGB, 10. völlig neubearb. Aufl., Berlin 1978-1988 [zit.: *Bearbeiter*, in: LK-StGB10].

Kant, Immanuel: Kritik der reinen Vernunft, nach der 1. und 2. Orig.-Ausg. hrsg. von Jens Timmermann, Hamburg 1998.

Kastner, Friedrich: Entscheidungsansätze zur Rechtsformwahl, Strukturelemente der Rechtsformentscheidung und ihre Berücksichtigung im theoretischen wie praktischen Modell, München 1984.

Kessler, Wolfgang; Schiffers, Joachim; Teufel, Tobias: Rechtsformwahl – Rechtsformoptimierung, München 2002.

Kessler, Wolfgang; Teufel, Tobias: Auswirkungen der Unternehmenssteuerreform 2001 auf die Rechtsformwahl, DStR 2000, S. 1836-1842.

Kirchhof, Paul: Besteuerung im Verfassungsstaat, Tübingen 2000.

Kirchhof, Paul: Besteuerung und Eigentum, 1. Bericht und Leitsätze, VVDStRL 39 (1981), S. 213-285.

Kirchhof, Paul: Besteuerungsgewalt und Grundgesetz, Frankfurt am Main 1973.

Kirchhof, Paul: Der Grundrechtsschutz des Steuerpflichtigen, Zur Rechtsprechung des Bundesverfassungsgerichts im vergangenen Jahrzehnt, AöR 128 (2003), S. 1-51.

Kirchhof, Paul: Der Karlsruher Entwurf und seine Fortentwicklung zu einer Vereinheitlichten Ertragsteuer, StuW 2002, S. 3-22.

Kirchhof, Paul: Die Unternehmenssteuerreform im Lichte des Verfassungsrechts, Mäßigung der Steuerlast bei gleichzeitigem Verlust an einkommensvermittelter Freiheit, Kommentar 3/2001, DStR 2001, S. III-VI.

Kirchhof, Paul: Die verfassungsrechtliche Rechtfertigung der Steuern, in: Birk, Dieter; Kirchhof, Paul; Lehner, Moris (Hrsg.), Steuern im Verfassungsstaat, Symposium zu Ehren von Klaus Vogel aus Anlaß seines 65. Geburtstags, München 1996, S. 27-53.

Kirchhof, Paul: Die Widerspruchsfreiheit im Steuerrecht als Verfassungspflicht, StuW 2000, S. 316-327.

Kirchhof, Paul: Ehe- und familiengerechte Gestaltung der Einkommensteuer, NJW 2000, S. 2792-2796.

Kirchhof, Paul: Einkommensteuergesetzbuch, Ein Vorschlag zur Reform der Einkommen- und Körperschaftsteuer, Kommentierte Ausgabe mit Rechtsverordnung und Glossar, Heidelberg 2003.

Kirchhof, Paul: Gutachten „Empfiehlt es sich, das Einkommensteuerrecht zur Beseitigung von Ungleichbehandlungen und zur Vereinfachung neu zu ordnen?“, Verhandlungen des 57. Deutschen Juristentages Mainz 1988, Bd. I Gutachten, München 1988, Teil F.

Kirchhof, Paul: Maßstäbe für die Ertragbesteuerung von Unternehmen, Eröffnung der Jahrestagung und Rechtfertigung des Themas, in: DStJG 25 (2002), S. 1-8.

Kirchhof, Paul: Mittel staatlichen Handelns, in: Isensee, Josef/ Kirchhof, Paul (Hrsg.), Handbuch des Staatsrechts der Bundesrepublik Deutschland, Band III, Heidelberg 1988, § 59.

Kirchhof, Paul: Rechtsmaßstäbe finanzstaatlichen Handelns, Das Besteuern, das Horten und Zuteilen von Finanzvermögen, JZ 1979, S. 153-159.

Kirchhof, Paul: Rückwirkung von Steuergesetzen, StuW 2000, S. 221-231.

Kirchhof, Paul: Staatliche Einnahmen, in: Isensee, Josef/ Kirchhof, Paul (Hrsg.), Handbuch des Staatsrechts der Bundesrepublik Deutschland, Band IV, Heidelberg 1990, § 88.

Kirchhof, Paul: Verfassungsrechtliche Maßstäbe der Unternehmenssteuerreform, Stbg 2000, S. 552-558.

Kirchhof, Paul: Verfassungsrechtliche und steuersystematische Grundlagen der Einkommensteuer, DStJG 24 (2001), S. 9-28.

Kirchhof, Paul: Verwalten durch „mittelbares" Einwirken, Köln 1977.

Kirchhof, Paul; Althoefer, Klaus; Arndt, Hans-Wolfgang; Bareis, Peter; Eckmann, Gottfried; Freudenberg, Reinhart; Hahnemann, Meinert; Kopei, Dieter; Lang, Friedbert; Lückhardt, Josef; Schutter, Ernst: Karlsruher Entwurf zur Reform des Einkommensteuergesetzes, Heidelberg 2001.

Knobbe-Keuk, Brigitte: Bilanz- und Unternehmenssteuerrecht, 9. völlig überarb. u. erw. Aufl., Köln 1993.

Knobbe-Keuk, Brigitte: Das Steuerrecht – eine unerwünschte Rechtsquelle des Gesellschaftsrechts?, Köln 1986.

Knobbe-Keuk, Brigitte: Möglichkeiten und Grenzen einer Unternehmenssteuerreform, DB 1989, S. 1303-1309.

Knobbe-Keuk, Brigitte: Referat über das Thema „Empfiehlt sich eine rechtsformunabhängige Besteuerung der Unternehmen?", Verhandlungen des 53. Deutschen Juristentages Berlin 1980, Bd. II Sitzungsberichte, München 1980, Teil O, S. 9-34.

Kunze, Thomas: Unternehmensrechtsreform und Artikel 9 Absatz 1 Grundgesetz, Schriften zum Wirtschaftsverfassungs- und Wirtschaftsverwaltungsrecht Band 11, Hamburg 1976.

Lang, Joachim: Prinzipien und Systeme der Besteuerung von Einkommen, DStJG 24 (2001), S. 49-133.

Lang, Joachim: Reform der Unternehmensbesteuerung auf dem Weg zum europäischen Binnenmarkt und zur deutschen Einheit, StuW 1990, S. 107-129.

Lang, Joachim: Reform der Unternehmensbesteuerung, StuW 1989, S. 3-17.

Larenz, Karl: Methodenlehre der Rechtswissenschaft, 6. neubearb. Aufl., Berlin 1991.

Lerche, Peter: Grundrechtlicher Schutzbereich, Grundrechtsprägung und Grundrechtseingriff, in: Isensee, Josef/ Kirchhof, Paul (Hrsg.), Handbuch des Staatsrechts der Bundesrepublik Deutschland, Band V, 2. durchgeseh. Aufl., Heidelberg 2000, § 121.

Lion, Max: Vortrag über das Thema „Ist es erwünscht, das Einkommen aus Gewerbebetrieb nach gleichmäßigen Grundsätzen zu besteuern, ohne Rücksicht auf die Rechtsform, in der das Gewerbe betrieben wird? Welche Wege rechtlicher Ausgestaltung bieten sich für eine solche Besteuerung?", Verhandlungen des 33. Deutschen Juristentages Heidelberg 1924, Berlin 1925, Zweite Sitzung der III. Abteilung, S. 465-491.

Lübbe-Wolff, Gertrude: Die Grundrechte als Eingriffsabwehrrechte, Struktur und Reichweite der Eingriffsdogmatik im Bereich staatlicher Leistungen, Baden-Baden 1988.

Mangoldt, Hermann v.; Klein, Friedrich; Starck, Christian: Das Bonner Grundgesetz, Kommentar, Band 1: Präambel, Artikel 1 bis 19, 4. vollst. neubearb. Aufl., München 1999 [zit.: *Bearbeiter*, in v.Mangoldt/Klein/Starck].

Mann, Fritz Karl: Steuerpolitische Ideale, Vergleichende Studien zur Geschichte der ökonomischen und politischen Ideen und ihres Wirkens in der öffentlichen Meinung 1600-1935, Darmstadt 1978.

Maunz, Theodor; Dürig, Günter: Grundgesetz, Kommentar, Stand 43. ErgLfg. Februar 2004 [zit.: *Bearbeiter*, in: Maunz/Dürig].

Maurer, Hartmut: Allgemeines Verwaltungsrecht, 14. überarb. u. erg. Aufl., München 2002.

Merten, Detlef: Vereinsfreiheit, in: Isensee, Josef/ Kirchhof, Paul (Hrsg.), Handbuch des Staatsrechts der Bundesrepublik Deutschland, Band VI, Heidelberg 1989, § 144.

Morgenthaler, Gerd: Freiheit durch Gesetz, Der parlamentarische Gesetzgeber als Erstadressat der Freiheitsgrundrechte, Tübingen 1999.

Müller, Friedrich: Die Positivität der Grundrechte, Fragen einer praktischen Grundrechtsdogmatik, 2. erw. Aufl., Berlin 1990.

Müller, Friedrich: Korporation und Assoziation – Eine Problemgeschichte der Vereinigungsfreiheit im deutschen Vormärz, Berlin 1965.

Münch, Ingo von; Kunig, Philip: Grundgesetz, Kommentar, Band 1: Präambel bis Art. 19, 5. neubearb. Aufl., München 2000 [zit.: *Bearbeiter*, in: v.Münch/Kunig].

Murswiek, Dietrich: Das Bundesverfassungsgericht und die Dogmatik mittelbarer Grundrechtseingriffe, Zu der Glykol- und der Osho-Entscheidung vom 26.6.2002, NVwZ 2003, S. 1-8.

Oechsle, Klaus: Die steuerlichen Grundrechte in der jüngeren deutschen Verfassungsgeschichte, Zugleich eine Untersuchung über das historische Verhältnis von Steuerverfassungsrecht und Finanzwissenschaft, 1993.

Ossenbühl, Fritz: Staatshaftungsrecht, 5. neubearb. u. erw. Aufl., München 1998.

Ottmann, Hans Paul: Die Vereinigungsfreiheit als Richtmaß und Schranke der unternehmensverfassungsrechtlichen Gesetzgebung, München 1985.

Palandt: Kommentar zum Bürgerlichen Gesetzbuch, 63. neubearb. Aufl., München 2004 [zit.: *Bearbeiter*, in: Palandt].

Papier, Hans-Jürgen: Steuerreform und Verfassungsrecht, in: Kirchhof, Paul; Lehner, Moris; Raupach, Arndt; Rodi, Michael, Staaten und Steuern, Festschrift für Klaus Vogel zum 70. Geburtstag, Heidelberg 2000, S. 117-137.

Pelka, Jürgen: Rechtsformneutralität im Steuerrecht, Verfassungsmäßigkeit der Steuersatzsenkung für Kapitalgesellschaften, StuW 2000, S. 389-398.

Pernthaler, Peter: Qualifizierte Mitbestimmung und Verfassungsrecht, Berlin 1972.

Pezzer, Heinz-Jürgen: Die Besteuerung des Anteilseigners, DStJG 25 (2002), S. 37-57.

Pezzer, Heinz-Jürgen: Kritik des Halbeinkünfteverfahrens, StuW 2000, S. 144-150.

Pieroth, Bodo; Schlink, Bernhard: Grundrechte, 20. neubearb. Aufl., Heidelberg 2004.

Ramsauer, Ulrich: Die faktischen Beeinträchtigungen des Eigentums, Berlin 1980.

Raupach, Arndt: Niedergang des deutschen Einkommensteuerrechts – Möglichkeiten der Neubesinnung, in: Raupach, Arndt/ Tipke, Klaus/ Uelner, Adalbert (Hrsg.), Niedergang oder Neuordnung des deutschen Einkommensteuerrechts?, Münsteraner Symposion Band I, Köln 1985.

Rebmann, Kurt; Säcker, Franz Jürgen; Rixecker, Roland (Hrsg.): Münchener Kommentar zum Bürgerlichen Gesetzbuch, Band 1, Allgemeiner Teil: §§ 1-240, AGB-Gesetz, 4. Aufl., München 2001 [zit.: *Bearbeiter*, in: Münchener Kommentar].

Recktenwald, Horst Claus: Steuerüberwälzungslehre, Theoretische und empirische Verteilung von Abgaben und Kosten, 2. überarb. u. erg. Aufl., Berlin 1966.

Reiß, Wolfram: Rechtsformabhängigkeit der Unternehmensbesteuerung, DStJG 17 (1994), S. 3-39.

Rittner, Fritz: Die werdende juristische Person, Untersuchungen zum Gesellschafts- und Unternehmensrecht, Tübingen 1973.

Rodi, Michael: Die Rechtfertigung von Steuern als Verfassungsproblem, dargestellt am Beispiel der Gewerbesteuer, München 1994.

Rose, Gerd: Betriebswirtschaftliche Steuerlehre, Eine Einführung für Fortgeschrittene, 3. vollst. überarb. u. aktual. Aufl., Wiesbaden 1992.

Rose, Gerd: Die Steuerbelastung der Unternehmung, Grundzüge der Teilsteuerrechnung, Wiesbaden 1973.

Rose, Manfred: Reform der Besteuerung des Sparens und der Kapitaleinkommen, Zur Neuregelung der Zinsbesteuerung aus der Sicht einer konsum- und damit marktorientierten Neuordnung des Gesamtsteuersystems, BB 1992, Beilage 5.

Roth, Wolfgang: Faktische Eingriffe in Freiheit und Eigentum, Struktur und Dogmatik des Grundrechtstatbestandes und der Eingriffsrechtfertigung, Berlin 1994.

Rübenach, Johannes: „Wirtschaftliche Vereinigungsfreiheit" und Vereinigungsfreiheit – Kritik einer Überlastung des Art. 9 Abs. 1 GG, Frankfurt am Main 1984.

Rudolphi, Hans-Joachim; Horn, Eckhard; Günther, Hans-Ludwig; Samson, Erich; Hoyer, Andreas; Wolters, Gereon (Hrsg.): Systematischer Kommentar zum Strafgesetzbuch, Band II: Besonderer Teil (§§ 80–358), 7. Aufl., Stand 59. Lfg. Oktober 2003 [zit.: *Bearbeiter*, in: SK-StGB].

Rüfner, Wolfgang: Grundrechtsträger, in: Isensee, Josef/ Kirchhof, Paul (Hrsg.), Handbuch des Staatsrechts der Bundesrepublik Deutschland, Band V, 2. durchgeseh. Aufl., Heidelberg 2000, § 116.

Sachs, Michael: Abwehrrechte, in: Stern, Klaus (Hrsg.), Das Staatsrecht der Bundesrepublik Deutschland, Band III/1, München 1988, § 66.

Sachs, Michael: Die Grundrechte als objektives Recht und als subjektive Rechte, in: Stern, Klaus (Hrsg.), Das Staatsrecht der Bundesrepublik Deutschland, Band III/1, München 1988, § 65.

Sachs, Michael: Die verfassungsunmittelbaren Begrenzungen, in: Stern, Klaus (Hrsg.), Das Staatsrecht der Bundesrepublik Deutschland, Band III/2, München 1994, § 81.

Sachs, Michael: Grundgesetz, Kommentar, 3. Aufl., München 2003 [zit.: *Bearbeiter*, in: Sachs].

Sachs, Michael: Grundrechtseingriff und Grundrechtsbetroffenheit, in: Stern, Klaus (Hrsg.), Das Staatsrecht der Bundesrepublik Deutschland, Band III/2, München 1994, § 78.

Sachs, Michael: Verfassungsrecht II - Grundrechte, Berlin 2000.

Scheffler, Wolfram: Besteuerung von Unternehmen I: Ertrag-, Subtanz- und Verkehrsteuern, 5. neu bearb. Aufl., Heidelberg 2002.

Schenke, Wolf-Rüdiger: Besteuerung und Eigentumsgarantie, in: Burkei, Franz; Polter, Dirk-Meints (Hrsg.), Rechtsfragen im Spektrum des Öffentlichen, Mainzer Festschrift für Hubert Armbruster zum 65. Geburtstag, Berlin 1976, S. 177-210.

Schenke, Wolf-Rüdiger: Polizei- und Ordnungsrecht, 3. neubearb. Aufl., Heidelberg 2004.

Scherzberg, Arno: Grundrechtsschutz und „Eingriffsintensität“ - Das Ausmaß individueller Grundrechtsbetroffenheit als materiellrechtliche und kompetenzielle Determinante der verfassungsgerichtlichen Kontrolle der Fachgerichtsbarkeit im Rahmen der Urteilsverfassungsbeschwerde, Berlin 1989.

Schmidt, Karsten: Die BGB-Außengesellschaft: rechts- und parteifähig, Besprechung des Grundlagenurteils II ZR 331/00 vom 29.1.2001, NJW 2001, S. 993-1003.

Schmidt, Karsten: Gesellschaftsrecht, 4. völlig neu bearb. u. erw. Aufl., Köln 2002.

Schmidt, Karsten: Handelsrecht, 5. völlig neu bearb. Aufl., Köln 1999.

Schmidt, Reiner (Hrsg.): Öffentliches Wirtschaftsrecht, Allgemeiner Teil, Heidelberg 1990.

Schmidt, Walter: Die Vereinigungsfreiheit von Vereinigungen als allgemeine Eingriffsfreiheit, in: Triffterer, Otto; Zezschwitz, Friedrich von (Hrsg.), Festschrift für Walter Mallmann zum 70. Geburtstag, Baden-Baden 1978, S. 233-244.

Schmitt, Carl: Freiheitsrechte und institutionelle Garantien der Reichsverfassung (1931), in: Verfassungsrechtliche Aufsätze aus den Jahren 1924-1954, Materialien zu einer Verfassungslehre, Berlin 1958, S. 140.

Schmitt, Carl: Verfassungslehre, 9. Aufl. (unveränd. Neudruck der 1. Aufl. von 1928), Berlin 2003.

Schnorr, Gerhard: Öffentliches Vereinsrecht, Kommentar zum Vereinsgesetz, Köln 1965.

Scholz, Rupert: Die Koalitionsfreiheit als Verfassungsproblem, München 1971.

Schön, Wolfgang: Zum Entwurf eines Steuersenkungsgesetzes, StuW 2000, S. 151-159.

Schreiber, Ulrich: Rechtsformabhängige Unternehmensbesteuerung? – Eine Kritik des Verhältnisses von Einkommen- und Körperschaftsteuer auf der Grundlage eines Modells für mehrperiodige Steuerbelastungsvergleiche, Köln 1987.

Schreiber, Ulrich: Vertragsneutrale Erfolgsbesteuerung der Unternehmen, StuW 1987, S. 1-10.

Schulze-Osterloh, Joachim: Der Beschluß des Großen Senats des Bundesfinanzhofs GrS 4/82 vom 25. Juni 1984, JbFfSt 1985/1986, S. 231-264.

Selmer, Peter: Steuerinterventionismus und Verfassungsrecht, Frankfurt am Main 1972.

Siegel, Theodor; Bareis, Peter; Herzig, Norbert; Schneider, Dieter; Wagner, Franz W.; Wenger, Ekkehard: Verteidigt das Anrechnungsverfahren gegen unbedachte Reformen!, BB 2000, S. 1269-1270.

Sieker, Susanne: Möglichkeiten rechtsformneutraler Besteuerung von Einkommen, DStJG 25 (2002), S. 145-177.

Sigloch, Jochen : Unternehmenssteuerreform 2001 – Darstellung und ökonomische Analyse, StuW 2000, S. 160-176.

Spengel, Christoph: Internationale Unternehmensbesteuerung in der Europäischen Union, Düsseldorf 2003.

Statistisches Bundesamt: Umsatzsteuerstatistik 2003, Finanzen und Steuern: Umsatzsteuer, Fachserie 14 / Reihe 8, Wiesbaden 2005.

Stern, Klaus: Abwehrrechte, in: Stern, Klaus (Hrsg.), Das Staatsrecht der Bundesrepublik Deutschland, Band III/1, München 1988, § 66.

Stern, Klaus: Die Bindung der Gesetzgebung, in: Stern, Klaus (Hrsg.), Das Staatsrecht der Bundesrepublik Deutschland, Band III/1, München 1988, § 73.

Stern, Klaus: Die Einrichtungsgarantien, in: Stern, Klaus (Hrsg.), Das Staatsrecht der Bundesrepublik Deutschland, Band III/1, München 1988, § 68.

Stern, Klaus: Die Grundrechtsberechtigung der juristischen Personen, in: Stern, Klaus (Hrsg.), Das Staatsrecht der Bundesrepublik Deutschland, Band III/1, München 1988, § 71.

Stern, Klaus: Die Menschenwürde als Fundament der Grundrechte, in: Stern, Klaus (Hrsg.), Das Staatsrecht der Bundesrepublik Deutschland, Band III/1, München 1988, § 58.

Stern, Klaus: Die objektiv-rechtlichen Grundrechtsgehalte, in: Stern, Klaus (Hrsg.), Das Staatsrecht der Bundesrepublik Deutschland, Band III/1, München 1988, § 69.

Stern, Klaus: Geltungs- und Bindungskraft der Grundrechte, in: Stern, Klaus (Hrsg.), Das Staatsrecht der Bundesrepublik Deutschland, Band III/1, München 1988, § 72.

Stern, Klaus: Grundrechtskollisionen, in: Stern, Klaus (Hrsg.), Das Staatsrecht der Bundesrepublik Deutschland, Band III/2, München 1994, § 82.

Stern, Klaus: Idee und Elemente eines Systems der Grundrechte, in: Isensee, Josef/ Kirchhof, Paul (Hrsg.), Handbuch des Staatsrechts der Bundesrepublik Deutschland, Band V, 2. durchgeseh. Aufl., Heidelberg 2000, § 109.

Stolterfoht, Joachim N.: Die „Privatsphäre" der Körperschaftsteuersubjekte – unternehmensbezogene oder unternehmensträgerbezogene Sicht?, in: Drenseck, Walter; Seer, Roman (Hrsg.), Festschrift für Heinrich Wilhelm Kruse zum 70. Geburtstag, Köln 2001, S. 485-520.

Thiel, Jochen: Einheitliche Unternehmensteuer, StbJb 2002/2003, S. 27-36.

Tipke, Klaus: Die Steuerrechtsordnung, Band I: Wissenschaftsorganisatorische, systematische und grundrechtlich-rechtsstaatliche Grundlagen, 2. völlig überarb. Aufl., Köln 2000.

Tipke, Klaus: Die Steuerrechtsordnung, Bd. II, Steuerrechtfertigungstheorie, Anwendung auf alle Steuerarten, sachgerechtes Steuersystem, 2. völlig überarb. Aufl., Köln 2003.

Tipke, Klaus; Lang, Joachim: Steuerrecht, 17. völlig überarb. Aufl., Köln 2002.

Tünnemann, Margit: Der verfassungsrechtliche Schutz der Familie und die Förderung der Kindererziehung im Rahmen des staatlichen Kinderleistungsausgleichs, Berlin 2002.

Uelner, Adalbert: Steuerliche Probleme bei kapitalistisch verfassten Kommanditgesellschaften, JbFfSt 1980/1981, S. 359-383.

Viherkenttä, Timo: Die Steuerreformen in den nordischen Staaten – ein neuer Ansatz der Einkommensbesteuerung, IStR 1994, S. 414-419.

Vogel, Klaus: Der Finanz- und Steuerstaat, in: Isensee, Josef/ Kirchhof, Paul (Hrsg.), Handbuch des Staatsrechts der Bundesrepublik Deutschland, Band II, 3. völlig neubearb. u. erw. Aufl., Heidelberg 2004, § 30.

Vogel, Klaus: Rechtfertigung der Steuern: Eine vergessene Vorfrage, Zugleich zur „heimlichen Steuerrevolte" und zum Dreieck Staat/Wirtschaft/Gesellschaft, Der Staat 25 (1986), S. 481-519.

Vogt, Jürgen: Neutralität und Leistungsfähigkeit, Eine verfassungs- und europarechtliche Untersuchung der Unternehmensbesteuerung nach dem StSenkG, Frankfurt am Main 2003.

Wagner, Franz W.: Korrektur des Einkünftedualismus – zum Konstruktionsprinzip der Dual Income Taxation, StuW 2000, S. 431-441.

Wagner, Franz W.: Neutralität und Gleichmäßigkeit als ökonomische und rechtliche Kriterien steuerlicher Normkritik, StuW 1992, S. 2-13.

Walz, W. Rainer: Gutachten „Empfiehlt sich eine rechtsformunabhängige Besteuerung der Unternehmen?", Verhandlungen des 53. Deutschen Juristentages Berlin 1980, Bd. I Gutachten, München 1980, Teil F.

Wassermann, Rudolf (Gesamthrsg.): Kommentar zur Strafprozessordnung, Reihe Alternativkommentare, Neuwied 1992 [zit.: *Bearbeiter*, in: AK-StPO].

Weber, Harald: Grundgesetz, Gesellschaftsrecht und die Besteuerung der selbständigen Unternehmen, Ein Beitrag zur Großen Steuerreform, Band 1: Die Struktur der Gesellschafts- und Beteiligungsformen, Frankfurt am Main 1971.

Weber, Harald: Zu einigen rechtspolitischen Grundfragen der Besteuerung selbständiger Unternehmen – zugleich eine Stellungnahme zum Gutachten von Prof. Dr. Rainer Walz zum 53. Deutschen Juristentag 1980, JZ 1980, S. 545-553.

Weber-Dürler, Beatrice: Der Grundrechtseingriff, 2. Bericht und Leitsätze, VVDStRL 57 (1998), S. 57-99.

Wendt, Rudolf: Spreizung von Körperschaftsteuersatz und Einkommensteuerspitzensatz als Verfassungsproblem, in: Wendt, Rudolf; Höfling, Wolfram; Karpen, Ulrich; Oldiges, Martin (Hrsg.), Staat, Wirtschaft, Steuern, Festschrift für Karl Heinrich Friauf zum 65. Geburtstag, Heidelberg 1996, S. 859-888.

Wiedemann, Herbert: Gesellschaftsrecht, Ein Lehrbuch des Unternehmens- und Verbandsrechts, Band I – Grundlagen, München 1980.

Wöhe, Günter; Bieg, Hartmut: Grundzüge der betriebswirtschaftlichen Steuerlehre, 4. neubearb. Aufl., München 1995.

Wollburg, Ralph: Die Anwendbarkeit von Art. 9 Abs. 1 auf Kapitalgesellschaften, München 1984.

FSC
www.fsc.org
MIX
Papier | Fördert
gute Waldnutzung
FSC® C083411

Kolibri 360 GmbH
Ferdinand-Jühlke-Straße 7
99095 Erfurt, Deutschland
produktsicherheit@kolibri360.de

Druck:
CPI Druckdienstleistungen GmbH
im Auftrag der
Kolibri 360 GmbH
Ferdinand-Jühlke-Str. 7
99095 Erfurt